KB108318

일본 천자문 훈점본의 해독과 번역

-동경대학 국어연구실 소장 『주천자문』을 대상으로-

저자 약력

▌오미영吳美寧

이화여자대학교 경영학과 졸업
일본 慶應義塾大學 日本語日本文化研修課程 수료
한국외국어대학교 대학원 일어일문학과 석사과정: 문학석사
일본 北海道大學 大學院 문학연구과 박사과정: 문학박사
현재 숭실대학교 일어일문학과 교수

『日本論語訓讀史硏究 上·下』(2006, 제이앤씨)
『韓日 初期飜譯聖書의 어학적 연구』(2011, 제이앤씨)
『新일본어학개설』(공저, 2012, 제이앤씨)
『유네스코가 들려주는 아시아 아홉 문자 이야기』(공저, 2012, 한림출판사)
『일본 논어 훈점본의 해독과 번역 上·下—일본 동양문고 소장『논어집해』를 대상으로—』(공저, 숭실대학교 출판국, 2014·2015)

일본 천자문 훈점본의 해독과 번역
-동경대학 국어연구실 소장『주천자문』을 대상으로-

초판인쇄 2019년 03월 20일
초판발행 2019년 03월 30일

저　　자 오미영
발 행 인 윤석현
발 행 처 박문사
책임편집 최인노
등록번호 제2009-11호

우편주소 서울시 도봉구 우이천로 353 성주빌딩 3층
대표전화 02) 992 / 3253
전　　송 02) 991 / 1285
홈페이지 http://www.jncbms.co.kr
전자우편 bakmunsa@hanmail.net

ISBN 979-11-89292-28-7 93730 정가 40,000원

한문훈독연구 총서 3

일본 천자문 훈점본의 해독과 번역

—동경대학 국어연구실 소장 『주천자문』을 대상으로—

오 미 영

박문사

추천사

쓰키모토 마사유키
(도쿄대학 문학부 교수, 훈점어학회 회장)

고대 중국어의 문장, 즉 한문은 예부터 중국 주변 지역으로 전해져서 글을 읽고 쓰는 데 사용되었다. 한반도에도 1세기 경에 전래되었고, 그 후 일본에는 백제를 거쳐 5세기 경에 전래되었을 것으로 여겨지고 있다. 이윽고 한반도와 일본에서는 한문을 해독한 결과를 각각의 언어로 나타내기 시작했다. 이것이 한문훈독이다. 이때 원문에 기입된 문자나 부호를 한반도에서는 「구결」, 일본에서는 「훈점」이라고 한다.

일본에서 훈점이 기입되기 시작한 것은 현존 자료에서 보는 한 8세기 말부터이다. 그 이후에 제작된 훈점본이 방대하게 남아있고, 1200년 경까지의 자료만 해도 5,000점 이상이나 되는 것으로 생각되지만 정확한 수는 파악되지 않았다.

일본에서 한문은 대부분 훈독되었기 때문에 일본에서 한문을 이해하는 것은 훈독과 함께 이루어졌으며, 훈독을 해명하지 않고서는 일본인에 의한 한문 이해의 역사를 말할 수 없다. 그러나 일본에서 행해진 한문훈독의 실태 해명과 연구는 반드시 순조롭게 이루어졌다고 할 수 없다. 한문훈독은 정식 중국어 문장의 이해와는 동떨어진 것으로 여겨졌기 때문에 중국학 방면에서는 충분한 검토가 이루어지지 않았다. 이것이 재검토되기 시작한 것은 비교적 최근의 일이다.

이와 같은 상황 속에서 일본어학의 분야에서는 20세기 초부터 한문에 기입된 훈점을 해독하고, 옛 일본어 자료로서 활용해왔다. 이러한 연구를 통해서 일본에서는 한문훈독에 의해 새로운 문체[문장의 유형]가 생겨났다는 것도 밝혀졌다.

그렇지만 한문훈독 자료[훈점자료]의 해독은 많은 난점을 동반한다. 훈점을 구성하는 각각의 문자나 부호를 바르게 해독하고, 아득히 먼 옛날에 해독했던 그 사람의 의도에 다가가는 것은 전문가에게도 용이한 일이 아니며, 또한 장기간의 훈련과 경험을 필요로 한다. 그렇기 때문에 현재 일본에서는 이 방면의 연구자가 겨우 5명 정도 있을 뿐이다.

이러한 현상황에서 본서의 저자 오미영 교수는 일본의 한문훈독 자료 연구에 착수하여 큰 성과를 내왔다. 오 교수는 北海道大學에 유학하여 이시즈카 하루미치(石塚晴通) 교수의 지도하에 일본의 논어 훈독에 관한 연구에 매진하여 박사학위를 취득하였다. 그 성과를 정리한 것이 『日本論語訓読史研究 (上) 訓点資料篇』과 『日本論語訓読史研究 (下) 抄物篇』(J&C, 2006년)이다. 이 저서는 20세기 초 일본의 훈점자료 연구가 시작된 이래 처음으로 논어만을 대상으로 연구한 연구서이며, 또한 훈점자료와 함께 일본 중세에 작성된 강의록인 쇼모노(抄物)에 대해서도 논하고 있어서 일본인이 이룬 연구와 비교해도 전례가 없는 종합적인 연구이다.

더욱이 오 교수는 위 저서에서 중심적인 자료로 다루었던 東洋文庫(도쿄 소재) 소장『논어집해(論語集解)』의 전문을 해당 자료에 기입된 훈점에 의거하여 해독하고, 일본어 현대어역과 한국어 번역을 덧붙여서, 오 교수를 중심으로 2006년부터 행해지고 있는 〈한문훈독연구회〉의 저서로 간행하였다. 이것이『일본 논어 훈점본의 해독과 번역-일본 동양문고 소장『논어집해』를 대상으로-』(상 · 하 2권, 한문훈독연구회, 숭실대학교 출판국, 2014 · 2015년)이다. 이로써 오 교수는 명실공히 일본의 논어 훈독에 관한 연구의 일인자가 되었다는 것이 필자의 이해이며 평가이다. 최근 일본이나 외국에서 일본의 한문훈독이나 훈점에 대해 언급한 연구는 적지 않지만, 오 교수의 저작과 같이 각각의 훈점을 정확하게 그리고 대량으로 해독하면서, 나아가 그러한 결과에 입각하여 연구를 행한 것은 거의 보기 어렵다. 이러한 점에 대해서 오 교수의 연구 성과는 대단히 탁월한 것으로 장기간에 걸친 진지한 노력의 산물이며, 필자는 일본인 한문훈독 연구자로서 경탄을 금할 수 없다.

이번 오 교수가 출판하는『일본 천자문 훈점본의 해독과 번역-동경대학 국어연구실 소장『주천자문』을 대상으로-』는 東京大學 문학부 국어연구실이 소장한 15세기 자료를 대상으로 하여, 우선 훈점을 해독하고 필요한 설명을 덧붙인 후 한문훈독문을 작성하고 이것을 한국어로 번역한 것이다. 또한 내용의 이해에 필요한 주석을 인용한 후 이것도 한국어로 번역하였다.

사실『논어』와『천자문』은 일본의 역사서인『고사기(古事記)』(712년 성립)에 의하면 백제로부터 일본으로 전래된 책으로 알려져 있다.

오 교수가 이 두 책을 대상으로 일본 훈독의 실태를 연구하는 것은 극히 상징적인 일이다. 오 교수의 업적은 한국과 일본 간에 이루어진 고대 문화교류의 의의를 새롭게 하여 지금을 사는 우리에게 가르쳐주는 것이다.

필자가 2018년 2월 한국에 갔을 때, 오 교수의 초대로 숭실대학교를 방문하여 한문훈독연구회의 공부모임을 견학한 적이 있다. 그곳에서 오 교수의 지도하에 참가자들이 일본의 한문훈독자료를 이해하여 일본어로 소리 내어 읽는 광경을 보았다. 이것을 보면서 일본 헤이안 시대(9-12세기)에 불교 사원 등에서 이루어진 한문 강의의 모습을 21세기인 현재에 재현한 것 같다는 생각에 잠겼다.

일본의 한문훈독을 연구하는 사람으로서 필자는 거듭하여 오 교수의 연구 성과와 그 과정에서의 노력에 대해 경의를 표하며, 본서는 관련 분야의 연구자에게 필독서라는 점을 밝히면서 추천의 말로 삼고자 한다.

번역: 정문호(일본 北海道大學 문학연구과 박사과정)

推薦の辞

月本雅幸
(東京大学 教授, 訓点語学会 会長)

古代の中国語の文章, 即ち「漢文」は古い時代から中国周辺の地域に伝わり, 解読や作成が行われた。韓半島にも1世紀頃には伝わり, さらに恐らく百済を経て, 日本には5世紀頃伝わったものと考えられる。やがて韓半島に於いても, また, 日本に於いても, 漢文の解読結果をそれぞれの地域の言語によって示すことが行われるようになる。これが漢文訓読である。その際原文に記入される文字や符号を韓半島では「口訣」と呼び, 日本では「訓点」と称する。

日本で訓点が記入されるようになったのは, 現存する資料から見る限り, 8世紀の末からである。それ以後, 膨大な数の資料が現存し, 西暦1200年頃までの資料だけで5000点以上があると見られるが, その正確な点数すら未だに明らかではない。

日本では漢文は大部分が訓読されたので, 日本に於ける漢文の理解は訓読と共にあり, 訓読の解明なくして, 日本人による漢文理解の歴史を語ることはできない。しかし，日本における漢文訓読の実態の解明と研究は必ずしも順調に進んだ訳ではない。漢文訓読は正統な中国語文の理解からは遠いものとされ，中国学の方面からは十分な検討が行われなかった。これが見直されたのは漸く近年のことである。

そのような状況の中にあって，日本語学の分野では，20世紀の初めから漢文に記入された訓点を解読し，古い日本語の資料として活用することが行われて来た。この研究を通じて，日本では漢文訓読により，新たな文体(文章の類型)が生じたことも明らかになった。

けれども，漢文訓読の資料(訓点資料)の解読には多くの困難が伴う。訓点を構成する個々の文字や符号を正しく解読し，遙か昔の解読者の意図に迫ることは，専門家にとっても容易なものではなく，長年の修練と経験を必要とする。このため，現在の日本ではこの方面の研究者は僅か5名ほどを数えるのみとなっている。

このような中にあって，本書の著者，呉美寧教授は日本の漢文訓読資料の研究に取り組み，大きな成果を挙げて来られた。同教授は北海道大学に留学され，石塚晴通教授の指導の下，日本に於ける『論語』の訓読に関する研究に従事され，博士の学位を得た。その成果をまとめたものが『日本論語訓読史研究(上)訓点資料篇』『同(下)抄物篇』(J＆C，2006年)である。これは20世紀の初めに日本の訓点資料研究が始まって以来，初の『論語』のみに関する研究書であり，また，訓点資料と共に中世に行われた講義録である「抄物」についても論じていて，日本人の研究にも例を見ない総合的なものとなっている。

さらに呉教授は前著において中心的な資料とした東洋文庫(東京)蔵，『論語集解』の全文をそこに記入された訓点によって解読し，韓国語訳を付して同教授が主宰される「漢文訓読研究会」の著書として刊行された。これが『日本論語訓点本の解読と翻訳—日本東洋文庫所蔵「論語集解」を対象として—』上・下2冊(崇実大学校出版局, 2014-2015年)である。これによって同教授は名実共に日本に於ける『論語』の訓読に関する研究の第一人者となられたというのが私の理解であり, 評価である。日本にあっても, 外国にあっても, 近年, 日本の漢文訓読や訓点に言及した研究は決して少なくないが, 呉教授の著作のような, 個々の訓点を正確且つ大量に解読しながらそれらに即して行われた研究はほとんど見られない。この点において, 呉教授の研究成果は真に卓越したものであり, 長年の真摯な努力の賜物であって, 私は日本人の漢文訓読研究者として驚嘆を禁じ得ない。

今回呉教授が上梓された『日本の千字文訓点本の解読と翻訳—東京大学国語研究室蔵「註千字文」を対象として—』は東京大学文学部国語研究室が所蔵する15世紀の資料を対象として、まず訓点を解読し、必要な説明を加えた上で漢文訓読文を作成し、これを韓国語に翻訳したものである。さらに内容の理解に必要な注釈を引用し、これも韓国語に翻訳を行っている。

実は, 『論語』と『千字文』は, 日本の古い歴史書『古事記』(712年)によれば, 百済から初めて日本に伝わった書物とされる。呉教授がこの２つの書物の日本における訓読の実態を研究されていることは極めて象徴的である。同教授の業績は韓国と日本の古代における文化交流の意義を改めて現代の我々に教えるものとなっている。

私は2018年2月訪韓の折, 呉教授に誘われて崇実大学校を訪問し, 同教授主宰の「漢文訓読研究会」の勉強会を見学した。そこでは呉教授の指導の下，参加者の方々が日本の漢文訓読資料を解読し、全員で日本語の訓読文を唱和されていた。私はこの光景に接し，日本の平安時代(9-12世紀)の仏教寺院等で行われていた漢文の講義の様相を２１世紀の現在に再現したような思いに浸ったのであった。

日本の漢文訓読を研究する者として，私は改めて呉教授の研究成果とその背後にある努力に敬意を表し，本書が関係する分野の研究者にとって必読の書であることを述べ，以て推薦の辞とするものである。

머리말

2009년 첫 번째 연구년을 東京大學 국어연구실에서 보냈다. 학교에서의 생활이 시작되던 첫날 月本雅幸 교수님은 국어연구실이 소장하고 있는 문헌 소장고를 안내해주셨다. 東京大學이 소장하고 있는 고문헌과는 별도로 상당한 수의 문헌을 국어연구실이 자체적으로 소장하고 있는 것이다. 비밀금고처럼 관리되고 있는 그곳에 발을 들여놓은 순간의 놀라움은 지금도 잊을 수 없다. 각종 귀중서들이 겹겹이 쌓여있었다. 갇힌 공간 속에서 잠자고 있던 문헌들이 문이 열리자 새로 공급된 신선한 공기를 마시며 깨어나는 것처럼 느껴졌다. 긴장감과 황홀감 속에 얼떨떨해 하며 들어서는 내게 "기다렸어~ 어서 와~"라고 말하는 것만 같았다.

본서의 고찰 대상인 『註千字文』(1책. 特22D55. L46820. 이하 동대본.)도 그 안에 모셔져(?) 있던 문헌이다. 부끄럽게도 그때까지 내가 알고 있던 천자문에 대한 지식은 대단히 일천했다. 한자 학습의 기초 텍스트이며 1000자가 '天地玄黃'과 같이 4자 1구를 이루며 250구로 되어 있고 우리나라에서는 '하늘 천, 따지, 검을 현, 누를 황'과 같이 훈과 음을 학습해왔다는 것 정도에 불과했다. 동대본을 보니 250구 각각에 6세기에 이섬(李暹)이라는 사람이 달았다는 주석이 달려있었고, 천자문 원문과 세주 모두에 꼼꼼하게 훈점(訓點)이 기입되어 있었다. 누가 필사했는지 누가 훈점을 기입했는지는 정확히 알 수 없지만 중세 일본의 한 학자가 천자문을 공부한 과정을 여실히 보여주는 좋은 자료이다.

이섬의 주석은 중국의 각종 고전들을 인용하여 천자문 250구의 내용을 설명하고 있었다. 4자 1구로 구성된 천자문 250구는, 천지자연의 이치라든가 사람의 도리를 담고 있는 것도 있고 중국의 역사와 고사에 근거한 것도 있다. 따라서 그것을 설명하기 위한 주석 또한 심오한 내용을 담을 수밖에 없다.

일본에서는 한문 문헌이 전래된 후 얼마 지나지 않은 시기부터 〈한문훈독(漢文訓讀)〉이라는 방식으로 한문을 읽어 왔다. 이는 일종의 번역이라고 할 수 있는데 10세기 무렵 이미 기틀을 잡아서 약간의 변화를 거치며 현재에 이르고 있다. 논어(論語), 시경(詩經), 사기(史記)와 같은 책들은 물론이고 화엄경(華嚴經), 법화경(法華經)과 같은 불경, 그리고 일본에서 만들어진 고사기(古事記), 일본서기(日本書紀)와 같은 한문책들도 한문훈독 방식으로 번역하여 읽었고 현재까지도 그러한 전통이 이어지고 있다. 한문훈독을 위해 한문책 위에 글자나 부호를 기입하는데 그것을 훈점(訓點)이라고 하고, 훈점이 기입된 책을 훈점본(訓點本)이라고 한다.

동대본은 일본 중세에 중국의 책인 주천자문을 저본으로 필사하고

그 위에 훈점을 기입하여 성립한 책이다. 따라서 당연히 한문훈독을 할 것으로 기대된다. 그런데 동대본의 훈점 양상을 보니 주로 우측에 훈점이 달리는 여타의 훈점본과는 차이가 있었다. 한자의 우측에는 음이 달리고 좌측에는 훈이 달려 있었던 것이다. 천자문은 일반적인 한문훈독과 달리 몬젠요미[文選讀み]라는 방식을 활용하여 읽었던 것이다. 몬젠요미는 한자를 음과 훈 두 가지 모두로 읽을 수 있도록 고안된 방식이다. 우리나라에서 훈과 음을 함께 학습하게 했던 것처럼, 일본에서도 한자의 음과 훈을 모두 학습시킬 필요가 있으므로 몬젠요미를 활용한 한문훈독을 했던 것이다. 몬젠요미는 천자문을 읽기 위해 고안된 방식은 아니고 그 이전부터 한문훈독의 과정에서 어려운 한자어를 읽을 때 사용되던 방식이다.

이렇게 동대본과 천자문과의 만남이 시작되었다. 천자문의 역사와 주석서에 대해 공부하고 동대본의 번각을 시작하고 이섬 주석의 내용을 이해하는 등의 기초 공부를 시작하였다. 또 일본 東洋文庫와 일본 국회도서관 부설 內閣文庫, 京都大學 谷村文庫에 소장되어 있는 다른 천자문 자료들도 함께 연구하기 시작하였다. 더불어 석봉천자문, 주해천자문과 같은 한국의 천자문 자료들에 대해서도 함께 공부하였다. 그 과정에서 공저를 포함하여 9편의 논문을 발표하였다. 지금 다시 보면 오류도 적지 않아 부끄럽지만 그러한 연구 과정을 통해서 미흡하나마 조금씩 발전해온 것 같다.

이 책의 제목은《일본 천자문 훈점본의 해독과 번역－동경대학 국어연구실 소장『주천자문』을 대상으로－》이다.

'해독'은 훈점 판독과 번각을 의미한다. 고문헌, 특히 훈점본에 익숙하지 않은 분이라면 일본어에 능통한 분일지라도 훈점을 판독하는 것은 쉽지 않다. 게다가 한문훈독의 세계에서 통용되는 관용적인 이해나 생략 등도 있어 도식적이지 않기 때문이다. 또한 사람이 직접 기입한 훈점에는 오류도 존재한다. 따라서 동대본의 가점자(加點者)가 천자문 250구를 어떻게 훈독하였는지 알기 위해서는 훈점을 정확하게 판독할 필요가 있다. 이에 먼저 동대본에 기입되어 있는 대로 훈점을 번각하여 나타내고 훈점을 둘러싼 제반 사항에 대해 설명하였다. 필요한 경우 문법적인 설명, 어휘적인 설명도 덧붙였다. 이러한 고찰을 바탕으로 동대본에 훈점을 기입한 가점자가 의도한 몬젠요미에 의한 훈독문을 작성하고자 하였다. 또 동대본에 실린 이섬의 주석은 해당 구를 이해하는데 꼭 필요하다고 판단되는 내용에 한해 번각하였다.

다음으로 '번역' 파트는 '해독' 파트에서 작성한 한문훈독문을 우리말로 번역하였다. 또 내용 이해에 꼭 필요하다고 판단된 이섬의 주석을 인용한 후 우리말로 번역하였다.

그러나 이와 같은 필자의 연구 내용보다도 본서가 더욱 가치 있는 것은 동대본의 사진본 전체를 싣고 있다는 점이다. 일본에서는 고문헌 전체를 영인하는 일은 대단히 드문 일이다. 영인은 고사하고 고문헌을 공개하는 일 자체를 꺼리는 경향이 있다. 최근에는 소장처에서 홈페이지에 사진을 공개하기도 하고 문헌의 실물사이즈 그대로 영인본을 간행하는 일이 시작되기는 했지만 빙산의 일각에 불과하다. 더구나 한국에서 일본의 훈점본 전체를 사진으로 볼 수 있는 것은 처음 있는 일이다. 본서의 연구 내용이 논문이나 연구서로서만 제공되는 것과, 그것의 바탕이 되는 훈점본을 함께 보면서 그 내용을 이해하는 것과는 질적인 면에서 큰 차이가 있음은 말할 필요도 없을 것이다.

이밖에 본격적인 시작에 앞서 한국과 일본의 천자문 수용사를 비롯한 간략한 '해설'도 덧붙였다. 한국과 일본은 문화적인 측면에서 유사한 면이 많지만 한편 상이함도 적지 않다. 천자문의 수용과 관련한 것도 그 중 하나이다. 텍스트의 측면에서도 한국과 일본이 차이를 보일 뿐만 아니라 천자문을 이용한 한자학습의 측면에서도 큰 차이를 보인다. 이와 같은 천자문을 둘러싼 한일 양국의 차이와 동대본 훈독이 보여주는 몇 가지 특징을 '해설'에 담았다.

동대본의 사진을 공개할 수 있게 된 것은 오로지 東京大學 月本雅幸 교수님의 후의에 의한 것이다. 月本 교수님은 2009년 연구년뿐만 아니라 2016년 연구년에도 필자를 외국인연구원으로 기쁘게 맞아주셨다. 학문적으로 많은 가르침을 주셨고 자료 열람 및 촬영 등 연구면에서 최선의 협조를 해주셨다. 동대본과 관련해서는 한국에서 사진을 공개할 수 있도록 허락해주셨다. 또한 부족한 이 책에 대해 추천사도 보내주셨다. 학은에 감사드리며, 또 한일 양국의 학문 교류와 발전에 대한 교수님의 노고에 감사드리며, 일본 고문헌을 연구하는 한국 학자로서 앞으로도 성실하게 연구해나갈 것을 약속드리는 바이다.

일본어사 연구를 시작한 후 많은 학문적 은혜를 입었다. 석사과정에서는 지도교수이신 한미경 교수님(한국외국어대학교 명예교수)께, 또 개인적으로 공부를 지도해주신 황광길 교수님(단국대학교)께 은혜를 입었다. 박사과정에서는 지도교수이신 石塚晴通 교수님(北海道大學 명예교수), 한문을 가르쳐주신 故 遠藤嘉浩 선생님, 池田証寿 교수님(北海道大學)외 여러분들께 은혜를 입었다. 졸업 후에는 北海道大學 선배이신 小助側貞次 교수님(富山大學), 선배 같은 후배인 高田智和(日本 國立國語研究所), 친구인 大槻信 교수(京都大學)와 保坂智

교수(北海商科大學)에게 큰 도움을 받았다.

천자문과 관련한 공부는 김문정(가톨릭대학 국문과 석사과정 졸업), 신웅철(경성대학교 HK연구교수), 정문호(北海道大學 문학연구과 박사과정), 이태섭(숭실대학교 일어일문학과 석사과정) 등의 제자들과 함께 해왔다. 또한 본서의 간행에도 제자들이 힘을 보태주었다.

2006년부터 매주 토요일 숭실대에 모여서 일본 훈점자료를 함께 공부하고 있는 한세진 선생님(숭실대학교 일어일문학과 초빙교수)과 박진호 선생님(서울대학교 국어국문학과 교수)을 비롯한 〈한문훈독연구회〉 여러분께는 연구자로서, 또 인간으로서 언제나 큰 힘을 얻고 있다.

이밖에 연구의 과정에서, 삶의 굽이굽이에서 많은 분들에게 도움을 받았다. 이 자리를 빌려 모든 분들께 머리 숙여 감사의 말씀을 드리는 바이다.

동대본을 만나 공부하기 시작한 후 어느새 10년 이상의 시간이 흘렀다. 원고가 완성된 것은 꽤 오래 전이지만 볼 때마다 미흡하여 수정에 수정을 거듭하였다. 그러나 아직도 미흡하기는 마찬가지이다. 그뿐이겠는가? 그간의 연구에 대해서도 늘 미흡하고 송구할 따름이다. 그래도 나아갈 수 있고 나아질 수 있으니 다행이고 감사하다. 부끄러운 마음을 안고 오늘도, 내일도 또 그렇게 변함없이 나아가고자 한다. 그렇게 하는 것이 여러 분들에게 입은 은혜에 소금이나마 보답하는 길이 되리라 믿기 때문이다.

2018년 가을 숭실 교정에서

저자 씀

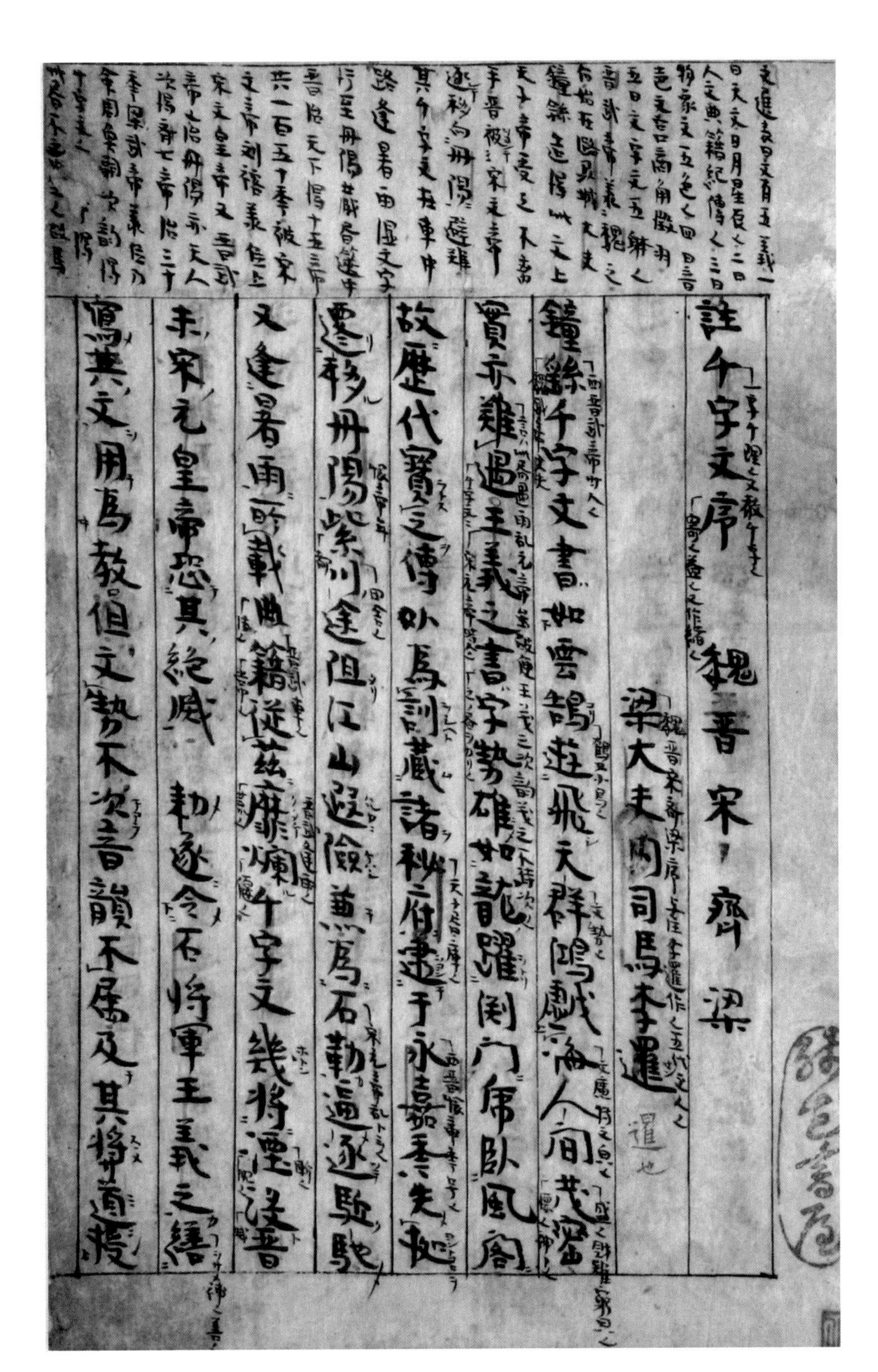

纂圖附音集註千字文上

勅員外散騎侍郎周興嗣次韻

天地玄黃 易曰天玄而地黃言天之色玄地之色黃陰陽二氣輕清者上爲天重濁者下爲地天形穹窿地形磅礴天有九重之霄太元經云九天者一中天二羨天三從天四更天五晬天六廓天七咸天八沉天九成天爾雅云四天者春爲蒼天言万物蒼蒼然生夏爲昊天言氣昊旰秋爲旻天旻猶愍也愍万物凋落冬爲上天言時无事在上臨下向已礼記曰有五土一曰山林積石曰山有竹木曰林二曰川澤注瀆曰川水鍾曰澤三曰丘陵土高曰丘大阜曰陵四曰墳衍水崖曰墳下平曰衍五曰原隰下平曰原下濕曰隰地之謂十地孝經曰用天之道分地之利言四時代謝運行不息謂之天道土地所生凡之所異物產不同謂之地利人生於天地之間所運用皆上依天時下隨地利也元黃本作

五星
東宮星二西大白南
熒惑北辰星中鎮
東方角亢氐房心尾
箕西方奎婁胃昴
畢觜参南方井鬼
柳星張翼軫北方
斗牛女虚危室壁
星昏ラ小星八九十六木
是大星計都大見之
五星歳星東方色
青木熒惑星南方
色赤火大白星西方色
白金辰星北方色黒
水鎮星中央色黄土
辰謂天三辰日月
星謂之三辰也

玄黃避御諱
以元代之也
宇宙洪荒宇者天能覆万物如屋宇名之爲宇宙
者從古來今日宙洪者大也荒者極遠之
外人跡不到之処也刑部神農歩天地東西九十
万里南北八十萬里東海西海相去二万八千里南
海北海相去二万六
千里宙者直又反也
日月盈昃傳云日中則昃月盈則虧盈滿也昃縮也日中有三足烏故日金烏日色赤烏說
桂兔侵於闕也月爲玉兔蟾蜍三足蝦蟇也日爲陽精也於東方月爲陰精生於西方昃者争色反
辰宿列張北辰有五星論語云北辰居其所而衆星拱之見也天有二十八宿四方各有七宿
東方七宿成蒼竜之躰南方七宿成朱雀之形西方雀七宿成白虎之躰北方七宿成玄武之躰並環列四
方以輔翼天帝也

寒來暑往秋收冬藏 繫辭曰 寒往則暑來 暑往則寒
來 寒暑相推而歳成焉 春爲青
陽 風氣温和 夏爲朱明 風氣炎熱 秋爲白藏 風氣清
涼 冬爲玄英 風氣嚴寒 四時代謝 五穀成熟 春生夏
長 秋收斂 冬閉藏
此一歳之事也

閏餘成歳 尚書朞三百有六旬有六日 以閏月定四時
成歳 穀梁春秋曰 閏月者 附月之餘
日也 積分而成於月者也 後漢律歴
志云 之閏迴時以成歳功也矣

律呂調陽 前漢律歴志曰 律有十二 陽六爲律 陰六
爲呂 六律者 黄鍾 太簇 姑洗 蕤賓 夷則 無射
也 六呂者 林鍾 中呂 南呂 應鍾 夾鍾 大呂
也 此十二律呂所以調和陰陽之氣也矣

雲騰致雨 易曰 雲行雨施 天下平也 又曰 天油然作
雲 沛然下雨 雲雨感應 皆由人君有道所
致 若或失德 則雖有密雲西郊 終无雨 昔殷湯
國七年旱 湯乃來社稷禱而求下 湯曰 社稷之神大

是童時擢鳥雖名辛飼養之神元是也可宜從之
太史奏曰不可從之可焚一人祭天神而後降雨湯曰
雖自己致昧久旱今更焚一人祭天罪在朕身遂自
天下均休而民朕當自焚身近積柴於殿前天下自
釜柴上四邊放火之勢衝逼忽然雲起下雨大乃風
而湯並得存天下咸蒙仰戴天子之恩湯乃令百姓
每季二月及八
月祭社稷神也

露結爲霜 露能潤草木凝結名爲霜其氣凜烈能
肅殺萬物也秋露寒結爲霜霧凝爲霜也

金生麗水 麗水名在益州永昌郡中有金
生從出其土言此金勝於諸金也

玉出崑崗 崗南楚地荊山崑崗谷中出美玉昔楚國有
一人姓卞名和善別玉向於荊山崑崗中
得一玉璞將獻楚文王王不別云卞和欺誑我遂
削其左足文王崩武王立和又進玉璞武王責曰和
昔日欺我先君今又復來欺誑我復削其右足卞和
見二主皆不識遂抱玉璞泣於荊山之下眼中淚血
流

4B 동경대학 국어연구실 소장 『주천자문』의 원본 사진

목차

제1장

해설

1. 천자문에 대하여

천자문(千字文)은 중국 양(梁)나라[1] 황제였던 무제(武帝. 재위 502-549)가 왕자들에게 한자 및 서도를 가르치기 위하여 만들어진 책이다. 왕희지(王羲之)의 글씨를 선호하였던 무제는, 왕희지의 한자 모본(模本) 천 개를 주고[2] 그것을 한 번만 사용하여 운문(韻文)을 완성하도록 주흥사(周興嗣. ?-521)에게 명을 내렸다고 한다. 명을 받은 주흥사는 하룻밤에 4자 1구의 운문 250구를 지어 올려 수염과 머리가 하얗게 세었다고 한다. 이것이 천자문에 '백수문(白首文)'이라는 별칭이 붙은 연유이다.

주흥사에 대해서는 『양서(梁書)』에 '양(梁)의 고조(高祖)는 …… 왕희지가 쓴 1000자를 차운(次韻)하게 하고 아울러 주흥사에게 글을 만들게 하였는데 지은 글을 올릴 때마다 고조는 바로 훌륭하다고 하면서 황금과 비단을 더 내려주었다'라는 기록이 보인다.[3] 주흥사가 지은 천자문의 원명은 『차운왕희지천자(次韻王羲之千字)』이다. 『수서(隨書)』와 『구당서(舊唐書)』 경적지(經籍志), 『신당서(新唐書)』와 『송사(宋史)』 예문지(藝文志) 등의 목록에서 천자문이라는 책 이름을 확인할 수 있다.[4]

천자문은 문장이 아름답고 표현이 다채롭다. 내용면에서도 천지인(天地人)의 도(道), 사람의 도리와 생육(生育), 일상생활, 역사와 통치 등 대단히 다양하다. 게다가 고사나 고전의 내용을 배경으로 한

1 양(梁. 502-557)은 중국 남북조 시대 강남에 건국된 남조의 3번째 왕조.
2 종요(鍾繇)의 글씨였다는 설도 있고 종요가 직접 천자문을 만들었다는 설도 있다.
3 이충구(2012:5-6)
4 임동석(2009:284)

것도 적지 않다. 이러한 내용이 글자 수에 맞춰 압축적으로 표현되었으므로 경우에 따라서는 주석의 도움 없이는 그 내용을 알기 어려운 것도 있다.

이에 6세기 후반에는 이섬(李暹. 생몰년미상)에 의해 『주천자문(註千字文)』이라는 주석서(註釋書)가 만들어졌다. 이 책은 일본에 전래되어 천자문 텍스트로써 널리 활용되었다. 이후 청나라 때에는 『천자문석의(千字文釋義)』(왕소윤(汪嘯尹) 찬집(纂輯)·손여길(孫呂吉) 참주(參注))가 제작되었는데 이는 한국에서도 널리 활용되었다.

한국과 일본은 한자 학습서로 천자문을 널리 사용하였다. 그러나 천자문의 수용, 즉 텍스트의 측면에서는 큰 차이를 보인다. 일본의 경우는 주석을 동반한 주석서를 가지고 천자문을 학습하였다. 그러나 한국의 경우는 천자문 원문을 1구 4자 1행으로 적고 그 아래 해당 한자의 뜻과 음을 각각 한 개씩만 적어 놓은 텍스트를 사용하였다.

또한 한국과 일본은 천자문의 학습 방법면에서 차이가 있다. 한국에서는 「하늘 천, 따 지, 검을 현, 누를 황…」과 같이 천자문 글자 아래에 적힌 뜻과 음을 암기하는 방식으로 학습하였다. 이에 비해 일본에서는 천자문 1000자를 낱자로 학습한 것이 아니라 주석 내용을 바탕으로 해당 구의 내용을 이해한 후 일본어로 훈독[번역][5]하여 학습하였고, 나아가 음과 훈을 모두 익힐 수 있도록 〈몬젠요미(文選讀み)〉[6]라는 방식으로 학습하였다.

---

5 한국과 일본 등 한자문화권에서 한문 및 한문 서적을 자국어로 번역하여 읽는 학문 방식을 말한다.

6 몬젠요미는 본래 『문선(文選)』이라는 문학서를 학습하는 과정에서 어려운 한자의 음과 훈 양쪽 모두를 익힐 수 있도록 하기 위해 생겨난 독법이다. 『문선』뿐만 아니라 10세기 이후의 여러 훈점자료에서 용례가 확인된다.

2. 한국의 천자문 수용과 텍스트

천자문이 한국에 전래된 시기는 정확하게 알 수 없다. 그러나 『고사기(古事記)』와 『일본서기(日本書紀)』의 기록에 따르면 삼국시대에 일본으로 전래된 것으로 보이므로 적어도 삼국시대에는 한반도에 전래되어 읽히고 있었던 것으로 볼 수 있다.

천자문 학습에 관한 가장 오래된 기록은 『고려사(高麗史)』 권125 열전(列傳)에 실린 것으로 고려 충목왕(忠穆王. 재위 1344-1348)이 천자문을 배웠다는 내용이다. 조선조에 이르러서는 궁중으로부터 민간에 이르기까지 한자 입문서로 사용되었다는 기록을 여러 곳에서 확인할 수 있다. 중종(中宗. 재위 1506-1544)의 원자(元子)가 천자문 학습을 마치고 『유합(類合)』을 배운다는 기록이라든지, 진강책자(進講冊子)의 차례에 5, 6세용으로 천자문이 지정된 기록 등이 그것이다. 최세진(崔世珍. 1473?-1542)이 『훈몽자회(訓蒙字會)』에서 아이들에게 한문을 가르칠 때에는 반드시 천자문을 마치고 『유합』을 읽힌 뒤에 다른 책을 가르친다고 적은 것도 천자문 학습과 관련한 중요한 기록이다. 이러한 기록을 참조해 볼 때, 늦어도 14세기부터 천자문은 한자 입문서로 널리 사용된 것으로 판단된다.[7]

천자문의 간행에 관한 기록으로 가장 이른 것은 15세기 중엽의 것인데, 세조(世祖. 재위 1455-1468)가 교서관(校書館) 소장의 진초천자문(眞草千字文)을 주자소에서 인쇄하여 성균관에 보내도록 하였다는 기록이다. 선조(宣祖) 18년인 1585년에 허봉(虛葑)이 속찬한

7 안병희(1982:145) 참조.

『고사촬요(攷事撮要)』에 실린 「팔도책판목록(八道冊板目錄)」에는 천자문이 31종이나 기록되어 있다. 그런데 이 팔도책판의 기록은 당시 간행된 천자문을 모두 망라한 것은 아니기 때문에 실제로는 더 많은 수의 천자문이 간행되어 있었을 것으로 판단된다.[8]

한국어사 연구에서 관심 있게 다루어지는 천자문 자료는 한자마다 훈과 음이 한글로 적혀있는 것들이다. 앞선 연구에서는 이러한 천자문 자료를 크게 광주천자문(光州千字文)과 석봉천자문(石峰千字文)으로 나누어 고찰해 왔다.[9]

광주천자문은 전라도 광주에서 간행된 것으로 일본 동경대학 중앙도서관에 소장되어 있는 책이다. 이 책은 조선어학자인 小倉進平(1882-1944)가 소장했던 것을 동경대에 기증한 것으로 '小倉舊藏本'이라고 불린다. 권말에 '萬曆三年 月 日 光州刊上'이라는 간기가 있어서 만력(萬曆) 3년(1575)에 전라도 광주에서 간행되었음을 알 수 있고, 기록으로 확인할 수 있는 한 한국 천자문 중에서 가장 오래된 것이다. 그 외에 일본 大東急記念文庫 소장 천자문이 있다.[10]

8 안병희(1982:146) 참조. 안미경(2004:145-146)은 조선시대 작성된 15종의 책판 목록을 대상으로 천자문을 도별 및 시기별로 분석하였는데, 팔도의 천자문 간행 건수는 117건이라고 한다.

9 안병희(1982:147-149)에서는 41번째 구의 한자가 光州千字文은 '女慕貞潔'로, 石峰千字文은 '女慕貞烈'로 서로 다른 것에 주목하여 각각 결(潔)자본과 열(烈)자본이라고 부르는 것이 편리할 것이라고 하였다.

10 大東急本은 간기가 없어 간행년도를 알 수 없다. 그런데 大東急本을 처음 발견하고 조사한 藤本幸夫 교수는 藤本幸夫(1980:67)에서, 1592년 이전의 간본(刊本)임은 확실하며 16세기 중엽 또는 그 이전의 것일 가능성도 있다고 지적하면서, 大東急本의 간행이 오히려 小倉舊藏本의 간행보다 앞선다고 하였다. 그러나 현재까지도 小倉舊藏本과 大東急本의 선후 관계에 대한 논의는 결론을 내지 못한 상태이다. 藤本幸夫(1980:67)와 최학근(1980:216), 신동희(1997:104) 등은 大東急本이 小倉舊藏本보다 앞서 간행되었다고 추정하였다. 여기서는 이기문(1981:11)에 따라 小倉舊藏本이 앞서는 것으로 보았다.

석봉천자문은 한호(韓濩. 호는 石峰. 1543-1605)가 선조의 명을 받아 간행한 것으로 많은 이본(異本)이 존재한다. 그 중에서도 내사기(內賜記)가 있는 김민영 소장본(이하, 내사본)[11]과 일본 內閣文庫 소장본(이하, 內閣文庫本)[12]이 대표적이다.[13] 내사본은 석봉천자문의 원간본(原刊本)으로 간기는 만력 11년(1583)이다. 이 책을 입수하게 된 경위가 내사기에 적혀 있다.[14] 이에 따르면 1582년 선조 16년에 당시 부사과(副司果)였던 한석봉이 왕명을 받들어 천자문을 써 올리고 이것을 목판본(木版本)으로 제작했음을 알 수 있다.[15] 內閣文庫本의 간기는 내사본과 같지만 한글로 기입된 훈과 음이 차이가 나는 곳이 있다.[16]

광주천자문과 석봉천자문 이후, 하나의 한자에 하나의 훈과 음이 달린 기존의 형식에서 벗어난 천자문이 등장한다. 주해천자문(註解

---

11 박찬성 구장본. 내사기가 있는 관계로 일반적으로 '내사본(內賜本)'이라고 불린다.

12 안병희(1974)에 따르면 內閣文庫에는 3종의 천자문이 소장되어 있다. 내사본이 등장하기 전까지 원간본으로 추정되었던 것과 지방 복각본으로 보이는 것 그리고 경인년에 중간된 본을 일본에서 복각한 것이다. 우선 앞의 2종을 살펴보면, 전자는 이기문(1973)에서 內閣文庫本으로, 안병희(1974, 1982)에서 內閣文庫 갑본, 손희하(2011)에서는 內閣文庫 가본이라 하였고 후자는 안병희(1974, 1982)에서는 內閣文庫 을본, 손희하(2011)에서는 內閣文庫 나본이라고 하였다. 안병희(1974)에서 內閣文庫 병본이라고 칭한 경인년 중보본의 일본 복각본은 손희하(2011)에서 간기가 같은 일본 宮內廳 書陵部 소장의 '『千字文』庚寅夏重補本 나본' 항목에서 언급되고 있다.

13 이밖에 석봉천자문의 판본(板本)으로는 內閣文庫 나본, 辛丑 開刊本, 御賜本, 庚寅 重補本, 辛未 重刊本, 甲戌 重刊本 등이 있다. 석봉천자문의 판본에 관한 것은 손희하(2011)을 참조할 수 있다. 손희하(2011)에서 정리한 석봉천자문 판본의 목록은 김민영 소장본과 內閣文庫本 2종을 포함하여 16종이다.

14 내사기의 내용은 '萬曆十一年七月 日 內賜司諫院大司諫 朴承任 千字文一件 命除謝恩 左副承旨 臣某手決'이다.

15 내사본은 1981년에 공개되었는데 그 이전까지는 내각문고본을 석봉천자문의 원간본이라고 추정하기도 하였다. 그러나 현재는 內閣文庫本을 원간본의 수정본이라고 보는 것이 일반적이다. 이기문(1981:12-14), 손희하(2011:33-34).

16 이기문(1981:12-14)

千字文)이 그것인데, 하나의 한자에 여러 개의 훈과 음을 제시하고 있다. 뿐만 아니라 각 구의 의미를 한문으로 풀이하고 있다. 주해천자문에는 서울대와 고려대 도서관에서 소장하고 있는 원간본과 홍윤표 소장본인 중간본(重刊本)이 대표적이다.[17] 원간본은 영조(英祖) 28년(1752)에 홍성원(洪聖源)의 글씨로 개원사(開元寺)[18]에서 간행된 것이다.[19] 중간본은 순조(純祖) 4년(1804)에 홍태운(洪泰運)의 글씨로 광통방에서 간행되었다.[20] 중간본은 책 말미에 '篆與字音淸濁及小註竝新增'이라고 적혀 있는 것으로 볼 때, 원간본에 전서체(篆書體) 글씨와 한자의 음, 청탁(淸濁) 및 소주(小註)를 새로 덧붙여 간행하였음을 알 수 있다.[21]

3. 일본의 천자문 수용과 텍스트

『古事記(こじき)』에는 백제의 왕인이 논어 10권과 천자문 1권을 헌상했다는 기록이 있고, 『日本書紀(にほんしょき)』에도 같은 내용이 應神天皇 16년의 일로 기록되어 있다.[22] 이것을 그대로 서양력으로

17 최범훈(1983:22-24)은 초간본(初刊本), 증주본(增註本), 신판본(新版本), 1905년본, 1915년본으로 정리하였다.

18 경기도 광주 남한산성 개원사.

19 간기의 내용은 '崇禎百二十五年壬申冬 註解于龜谿精舍 上護軍南陽洪聖源書 南漢開元寺板'이다.

20 간기의 내용은 '崇禎百七十七季甲子秋 京城廣通坊新刊'이다.

21 그 외에 고종(高宗) 5년(1886)에 간행된 것이 있는데, 원간본 및 중간본과는 板式이 전혀 다르다. 이후 1905년과 1915년에 重刊된다. 안병희(1982:145-161), 최범훈(1983:21-24), 박동석(2009:281-304) 참조.

22 『日本書紀 上』(日本古典文學大系 67), 岩波書店, 1967, p.372 · 『古事記 · 上代歌謠』(日本文學全集1), 小學館, 1987, p.256(초판 1973).

환산하면 285년이 되어 천자문의 저자[23]인 주흥사(?-521)의 생존년도와 맞지 않는다.[24] 이에 대해 小川環樹(1997)는 위 문헌의 역사 기록이 고의로 천황의 치세를 잘못 기록한 결과임을 지적하고 있으므로, 해당 내용이 적어도 주흥사가 천자문을 편찬한 6세기 초 이후의 일일 가능성을 고려해 볼 수 있다.[25] 혹은 양무제(梁武帝) 이전에 천자문의 원형이 존재했고 이것이 전래되었을 가능성과 『日本書紀』의 편자가 중국의 다른 초학서(初學書)를 천자문이라고 잘못 기록했을 가능성도 생각해 볼 수 있을 것이다.

藤原佐世(ふじわらのすけよ, 847-898)가 편찬한 일본에서 가장 오래된 한적(漢籍)[26] 목록인 『日本國現在書目錄』(891成立)에는 천자문에 주석을 단 사람으로 「李暹, 東(陳)駝固, 宋智達, 丁覘」 등이 기록되어 있다. 이 중 이섬의 주석서를 제외하고는 현재 확인되지 않는다.[27]

小川環樹(1997)은 일본에 현존하는 이섬 주석의 천자문 계통을 고주(古注)와 신주(新注) 둘로 나누었다. 고주라고 칭한 것은, 이섬의 서문이 있고 고활자본(古活字本) 및 통행본(通行本)의 표제에 「古注」라는 두 글자가 있는 것이다.[28] 또 신주는 이섬의 서문이 없는 구간

23 천자문의 저자에 대해서는 이설이 있기는 하지만 현재로서는 양(梁)나라 때 주흥사라고 보는 것이 일반적이다.

24 應神天皇 16년은 『日本書紀』의 기년을 그대로 따르면 285년이지만, 이것은 바르지 않고 『日本書紀』 중에서 초기 기록의 기년에 대해서는 120년을 더해야 한다는 견해도 있다.

25 小川環樹(1997:400)

26 일본에서는 한문 문헌 중 중국에서 편찬된 것을 한적(漢籍)이라고 부른다. 이밖에 불교 경전류를 불서 혹은 불전, 불경 등으로 칭하고, 한문 문헌 중 일본에서 편찬된 문헌은 국서(國書)라고 불러 구분한다.

27 이섬의 주석서는 중국에서는 일실되었고 일본에만 전해지고 있다.

28 고활자본의 필사본(筆寫本)을 별도로 찬도본(纂圖本)이라 부르는데, 찬도본은 이섬 주석의 원형을 그대로 전하는 것은 아니고 당 · 송 이후에 증보된 곳이 적지 않다.

본(旧刊本) 계통을 말하며 주석 내용도 고주와는 차이가 있다.[29]

일본에 현존하는 천자문의 사본으로 가장 오래된 것은 京都 국립박물관에 소장되어 있는 『注千字文(ちゅうせんじもん)』(이하, 上野本)이다. 弘安 10년(1287) 간행 기록이 있고, 建仁 2년(1202)에 播州 書寫山에서 서사했다는 識語(しきご)도 권말에 남아 있다.[30] 上野本은 일부분만 남아 있는 돈황본(敦煌本)을 별개로 하면 현존 최고(最古)의 천자문 주석서이다.[31] 몬젠요미로 한문훈독을 할 수 있도록 가나점[假名點], 어순지시부호, 합부(合符), 성점(聲點) 등의 훈점(訓點)이 기입되어 있다. 뒷면에는 28번째 구인 「垂拱平章」 이후의 223개구에 음주(音注)가 기록되어 있다. 이 음주는 반절(反切)로 기입되어 있으며, 菅原是善(すがわらのこれよし, 812-880)가 편찬했다고 알려져 있는 『東宮切韻(とうきゅうせついん)』에 의거한 것으로 보인다.[32] 12세기에 성립된 『和漢朗詠集私注(わかんろうえいしゅうしちゅう)』가 上野本 계통의 注千字文을 인용하고 있는 것으로 볼 때, 당시 이 종류의 천자문 텍스트가 비교적 널리 읽혔다는 것을 알 수 있다.[33]

---

29 小川環樹(1997:410)

30 上野本의 奥書는 다음과 같다.

弘安十年丁亥十二月 ロ
於幡州佐用郷市庭書之也
本云建仁二年壬戌六月十六日 於幡州書寫山東獄方
書了 載記勇猛有五

31 黒田彰(1989:2)에서는 돈황본과 찬도본은 같은 바탕에서 나왔다고 알려져 왔고, 上野本이 바탕이 되는 책에 가깝다고 하였다. 小川環樹(1997:419)에서는 당대 이후 일본에 전해진 필사본의 맥을 잇는 것은 上野本뿐이며, 上野本은 찬도본과 내용을 달리하는 부분이 많은 것은 당연하지만 이섬의 서문을 가지고 있다는 점은 공통되므로 같은 계통에 속하는 것으로 파악하였다.

32 小川環樹(1997:423)

33 黒田彰(1989:3)

또 하나 주목해야 할 책으로 京都 陽明文庫에 소장되어 있는 『千字文音決(せんじもんおんけつ)』(이하, 音決)이 있다. 13세기 경에 만들어진 필사본을 近衛家熙(このえいえひろ. 1667-1736)가 다시 옮겨 적은 책이다. 家熙의 元祿 7년(1694) 奥書(おくがき)에 貞永(1232-1233)·天福(1233-1234) 무렵에 성립된 책이나 필사자나 가점자는 알 수 없다고 적혀 있다. 音決에는 한자의 좌우에 몬젠요미를 할 수 있도록 가나점, 어순지시부호, 합부, 성점 등의 훈점(訓點)이 꼼꼼하게 기입되어 있다. 또한 한자 자체(字體)에 대한 정보를 다수 기입하고 있는 점이 다른 책과 구별되는 특징이다. 책 후미에 「千字文音決、幷びに序」라는 제목의 글이 실려 있는데, 이 서문의 한문은 잘 정돈된 우아한 문장이다.[34]

일본 東京大學 國語研究室에는 文明 年間(1469-1497)에 서사·가점된 것으로 추정되는 『註千字文(ちゅうせんじもん)』(特22D55 L46820. 이하, 동대본)이 소장되어 있다. 이섬의 서문이 실려 있고 「纂圖附音集註千字文上」「勅員外散騎侍朗周興嗣次韻」으로 시작되는 상중하 3권본이다. 하권 말에는 「纂圖附音增廣古注千字文下之終」이라고 적혀 있다. 천자문 본문과 이섬의 주석 부분 전체에 걸쳐 훈점이 기입되어 있어서 15세기 일본의 천자문 훈독의 양상을 잘 알 수 있다.

또 京都大學 谷村文庫에 소장되어 있는 『註千字文』(4-65/サ/1貴)으로 慶長 19년(1614) 서사 및 가점 기록을 가진 책(이하, 谷村本)이 있다. 상권 머리에 「纂圖附音增廣古註千字文集上」「勅員外散騎侍朗周興

34 小川環樹(1997:422-423)에서는 이 책이 「音決」의 완전한 형태를 전하고 있는지에 대해 의문을 제기하였다. 「音決」이라는 이름이 붙은 책은 일반적으로 반절로써 한자의 음을 나타내는 것이 보통인데, 이 책에는 그러한 기입이 전혀 없기 때문이다.

嗣 次韻」이라고 적혀 있다. 이섬의 서문이 없다는 것만이 東大本과 다르고 나머지 주석 내용은 東大本과 동일하다. 중세 말 江戸時代 초기의 천자문 학습의 실상을 보여주는 자료이다.

江戸 중기에는 이섬의 주석서 중 고주 계통이 널리 유포되었고, 또한 高岡秀成(たかおかひでなり, 1753-1824)의 『周興嗣次韻千字文考証(しゅうこうしじいんせんじもんこうしょう)』와 같은 새로운 주석서가 만들어져 寛政 2년(1790)에 간행되었다. 청나라 손여길(孫呂吉)의 주석서인 『千字文註』도 일본에 전래되어 근대까지도 학자들 사이에서 널리 읽혔다.

4. 일본의 천자문 독법, 몬젠요미[文選讀み]

몬젠요미에 대한 앞선 연구로는 築島裕(1963)이 있다. 築島裕(1963)은, 몬젠요미에 대해 「難解な漢語を平易に解釈しようとした結果生じた訓法」라고 지적하고, 나라(奈良)시대(710-794) 말기 및 헤이안(平安)시대(794-1192) 초기의 훈점본에서 몬젠요미가 사용되었음을 용례를 들어 밝혔으며, 몬젠요미의 창안자는 나라(奈良) 지역의 승려일 것이라고 추정하였다.[35] 훈점자료에 등장하는 몬젠요미는 한자의 우측에 「ト·ノ」와 훈독 독법이 가나로 함께 기입되어 있다. 즉 「踊躍トアカリ」, 「歡喜トヨロコヒヨロコフコト」와 같이 기입되어 있어서 「ト·ノ」의 가점을 힌트로 몬젠요미를 해야 함을 인식하고 「ようやく

35 築島裕(1963)「第三章第二節文選読」『平安時代の漢文訓読語につきての研究』pp.261-294

とあがり」, 「くゎんきとよろこびよろこぶこと」와 같이 읽는 것이다.

천자문은 초심자들을 위한 한자 학습용 교재이기는 하지만 실제로 포함되어 있는 한자는 상용도가 낮고 난해한 것도 적지 않다. 그러나 천자문을 몬젠요미로 읽은 것은 내용이 난해해서라기보다는 해당 한자에 대해 음(音)과 훈(訓), 양쪽을 모두 학습하게 하기 위한 것이었다고 생각된다. 木田章義(1997)에서도 훈점본에서 몬젠요미의 예가 단편적으로밖에 존재하지 않기 때문에 이 방식이 한문훈독에서 어느 정도 보급되어 있었는가는 정확히 알 수 없지만, 원리면에서 생각할 때 난해한 한자를 음으로만 읽으면 의미를 정확히 알 수 없는데 비해 훈을 함께 읽음으로써 해당 한자에 대한 이해가 충분히 이루어질 수 있으므로 새로운 한자를 익힐 때 유효한 학습법이 될 수 있다고 지적하였다. 또한 천자문이 한자 학습을 위한 유아용 학습서로 이용되어 온 것을 생각하면 천자문에 몬젠요미가 이용된 것은 납득할 수 있는 일이라고 하였다.[36]

몬젠요미는 구체적으로는 한자 두 글자를 음독한 후, 그것이 체언에 이어질 때는 「の」를 부가한 뒤 훈독하고 동사, 형용사, 형용동사가 이어질 경우에는 「と」를 부가한 후 훈독하는 것이다. 천자문의 첫 구인 「天地玄黃」을 몬젠요미로 읽어보자.

天地 テンチのあめつち

玄黃 クエンクヮウとくろくきなり

36 木田章義(1997:428-429)

「天地」는「あめつち」라는 명사로 읽히므로 음독과 훈독 사이에「の」가 부가되었다.「玄黃」은 '검고 누렇다' 즉「くろくきなり」와 같이 술어로 읽히므로「と」를 부가하여 읽은 것이다. AB라는 두 개의 한자에 대해「AB음독+ノ 혹은 ト+AB훈독」이라고 정리할 수 있다.

이때 음독은 일본의 한자음 중에서 한음(漢音)으로 읽고 표기는 전통적인 일본 한자음 표기법[字音假名遣い(じおんかなづかい)]으로 한다. 훈독하는 부분에 대해서는 역사적가나표기법[歷史的假名遣い(れきしてきかなづかい)]으로 표기한다.

■ **역사적가나표기법**[歷史的假名遣い]

에도(江戸)시대(1603-1867) 중기에 오사카의 국학자 契沖(けいちゅう. 1640-1701)는『和字正濫抄』(1695년 성립) 5권을 저술하였다. 이 책을 통해『万葉集』,『日本書紀』,『古事記』 등의 문헌에 근거하여 당시의 가나 표기법을 주장하였는데, 이것이 〈契沖假名遣い〉이다. '和字'는 가나를 가리키고 '正濫'이란 혼란해진 용법을 바로잡는다는 의미이다. 이 〈契沖假名遣い〉은 메이지(明治)시대(1868-1912) 이후 교육제도에 채용되어 확산되었고 〈歷史的假名遣い〉라고 불리게 되었다. 1946년 〈現代かなづかい〉가 제정될 때까지 사용되었으나 현재는 고전의 표기에 한하여 사용된다. 〈舊假名遣い〉, 〈古典假名遣い〉라고도 불린다.

■ **일본의 한자음**

일본의 한자음은 한자가 전래되고 수입된 시기나 경로에 따라 오음(吳音), 한음(漢音), 당음(唐音)과 같이 여러 층위가 있고 각각이 중층적으로 현대까지 계승되고 있다는 점이 특징적이다. 즉 새로운 음이 전해졌어도 이전에 사용되던 음을 모두 새로운 음으로 교체하지 않고, 그 각각을 별개의 한자음으로 정착시켜 왔다.

오음은 일본 한자음 중 가장 역사가 깊은 것으로 '和音'이라고 불리기도 하고 '對馬音'이라고 불리기도 하였다. 중국 본토로부터 직접 전래된 것이 아니라 한반도를 경유하여 전해진 것이다. 중국 남북조 시대에 남조의 기반이었던 강남 오(吳)지방의 한자음이 불교와 함께 한반도에 수용되었고, 일본 推古(592-628) 시기 이전에 백제를 경유하여 불교의 전래와 더불어 간접적으로 전래된 것으로 보인다. 주로 불교 경전의 독송음이나 전통적인 한자어의 독법에 사용된다. 또 『古事記』, 『日本書紀』, 『万葉集』 등에 사용된 고대의 만요가나도 대다수가 이 오음을 배경으로 하여 성립되었다.

한음은 '正音'이라고도 하고 당나라 음이라는 의미에서 '唐音'이라고도 불리는 것으로 나라시대(710-794) 말부터 헤이안시대(794-1192) 초기에 걸쳐서 당나라에 갔던 승려 등에 의해 유입된 한자음이다. 수(隋. 581-618)·당(唐. 618-907)의 수도였던 장안(長安)의 표준음이 직접적인 인적 교류에 의해 전해진 것이다. 오음보다 늦게 전래되었지만 한자음 중 일본어 내에서의 세력은 가장 크다. 일본에서 한음이 사용된 확실한 예는 『日本書紀』(720년 성립)의 일부 만요가나에서 확인할 수 있다. 나라시대 말기에 조정은 '大唐'의 표준음인 장안음, 즉 한음을 장려하는 조칙을 여러 차례 내렸고, 이후 일본 한자음의 주된 세력으로 오음과 대립을 견지하면서 전승되었다. 따라서 조정의 관학(官學)이었던 대학료(大學寮)에서 사용하던 한적인 논어, 효경, 상서, 사기, 한서, 문선 등의 학습은 모두 한음으로 행해지게 되었다. 이로써 불경은 오음으로 읽고, 한적은 한음으로 읽는다는 구분이 성립되었다.

당음은 가마쿠라(鎌倉)시대(1192-1333) 이후에 선종의 승려나 상인들에 의해서 단편적으로 받아들여진 것으로 송(宋, 960-1279) 이후의 남방음에 유래한다. 오음이나 한음에 비해 당음으로 읽는 단어는 많지 않다.

이밖에 관용음(慣用音)이라고 불리는 것이 있는데, 이상의 세 종류의 한자음에 속하지 않는 것을 일괄하는 호칭이다. 또한 관용음 중에는 오독(誤讀)에 의한 것도 포함된다.

〈일본 한자음 비교〉

한자	오음	한음	당음
経	きょう(きゃう)	けい	きん
	経文 きょう(きゃう)もん	経験 けいけん	看経 かんきん
行	ぎょう(ぎゃう)	こう(かう)	あん
	修行 しゅぎょう(ぎゃう)	孝行 こうこう(かう)	行灯 あんどん
頭	ず(づ)	とう	じゅう(ぢゅう)
	頭脳 ず(づ)のう	頭角 とうかく	饅頭 まんじゅう(ぢゅう)

* ( )안은 전통적인 일본 한자음 표기법에 의한 것이다.

5. 동대본의 몬젠요미 분류

앞 절에서 본 바와 같이 일본에서는 천자문을 훈독함에 있어 몬젠

요미라고 하는 방식을 이용하였다. 몬젠요미는 천자문 1구 4자의 한문구문에 따라 달라질 수밖에 없다. 한문구문에 따라 일본어로 번역했을 때 각 한자를 읽는 순서가 달라지기 때문이다. 즉 (1)구 〈天地玄黃〉과 같은 경우는 〈天→地→玄→黃〉의 순서로 번역이 되지만, (11)구 〈金生麗水〉와 같은 경우는 〈金→麗 水→生〉의 순서로 번역이 된다. 이에 전자는〈テンチのあめつちは　クヱンクヮウとくろくきなり。〉, 즉 〈AB음독→ノ→AB훈독→CD음독→ト→CD훈독〉의 순서로 몬젠요미를 한다. 후자는 〈キムセイのこがねは　レイスイのかはみづより なり、〉, 즉〈AB음독→ノ→A훈독→CD음독→ノ→CD훈독→B훈독〉의 순서로 몬젠요미를 한다.

천자문 250구에 대해 동대본 훈독문에서 번역된 순서를 기준으로 정리한 후 그에 따른 몬젠요미를 나타내어 보았다. 그 결과 다음과 같이 9개의 유형과 기타로 분류할 수 있었다.[37]

가. 88구

번역순서	A→B→C→D [기본유형]
몬젠요미	AB음독→ノ 혹은 ト→AB훈독→CD음독→ノ 혹은 ト→CD훈독
해당 구	1, 2, 3, 4, 5, 6, 15, 16, 17, 18, 19, 20, 24, 26, 37, 38, 39, 40, 51, 53, 54, 60, 66, 72, 80, 83, 84, 87, 93, 95, 97, 98, 102, 103, 104, 107, 108, 111, 122, 129, 130, 141, 142, 143, 153, 154, 157, 158, 159, 160, 161, 162, 171, 172, 178, 184, 187, 188, 189, 191, 192, 193, 194, 195, 205, 209, 210, 211, 212, 213, 216, 217, 218, 220, 221, 222, 225, 226, 234, 236, 237, 238, 239, 240, 242, 245, 246, 248

37 오미영(2014A)을 통해 동대본의 몬젠요미를 유형화하여 고찰한 바 있다. 해당 논문 발표 후 전체 번각문을 재검토하고 대폭 수정하는 과정을 거쳤다. 이전에는 몬젠요미에 포인트를 두었다면 이번에는 번역 순서를 기준으로 정리한 후 그에 따른 몬젠요미를 나타내는 방식을 취하였다.

(3) 日月盈昃

(ジツグヱツの)ひつき(は)　エイショクとみちかく。

해와 달은 차고 기운다.

(4) 辰宿列張

(シン)シウ(の)ほしのやどり(は)　(レツチャウ)とつらなりはれり。

별자리는 줄지어 펼쳐져 있다.

(15) 菓珍李柰

クヮ(チン)のくだもののめづらしきは　リダイのすもものからなし。

과일 중에 진귀한 것은 오얏과 능금이다.

(16) 菜重芥薑

サイ(チョウ)のくさびらのたっときは　カイキャウのからしはじかみ。

채소 중에서 중한 것은 겨자와 생강이다.

나. 32구

번역순서	A→B→D→C
몬젠요미	AB음독→ノ 혹은 ト→AB훈독→CD음독→ノ 혹은 ト→DC훈독
해당 구	7, 8, 9, 10, 31, 33, 34, 52, 55, 56, 59, 69, 70, 71, 76, 77, 88, 92, 94, 96, 112, 116, 144, 146, 167, 179, 190, 197, 199, 206, 223, 247

(7) 閏餘成歲

(ジュ)ンヨのうるふづきのあまりは　(セイセイ)ととしをなす。

윤달의 나머지는 해를 이룬다.

(8) 律呂調陽

リツリョのふえのこゑは　(テウヤウ)とひをととのふ。

피리 소리는 음양을 정돈한다.

다. 33구

번역순서	A→C→D→B
몬젠요미	AB음독→ノ 혹은 ト→A훈독→CD음독→ノ 혹은 ト→CD훈독→B훈독
해당 구	11, 12, 13, 14, 21, 22, 35, 36, 41, 42, 49, 50, 57, 58, 79, 85, 86, 89, 101, 119, 120, 123, 124, 125, 126, 155, 156, 165, 166, 203, 204, 207, 208

(11) 金生麗水

(キムセイの)こ(がね)は　レイ(スイ)のかはみづより　なり、

금은 강물[여수]에서 나고,

(12) 玉出崑崗

(ギョクシュツのたまは)　コンカウのみねより　いでたり。

옥은 산봉우리[곤강=곤륜산]에서 나왔다.

라. 2구

번역순서	A→D→C→B
몬젠요미	AB음독→ト→A훈독→CD음독→ト→D훈독→C훈독→B훈독
해당 구	47, 48

(47) 信使可覆

(シンシ)とまこと(をば)　(カフクと)かへっさうすべからしむ。

신의를 반복할 수 있게 한다.

(48) 器欲難量

(キヨク)とうつはものは　(ダンリャウ)とはかりがたからん(と)　おもへ。

그릇[기량]은 헤아리기 어렵게 하려고 해라.

마. 13구

번역순서	B→A→C→D
몬젠요미	AB음독→ト→BA훈독→CD음독→ト→CD훈독
해당 구	28, 43, 73, 99, 100, 134, 150, 168, 177, 182, 185, 186, 219

(28) 垂拱平章

(スイキョウ)とこまぬきをたれて　(ヘイシャウ)とあきらかなり。

모은 손을 늘어뜨리고(도 다스림이) 분명하다.

(43) 知過必改

(チクヮ)とあやまちをしって　(ヒツカイ)とかならずあらたむ。

잘못을 알고 반드시 고친다.

바. 33구

번역순서	B→A→D→C
몬젠요미	AB음독→ト→BA훈독→CD음독→ト→DC훈독
해당 구	23, 25, 27, 32, 44, 61, 62, 65, 75, 78, 90, 91, 105, 106, 113, 114, 115, 127, 128, 131, 132, 138, 145, 173, 174, 201, 202, 214, 215, 224, 233, 241, 243

(23) 推位遜國

スイヰとく(らゐ)をおして[ゆづる]　ソン(コク)とく(に)をゆづっしは、

자리[재위]를 밀어(양보하여) 나라를 양보한 것은,

(25) 弔民伐罪

テウ(ビン)とたみをとぶらふには　(ハツサイ)とつみあるものをうつ。

백성을 위무하기 위해서는 죄지은 자를 친다.

사. 9구

번역순서	B→C→D→A
몬젠요미	AB음독→ノ→B훈독→CD음독→ト→CD훈독→A훈독
해당 구	67, 68, 152, 163, 164, 175, 176, 198, 200

(67) 似蘭斯馨

(シラン)のくさの　シ(ケイ)とこれかうばしきに　のれり[にたり]。

풀[난]의 향기로움과 닮았다[비슷하다].

(68) 如松之盛

(ジョショウ)の(まつの)　(シセイ)と(これさかんなるが)　(ごとし)。

소나무의 성함과 같다.

아. 9구

번역순서	C→D→A→B
몬젠요미	CD음독→ノ→CD훈독→AB음독→ト→AB훈독
해당 구	29, 30, 109, 110, 183, 196, 227, 228, 244

(29) 愛育黎首

レイ(シウ)のたみを　(アイイク)とめぐみやしなひ、

백성을 사랑하고 길러서,

(30) 臣伏戎羌

ジウキャウのえびすを　(シンフク)とやつこまでふくす{したがへり}。

오랑캐를 신하까지[신하로 만들어] (오랑캐들이) 복종한다[따르게 한다].

자. 2구

번역순서	C→D→B→A
몬젠요미	CD음독→ノ→CD훈독→AB음독→ト→BA훈독
해당 구	45, 46

(45) 罔談彼短

(ヒタン)のかれがくせ(を)[あしきことを]　　バウ(タム)とかたることなかれ。

남의 버릇[나쁜 점]을 말하지 말라.

(46) 靡恃己長

キ(チャウ)のおのれがまさるを　(ビ)シとたのむことなかれ。

자신의 뛰어남을 믿지 말라.

차. 기타: 29구

① 고유명사를 포함하여 보독을 한 구: 19구[121, 133, 136, 137, 139, 140, 147, 148, 149, 151, 169, 170, 180, 181, 229, 230, 231, 232, 235]

② 일반 한문훈독방식으로 읽은 구: 3구[81, 82, 249]

③ 재독을 포함하는 구: 2구[63, 74]

④ AB음독을 안한 구: 2구[117, 118]

⑤ B음독 안한 구: 1구[64]

⑥ 두 가지로 읽는 것이 가능한 구: 1구[135]

⑦ 전체를 음독했다고 추정되는 구: 1구[250]

6. 천자문의 고유명사와 동대본의 훈독

천자문에는 인명, 지명과 같은 고유명사가 다수 등장한다.[38] 고유명사는 사실 훈독한 어휘가 존재할 수 없다. 그러나 몬젠요미는 해당 한자 혹은 한자어에 대해 음독과 훈독을 병행하는 것이기 때문에 천자문을 몬젠요미로 읽기 시작하던 때에는 어떻게 처리할지 대단히 고심하였을 것이다. 한 가지는 일반명사로 읽는 방법이다. 지명의 경우 「やま」, 「たに」와 같이 읽거나 황제의 이름을 「みかど」와 같이 읽는 것이 그것이다. 또 한 가지 방법은 훈독을 하는 대신 「○○といふひとは」, 「○○といふところは」 등과 같이 보독을 하여 보독이 훈독의 역할을 대신하게 하는 방법을 고안하였다.

이하 한자 1자로 된 고유명사와 2자로 된 고유명사로 나누어 동대

38 오미영(2015B)를 통해 천자문에 등장하는 고유명사를 정리한 바 있다. 한자 1자로 된 고유명사 46개와 한자 2자로 된 고유명사 36개를 제시하였다. 거기에 (151)구의 「沙漠」과 (180)구의 「林皐」를 추가하였다. 전자는 고유명사라고 볼 수는 없으나 동대본에서 고유명사로 취급하여 「いふところ」와 같이 보독을 하고 있으므로 추가하였다. 후자는 오미영(2015B)의 고찰 배경에 있는 『천자문석의(千字文釋義)』에서는 고유명사로 취급하고 있지 않으나 동대본에 실린 주석인 이섬의 주석에서는 인명으로 파악하고 있으므로 추가한 것이다. 또한 (181)구의 「疏」를 이번에는 「両疏」로 보아 2자 고유명사 쪽에 포함시켰다. 이로서 동대본을 기준으로 할 때 천자문에 등장하는 고유명사는 모두 84개[1자 45+ 2자 39]가 된다.

본에서 훈독과 보독 중 어느 쪽으로 나타나는지, 그 내용은 어떠한 지 정리하여 보았다.

〈천자문에 등장하는 1字 고유명사에 대한 동대본의 양상〉

<table>
<tr><th>연번</th><th>구번</th><th>한자</th><th>지칭대상</th><th>구분</th><th>보독</th><th>훈독</th></tr>
<tr><td>1</td><td>49</td><td>墨</td><td>墨翟</td><td>人名</td><td>いひしひと</td><td></td></tr>
<tr><td>2</td><td>50</td><td>詩</td><td>詩経</td><td>書名</td><td>いふふみ</td><td></td></tr>
<tr><td>3</td><td>105</td><td>邙</td><td>邙山</td><td>地名</td><td></td><td>やま</td></tr>
<tr><td>4</td><td>105</td><td>洛</td><td>洛水</td><td>地名</td><td></td><td>みづ</td></tr>
<tr><td>5</td><td>106</td><td>渭</td><td>渭水</td><td>地名</td><td></td><td>みづ/すめる</td></tr>
<tr><td>6</td><td>106</td><td>涇</td><td>涇水</td><td>地名</td><td></td><td>みづ/にごれるみづ</td></tr>
<tr><td>7</td><td>119</td><td>墳</td><td>三墳</td><td>書名</td><td></td><td>ふるき</td></tr>
<tr><td>8</td><td>119</td><td>典</td><td>五典</td><td>書名</td><td></td><td>ふみ</td></tr>
<tr><td>9</td><td>121</td><td>杜</td><td>杜操</td><td>人名</td><td>いふひと</td><td></td></tr>
<tr><td>10</td><td>121</td><td>鍾</td><td>鍾繇</td><td>人名</td><td>いふひと</td><td></td></tr>
<tr><td>11</td><td>136</td><td>旦</td><td>周公旦</td><td>人名</td><td>いっしひと</td><td></td></tr>
<tr><td>12</td><td>139</td><td>綺</td><td>綺里季</td><td>人名</td><td>いひしひと</td><td></td></tr>
<tr><td>13</td><td>140</td><td>説</td><td>傅説</td><td>人名</td><td>いふひと</td><td></td></tr>
<tr><td>14</td><td>143</td><td>晉</td><td>晉나라</td><td>國名</td><td></td><td rowspan="2">くにぐに</td></tr>
<tr><td>15</td><td>143</td><td>楚</td><td>楚나라</td><td>國名</td><td></td></tr>
<tr><td>16</td><td>144</td><td>趙</td><td>趙나라</td><td>國名</td><td></td><td rowspan="2">くにぐに</td></tr>
<tr><td>17</td><td>144</td><td>魏</td><td>魏나라</td><td>國名</td><td></td></tr>
<tr><td>18</td><td>145</td><td>虢</td><td>虢나라</td><td>國名</td><td></td><td>くに</td></tr>
<tr><td>19</td><td>147</td><td>何</td><td>蕭何</td><td>人名</td><td>いふひと</td><td></td></tr>
<tr><td>20</td><td>148</td><td>韓</td><td>韓非</td><td>人名</td><td>(いふ)ひと</td><td></td></tr>
<tr><td>21</td><td>149</td><td>起</td><td>白起</td><td>人名</td><td>いふひと</td><td></td></tr>
<tr><td>22</td><td>149</td><td>翦</td><td>王翦</td><td>人名</td><td>(いふひと)</td><td></td></tr>
<tr><td>23</td><td>149</td><td>頗</td><td>廉頗</td><td>人名</td><td>いふひと</td><td></td></tr>
<tr><td>24</td><td>149</td><td>牧</td><td>李牧</td><td>人名</td><td>いふひと</td><td></td></tr>
<tr><td>25</td><td>153</td><td>禹</td><td>夏나라 禹王</td><td>人名</td><td></td><td>みかど</td></tr>
<tr><td>26</td><td>154</td><td>秦</td><td>秦나라</td><td>國名</td><td></td><td>くにぐに</td></tr>
<tr><td>27</td><td>155</td><td>嶽</td><td>五岳</td><td>地名</td><td></td><td>やま/をか</td></tr>
</table>

연번	구번	한자	지칭대상	구분	보독	훈독
28	155	恒	恒山	地名		やま
29	155	岱	岱山	地名		
30	156	禪	禪祭事	祭祀名		まつり
31	156	云	云云山	地名		やま
32	156	亭	亭亭山	地名		
33	195	鵾	鳥名	鳥名		おほとり
34	218	蒸	겨울제사명	祭祀名		ふゆのまつり
35	218	嘗	가을제사명	祭祀名		あきのまつり
36	229	布	呂布	人名	いふひと	
37	229	遼	宜遼	人名	いふひと	
38	230	嵇	嵇康	人名	いふひと	
39	230	阮	阮籍	人名	(いふひと)	
40	231	恬	蒙恬	人名	いふひと	
41	231	倫	蔡倫	人名	(いふひと)	
42	232	鈞	馬鈞	人名	いふひと	
43	232	任	任公子	人名	いふひと	
44	235	毛	毛嬙	人名	いふひと	
45	235	施	西施	人名	(いふひと)	

〈천자문에 등장하는 2字 고유명사에 대한 동대본의 양상〉

연번	구번	한자	지칭 대상	종류	보독	훈독
1	11	麗水	麗水	地名		かはみづ
2	12	崑岡	崑崙山	地名		みね
3	13	巨闕	巨闕(劍)	物名		つるぎ
4	14	夜光	夜光(珠)	物名		よるてれり/よるひかり
5	19	龍師	太皞	人名		たつのつかさ
6	19	火帝	炎帝	人名		ひのみかど
7	20	鳥官	少皞	人名		とりのつかさ
8	20	人皇	三皇	人名		ひとのおほきみ
9	24	有虞	舜	人名		みかど
10	24	陶唐	堯	人名		みかど
11	26	周發	武王	人名		みかど

연번	구번	한자	지칭 대상	종류	보독	훈독
12	26	殷湯	湯王	人名		みかど
13	103	華夏	中国	地名		みやこ
14	104	二京	洛陽·長安	地名		ふたつのみやこ
15	117	廣内	漢나라 궁정도서관	建物名		たかどの/ひろどの
16	118	承明	承明殿	建物名		との
17	133	磻溪	磻渓	地名		たに
18	133	伊尹	伊尹	人名	いっしひと	
19	134	阿衡	阿衡商之官名	官職名		たひらかなり
20	135	曲阜	曲阜	地名	いふところ	
21	137	桓公	斉나라 桓公	人名	いふひと	
22	139	漢惠	漢나라 恵帝	人名		みかど
23	140	武丁	殷나라 高宗	人名		みかど
24	146	踐土	踐土	地名	いふところ	
25	151	沙漠	사막	地名	いふところ	
26	157	鴈門	雁門山	地名		やま
27	157	紫塞	만리장성	建物名		むらさきのそこ
28	158	鷄田	鷄田(연못명)	地名		さは
29	158	赤城	赤城	地名		みやこ
30	159	昆池	昆明池	地名		いけ
31	159	碣石	碣石山	地名		たていし
32	160	鉅野	鉅野(연못명)	地名		の
33	160	洞庭	洞庭湖	地名		みづうみ
34	169	孟軻	孟軻	人名	いふひと	
35	170	史魚	史魚	人名	いふひと	
36	180	林皐	林皐	人名	いふひと	
37	181	両疏	疏広·疏受	人名	いふひと	
38	191	枇杷	果名	果名		このみ
39	192	梧桐	木名	木名		きりのき

위의 두 표를 보독과 훈독으로 정리하여 나타내면 아래와 같다.

	1자 고유명사		2자 고유명사		합계
보독	いふひと 19 いひしひと 2 いっしひと 1 いふふみ 1	23	いふひと 5 いっしひと 1 いふところ 3	8	32
훈독		22[39]		30	52
합계		45		39	84

인명은 모두 39예가 등장하며 다음의 세 가지로 정리할 수 있다. 우선 일반 인명의 경우가 28예인데 이에 대해서는 「いふひと」, 「いひしひと」, 「いっしひと」와 같이 보독을 하였다. 두 번째로 역사상의 황제가 7예 등장하는데 모두 「○○のみかど」와 같이 읽었다. 세 번째로 (19)구와 (20)구에 등장하는 전설상의 황제인 「龍師」, 「火帝」, 「鳥官」, 「人皇」에 대해서는 각각 「たつのつかさ」, 「ひのみかど」, 「とりのつかさ」, 「ひとのおほきみ」와 같이 훈독하였다. 이와 같이 인명에 대해서는 어느 정도 정돈된 가점 원칙을 확인할 수 있다.

지명은 모두 24예가 확인된다. 그 중 21예에 대해서는 「やま」, 「みづ」, 「みね」, 「いけ」 등과 같이 훈독을 하였고 「曲阜」, 「踐土」, 「沙漠」의 3예에 대해서만 「いふところ」와 같이 보독을 하였다. 후자의 경우 「やま」, 「みづ」 등과 같은 일반명사의 범주에 넣기 어려우므로 보독의 형태를 취한 것으로 생각된다.

39 2개 합쳐서 훈독한 4예 포함.

참고문헌

–일본–

尾形裕康(1966)『我国における千字文の教育史的研究』校倉書房, pp.1-342.

小川環樹(1997)「千字文について」『千字文(岩波文庫33-20-1)』岩波書店, pp.385-425(초판1984).

木田章義(1997)「文庫版によせて」『千字文(岩波文庫33-20-1)』岩波書店, pp.427-442.

黒田彰(1982)「上野本『注千字文』」『国文学』59(関西大学国文学会), pp.38-69.

黒田彰外編(1989)『上野本注千字文注解』和泉書院, pp.1-196.

小助川貞次(1987)「上野本漢書楊雄伝訓点の性格-中国側注釈書との関係-」『訓点語と訓点資料』77, pp.28-50.

野村茂生(2009)『千字文を読み説く』大修館書店, iii-251(初版2005).

藤本幸夫(1980)「朝鮮版『千字文』の系統」『朝鮮学報』94, pp.63-118.

松本光隆(1982)「漢書楊雄伝天暦二年点における訓読の方法」『国語学』128, pp.28-40.

山崎誠(1983)「本邦旧伝注千字文攷」『平安文学研究』69, pp.23-34.

–한국–

박병철(2005)「『註解 千字文』과 複數字釋」『어문연구』33, pp.7-31.

박병철(2007)「四體《千字文》과 文脈之釋의 反映에 관한 硏究」『국어학』49, pp.253-276.

박병철(2008)「〈千字文〉에 나오는 漢字의 訓에 관한 硏究-문맥의 意味와 달리 나타나는 訓을 중심으로-」『국어국문학』15, pp.101-128.

손희하(2011)「石峰千字文 板本 硏究」『한중인문학연구』33, pp.185-210.

안미경(2004)『千字文 刊印本 硏究』이회, pp.19-239.

안병희(1974)「내각문고소장 石峰千字文에 대하여」『서지학』6, pp.29-42.

안병희(1982)「천자문의 계통」『정신문화연구』5, pp.145-161.

이기문(1972가)「漢字의 釋에 관한 硏究」『東亞文化』11, pp231-269.

이기문(1972나)「石峰千字文에 대하여」『국어국문학』55, pp.395-402.

이기문(1981)「千字文 硏究(1)」『한국문화』2, pp.1-17.

이기문(1999)「石峰 千字文에 대하여」『한글한자문화』1, pp.67-69.

이충구(2012)「해제」『교수용 지도서 주해천자문』전통문화연구회, pp.5-40(초판2010).

임동석(2009)「『千字文』의 源流, 內容 및 韓國에서의 發展 상황 考察」『중국어문학회논집』56, pp.281-304.

李孝善(2013)「韓国『千字文』書誌」『京都大学歴史文化社会論講座紀要』10, pp.33-55.

오미영(2001)「일본의 論語訓読과 中国側注釈書의 관련-論語集解本과 論語集注本의 比較를 통하여-」『일어일문학연구』39, pp.277-294.

오미영(2014A)「15세기 일본의 천자문 학습-東京大学 国語研究室 소장『註千字文』을 대상으로-」『일어일문학연구』89-1(한국일어일문학회), pp.147-166

오미영(2014B)「천자문의 수용과 텍스트에 관한 한일비교연구」『일본연구』60(한국외국어대학교 일본연구소), pp.405-421

오미영(2015A)「일본의 천자문 학습의 변천-上野本·東大本·谷村本을 대상으로-」『일어일문학연구』92-1(한국일어일문학회), pp.114-131

오미영·정문호(2015)「京都 陽明文庫 소장『千字文音訣』에 대하여」『일본연구』64(한국외국어대학교 일본연구소), 2015.6.30, pp.335-356

오미영(2015B) 「천자문 주석서를 통한 석봉천자문 훈의 검토」『구결연구』33(구결학회), pp.239-265
오미영(2016A) 「東京大 國語研究室 소장 『註千字文』 훈독의 내용적 고찰」『일어일문학연구』96-1(한국일어일문학회), pp.87-106
오미영(2016B) 「日本 南北朝時代 千字文 訓讀 研究-内閣文庫『千字文古注』(漢8663/別49-5)를 중심으로-」『일어일문학연구』99-1(한국일어일문학회), pp.146-164
오미영 (2016C) 「日本 東洋文庫 소장 古活字板『註千字文』(三Ae17)의 몬젠요미 고찰」『일본연구』70(한국외국어대학교 일본연구소), pp.257-276
오미영·김문정(2017) 「『註解千字文』의 한문주 고찰」『인문학연구』45(숭실대학교 인문과학연구소, pp.23-40
최동석(2009) 「『천자문』의 원류, 내용 및 한국에서의 발전 상황 고찰」『중국어문학논집』56, pp.281-304.
최범훈(1975) 「'千字文'의 字釋攷」『國語國文學論文集』9·10, pp.197-221.
최범훈(1983) 「《註解千字文》의 複數字釋字에 대하여」『國語國文學論文集』12, pp.19-42.
최학근(1980) 「천자문에 대하여」『국어국문학』83, pp.215-219.

일본 천자문 훈점본의 해독과 번역

―동경대학 국어연구실 소장『주천자문』을 대상으로―

제2장

동경대학 국어연구실 소장 『주천자문』의 해독과 번역

〈凡例〉

1. 일본 文明 연간(1469-1497)에 서사된 것으로 추정되는 東京大學 국어연구실 소장 『註千字文』(1책. 特22D55 L46820. 이하, 동대본)의 원문과 훈점을 번각하고 그에 따른 한문훈독문을 작성한다. 또 해당 구의 이해에 필요한 이섬의 주석을 번각하고 번역한다.

2. 먼저 (1)구에서 (250)구까지 해당 구의 번호를 적고 각 구의 한자 4자를 동대본에 입각하여 정자[강희자전체]로 나타낸다.

3. 동대본의 한문원문 및 훈점 번각
   1) 세로쓰기를 가로쓰기로 나타낸다.
   2) 원문의 한자는 가능한 텍스트의 자형에 따랐으나, 입력할 수 없는 경우 정자[강희자전체]로 나타낸다.
   3) 한자 우측에 기입된 훈점은 한자 위쪽에, 한자 좌측에 기입된 훈점은 한자 아래쪽에 나타낸다.
   4) 한자 사이에 기입되어 있는 어순지시부호, 음합부, 훈합부는 한자 사이에 나타낸다.
   5) 가나점의 가타카나는 현행자체로 나타낸다.
   6) 「ヿ(こと)」, 「〆(して)」와 같은 합자(合字)나 「云」와 같은 한자는 모양 그대로 번각한다.
   7) 가나 두 글자 혹은 세 글자의 반복을 지시하는 부호는 편의상 「一」으로 나타낸다.

8) 번각 내용에서 설명이 필요한 경우 해당 부분에 *, **과 같이 기입하고 아래 쪽에 설명을 적는다.

9) 고유명사에 대해 인명인 경우 한자 및 한자어 가운데에, 지명과 국명의 경우는 우측에, 관직명의 경우는 좌측에 붉은 선을 그어 나타내고 있다. 이것은 번각문에 나타내기 어려우므로 해당 부호가 기입되어 있음을 *에 적었다. 단 고유명사를 나타내는 주인(朱引)은 동대본 상중하권 중 중권 후반, (139)구가 포함된 29A까지만 기입되어 있다. 또한 주서(朱書)로 기입된 구두점은 (143)구가 포함된 29B까지만 기입되어 있다. 그 이후에는 주(朱)가 기입되어 있지 않다.

4. 4자 1구의 번역 순서 및 몬젠요미 순서

한문훈독문 위쪽에 ★를 달고 해당 구의 번역 순서와 몬젠요미의 순서를 적는다.

〈제1장 해설〉에서 보는 바와 같이, 일본에서 천자문은 몬젠요미라는 방식으로 훈독한다. 몬젠요미는 AB 두 개의 한자에 대해 〈AB음독→ノ 혹은 ト→AB훈독〉의 형식으로 읽는 것이다. 기본적으로는 4자 1구의 한자를 ABCD라고 가정할 때 〈A→B→C→D〉의 순서로 번역되는 경우, 〈AB음독→ノ 혹은 ト→AB훈독→CD음독→ノ 혹은 ト→CD훈독〉의 순서로 몬젠요미를 하게 된다. 천자문 250구 중 88구가 이렇게 몬젠요미를 할 수 있는 구조이다. 이를 '기본유형'이라고 칭하였다. 이밖의 구조에 대해서는 해당하는 번역 순서와 몬젠요미 순서에 대해 설명을 하였다.

5. 훈독문 작성

1) 해당 한자의 훈은 한자의 좌측에 기입되는 것이 일반적이다. 이때 좌측에 훈이 두 개 이상 적혀 있는 경우 한자에 가까운 훈은 그대로 나타내고, 먼 것은 [ ]에 넣어 나타낸다. 그러나 우측에 훈이 달린 경우가 있는데 이것은 { }에 넣어 나타낸다. 우측에 두 개의 훈이 달린 경우도 있는데 이때는 {A[B]}와 같이 나타낸다.
2) 해당 한자의 음은 한자의 좌측에 기입되는 것이 일반적이다. 이때 이것이 두 개 이상 적혀 있는 경우도 한자에 가까운 것은 그대로 나타내고, 먼 것은 [ ]에 넣어 나타낸다. 음이 좌측에 달린 경우는 〈 〉에 넣어 나타낸다.
3) 고유명사에 대한 보독, 즉 「いふひと」, 「いひしひと」와 같은 것이 훈점으로 기입되어 있는 경우, 본래 좌측에 기입되어야 하는 것으로 상정하고 우측에 기입되어 있는 경우는 { }에 넣어 나타낸다.
4) 훈독문에서 훈점으로 기입된 것은 그대로 적고, 훈점으로 적혀 있지 않은 부분은 ( )에 넣어 나타낸다.
5) 가점된 가나 표기와 관계없이 훈독문의 표기는 일본어 역사적 가나표기법[歴史的假名遣い]에 따라 나타내고자 하였다.
6) 〈해설〉에서 보는 바와 같이, 천자문 몬젠요미에서 한자의 음은 한음(漢音)으로 읽는다. 한자음의 표기는 원칙적으로 『漢辞海』(제4판, 三省堂, 2017)에 따른다.
7) 훈독문의 훈독 부분에 대한 한글 번역문을 싣는다.

6. 이섬 주석의 번각과 번역

1) 해당 주석 전체를 번역한 것은 아니며 내용적으로 필요한 부분만 인용하고 번역하였다.
2) 본문에 약자로 되어 있는 것을 정자[강희자전체]로 나타낸 곳이 있다.
3) 본문의 한자가 오류인 것이 분명한 경우, 바른 것으로 고쳐 나타낸 후 각주를 달아 설명한다.
4) 인용한 이섬 주석의 내용에 설명이 필요한 경우 각주를 달아 나타낸다.
5) 인용한 이섬 주석에 대한 한글 번역문을 싣는다.
6) 이섬 주석에 의거하여 해당 구를 이해한 것이 한문훈독문과 다를 경우 번역문 아래 ➡ 뒤에 이섬 주석에 의거한 번역을 적었다. 이때 설명이 필요한 경우 각주로 나타낸다.

7. 참고한 책

1) 한문 원문의 확정 및 훈독문 작성에는 다음의 훈점본을 참조하였다.

上野本 : 일본에 현존하는 가장 오래된 천자문 사본. 京都国立博物館 소장. 黒田彰外編『上野本注千字文注解』和泉書院, 1989.

音決 : 일본 京都 陽明文庫 소상(近229-21). 近衛家熙(1667-1736)의 필사본. 貞永(1232-1233)·天福(1233-1234) 무렵에 성립된 책을 저본으로 하여 필사한 책. 필사 시기 및 가점자는 미상. 원본조사(2014년 8월 4일)를 통해 작성한 이점본 사용.

谷村本 : 일본 京都大學 谷村文庫 소장『註千字文』(4-65/サ/1貴.

1614년 서사 및 훈점 기입). 아래에 원본 사진을 공개하고 있다.
http://edb.kulib.kyoto-u.ac.jp/exhibit/t189/image/01/t189s0001.html
東洋文庫古活字本 : 일본 東洋文庫 소장 『注千字文』(三Ae17). 元和 3(1617)년에 간행된 古活字板 텍스트. 원본조사(2016년 5월 26일부터 10차례)를 통해 작성한 이점본 사용.

2) 또한 훈독문의 작성에는 다음 책도 참조하였다.
岩波千字文 : 小川環樹·木田章義注解(2011) 『千字文(岩波文庫)』 岩波書店

3) 이섬 주석의 우리말 번역에는 다음 책이 큰 도움이 되었다.
신정근 번역(2009) 『세상을 삼킨 천자문』 심산

纂圖附音集註千字文上

勅員外散騎侍郎周興嗣次韻

(001) 天地玄黃

天	地	玄	黃
アメ	ツチハ	クロク	キナリ

★ (1)구에서 (6)구 기본유형. 〈A→B→C→D〉의 순서로 번역. 〈AB음독→ノ 혹은 ト→AB훈독→CD음독→ノ 혹은 ト→CD훈독〉의 순서로 몬젠요미.

(テンチの)あめつちは (クェンクヮウと)くろくきなり。
하늘과 땅은 검고 누렇다.

[이섬 주석]

「易曰, 天玄而地黃. 言天之色玄, 地之色黃. 陰陽二氣, 輕清者上爲天, 重濁者下爲地(역경 (곤괘)에 이르기를, 하늘은 검붉고 땅은 누렇다. 이 구의 의미는, 하늘의 빛깔이 검붉고 땅의 색깔이 누렇다는 것이다. 음과 양의 두 기운 중, 가볍고 맑은 것은 위로 올라가서 하늘이 되었고, 무겁고 탁한 것은 아래로 내려와 땅이 되었다.)」

(002) 宇宙洪荒

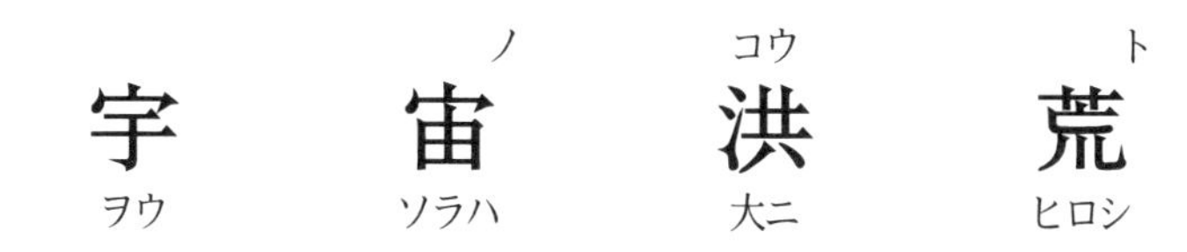

(ウチウ)のおほぞらは　コウ(クヮウ)とおほいにひろし。

우주[하늘]는 매우 넓다.

[이섬 주석]

「宇者天能覆萬物, 形如屋宇, 名之爲宇. 宙者往古來今, 曰宙. 洪者大也. 荒者極遠之外, 人跡不到之處也(우는 하늘이 능히 만물을 덮어서 형상이 집의 지붕과 같은 것, 이것을 이름하여 우라고 한다. 주는 과거와 미래와 현재를 주라고 한다. 홍은 크다는 뜻이다. 황은 지극히 먼 곳의 바깥쪽으로 사람의 발길이 닿지 않는 곳이다.)」

➡ 우주는 크고 넓다.

(003) 日月盈昃

日	月	盈	昃
ヒ	ツキ	エイ / ミチ	ショクト / カク

(ジツグェツの)ひつき(は)　エイショクとみちかく。

해와 달은 차고 기운다.

[이섬 주석]

「係辭云, 日中則昃, 月盈則虧. 盈滿也. 昃縮也((역경) 계사전*에 이르기를, 해는 중천에 있으면 기울고 달은 차면 이지러진다. 영은 가득 차는 것이다. 측은 줄어드는 것이다.)」

* 계사전으로 되어 있으나 역경(易經) 풍괘(豐卦) 단전(彖傳)에 나오는 말이다.

(004) 辰宿列張

ホシノ	シユウ ヤトリ	ツラナリ	ト ハレリ
辰	宿	列	張

(シン)シウ(の)ほしのやどり(は) (レツチャウ)とつらなりはれり。

별자리는 줄지어 펼쳐져 있다.

[이섬 주석]

「北辰有五星. 論語云, 北辰居其所, 而衆星拱之見也. 天有二十八宿, 四方各有七宿(북극성은 다섯 개의 별로 이루어져 있다. 논어 (위정편)에 이르기를, '북신은 제자리를 지키고 있고 뭇별들이 손을 모으고 (북신을) 바라보고 있다'고 하였다. 하늘에는 28수[별자리]가 있고, 사방 각각 7수가 있다.)」

(005) 寒來暑往

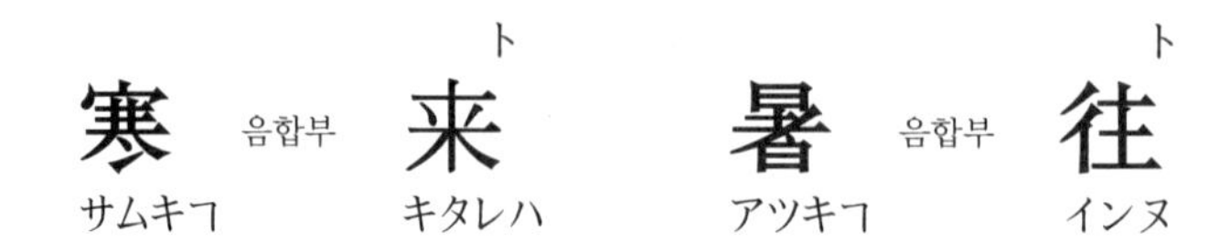

(カンライ)とさむきこときたれば (ショワウ)とあつきこといんぬ。

추위가 오니 더위가 물러갔다.

[이섬 주석]

「繫*辭曰, 寒往則暑來, 暑往則寒來, 寒暑相推, 而**歲成焉((역경) 계사전에 이르기를, '추위가 가면 더위가 오고 더위가 가면 추위가 오니, 추위와 더위가 서로 밀어서 한 해를 이룬다'고 하였다.)」

* 「係」로 교정되어 있다.

** 「向」으로 되어 있다.

(006) 秋收冬藏

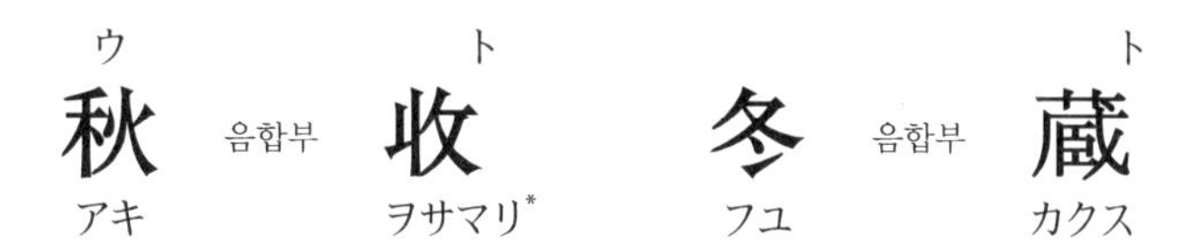

* 「收」는 '곡식을 거두어들이다'라는 의미의 타동사로 이해하는 것이 타당하다. 그렇다면 「をさむ」의 활용형 「をさめ」로 읽는 것이 옳다. 上野本에서 「とりをさめ」라고 훈독한 것이 바람직해 보인다. 훈독문은 훈점에 따랐으나 훈독문의 번역은 타동사로 하였다.

(シ)ウ(シウ)とあきをさまり　(トウサウ)とふゆかくす。

가을에는 거두고 겨울에는 저장한다.

[이섬 주석]

「四時代*謝**, 五穀成熟. 春生, 夏長, 秋收斂, 冬閉藏. 此一歲之事也(사계절이 바뀌며 곡식이 여문다. 봄에 나고 여름에 자라고 가을에 거두어 겨울에 저장한다. 이것이 한 해의 일이다.)」

* 「伐」로 되어 있다.

** 대사(代謝): 묵은 것이 가고 새 것이 대신 생기는 일

(007) 閏餘成歲

ン	ヨノ		ト
閏	餘	成 ㇾ음합부	歲
ウルウツキノ	アマリハ*	ナス	トシヲ

* 「閏餘」는 '윤달'이라는 의미이므로 두 글자를 합쳐서 「うるふづき」라고 읽는 것이 바람직할 것이다. 따라서 「うるふづきのあまり」라고 읽은 것은 부적절하다. 아마도 각 글자를 학습시키기 위해 나누어 훈독한 것으로 생각된다. (8)구의 「律呂」의 경우도 동일하다.

★ (7)구에서 (10)구 〈A→B→D→C〉의 순서로 번역. 〈AB음독→ノ 혹은 ト→AB훈독→CD음독→ト→DC훈독〉의 순서로 몬젠요미.

(ジュ)ンヨのうるふづきのあまりは (セイセイ)ととしをなす。

윤달의 나머지는 해를 이룬다.

[이섬 주석]

「尙書云, 期三百有六旬有六日, 以閏*月, 定四時, 成歲. 穀梁春秋曰, 閏月者附月之餘日也, 積分而成於月者也. 後漢律曆**志注云, 立閏定時, 以成歲功也矣(상서에 이르기를, '한 해의 주기 366일은 윤달로써 사시를 정하고 한 해를 이룬다'고 하였다. 춘추 곡량전에 이르기를, '윤달은 달의 남는 일수이고 남는 일수를 모아서 달을 이루게 한 것이다'라고 하였다. 후한서 율력지의 주석***에 이르기를, '윤달을 세워서 때[사계절이 바뀌는 시기]를 정하여 이로써 한 해를 이룬다'고 하였다.)」

➡ 윤달로 한 해를 이룬다.

* 「潤」으로 되어 있다. 「閏」은 「閏率」을 말하며 '1년의 해의 운행 시간과 달의 운행 시간의 차이 비율'을 가리킨다.

** 「歷」으로 되어 있다.

*** 주석이 아니라 본문에 나와 있다.

(008) 律呂調陽

* 「フエ」의 잘못이다.

** 「律呂」는 '음악의 곡조'를 의미하는 것으로 한 단어로 읽는 것이 바람직하다. 「ふえのこゑ」라고 읽은 것은 의미상으로도 무리가 있다.

リツリョのふえのこゑは (テウヤウ)とひをととのふ。

피리 소리는 음양을 정돈한다.

[이섬 주석]

「前漢律曆*志曰, 律十有二, 陽六爲律, 陰六爲呂…此十二律呂, 所以調和陰陽之氣也矣(전한의 율력지에 이르기를, '율에 12가지가 있고 양의 여섯을 율이라고 하고 음의 여섯을 려라고 한다'고 하였다. … 이 12율려는 음양의 기운을 조화롭게 한다.)」

➡ 율려[음율 · 음악]로 음양을 조화롭게 한다.

* 「歷」으로 되어 있다.

(009) 雲騰致雨

雲 騰 致 雨
トウト シ* ト
クモ ノホツテ イタス アメヲ

* 「チ」의 잘못이다.

(ウン)トウとくものぼって　チ(ウ)とあめをいたす。

구름이 올라가서 비를 이룬다.

[이섬 주석]

「易曰, 雲行雨施, 天下平. 孟子曰, 天油然作雲, 沛然下雨(역경 (건괘의 단전)에 이르기를, '구름이 떠다니다가 비가 되어 내리니 천하가 평안해진다'고 하였다. 맹자 (양혜왕상)에 이르기를, '하늘에 습기가 차서 구름을 만들고 세차게 비가 내린다'고 하였다.)」

(010) 露結爲霜

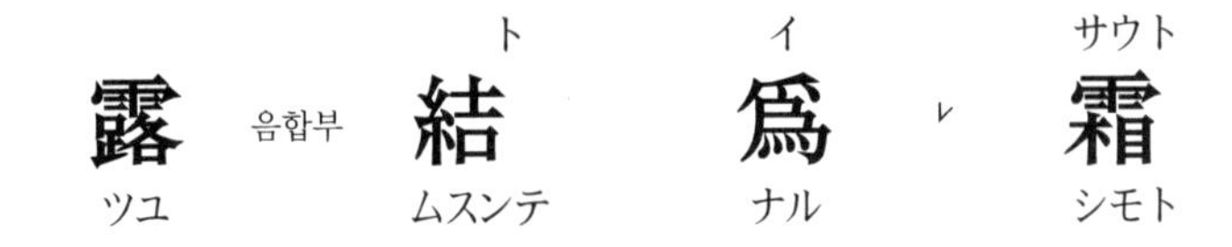

(ロケツ)とつゆむすんで 𠂇サウとしもとなる。

이슬이 맺혀서 서리가 된다.

[이섬 주석]

「露能潤草木. 凝結名爲霜. 其氣凜烈, 能肅殺萬物也. 秋露暮結爲霧*, 朝凝爲霜也(이슬은 풀과 나무를 축축하게 할 수 있다. (이슬이) 얼어붙은 것을 서리라고 한다. 그 기운이 거세서 능히 만물을 말라죽게 할 수 있다. 가을 이슬은 해질녘에 맺혀서 이슬이 되고 아침에 얼어붙어서 서리가 된다.)」

* 谷村本에는 「露」로 되어 있고 문맥상 이것이 타당하므로 해석은 '이슬'로 하였다.

(011) 金生麗水

* 「麗水」는 지명 고유명사이다. 두 한자 오른쪽에 붉은 세로 선을 그어 그 사실을 나타내고 있다. 그러나 「かはみづ」와 같이 일반명사로 훈독하고 있다.

★ (11)구에서 (14)구 〈A → C → D → B〉의 순서로 번역. 일본어나 한국어로 번역했을 때 A와 B가 목적어를 사이에 두고 분리된다. 이 경우에도 A와 B의 음독에 대한 정보를 제공하기 위해 〈AB음독 → ノ 혹은 ト → A훈독 → CD음독 → ノ 혹은 ト → CD훈독 → B 훈독〉의 순서로 몬젠요미를 한 것으로 보인다.

(キムセイの)こ(がね)は　レイ(スイ)のかはみづより　なり、
금은 강물[여수]에서 나고,

[이섬 주석]

「麗水水名, 在益州永昌郡中. 有金生浮出其上. 言此金勝於諸金也(여수는 강 이름으로 익주 영창군 안에 있다. (거기서) 금이 나오는데 물에 떠다니기도 한다. 이 구의 의미는, 이 지역에서 나는 금이 다른 지역의 금보다 뛰어나다는 것이다.)」

(012) 玉出崑崗

玉	出	崑	崗
	イデタリ	コン	ユウ* ノ / ミネヨリ**

* 「コウ」의 잘못으로 보인다. 그러나 「崗」의 한음은 「カウ」이다.

** (11)구 「麗水」와 마찬가지로 「崑崗」은 지명 고유명사이고 두 한자 오른쪽에 붉은 세로 선을 그어 그 사실을 나타내고 있다. 그러나 여기서도 「みね」와 같이 일반명사로 훈독하고 있다.

(ギョクシュツのたまは) コンカウのみねより いでたり。

옥은 산봉우리[곤강=곤륜산]에서 나왔다.

[이섬 주석]

「南楚地荊山崑崗谷中, 出美玉(남초 지역에 있는 형산의 곤강 골짜기에서 아름다운 옥이 나온다.)」

(013) 劒號巨闕

ツルキヲハ		ナツケ* ト**				ノ	
劒	음합부	號	レ ニ***	巨	음합부	闕	一
ナアルヲバ						ツルキト****	

* 이 훈점이 왼쪽에 있는 것으로 가정하면「ケンカウのつるぎをば キョクヱツとなづけ」와 같이 읽을 수 있다.

** 음독한 글자가 술어가 되므로 그 술어에까지 걸린다고 보면「ト」가 맞지만,「つるぎをば」에까지 걸린다고 보면「ノ」가 가점되어야 한다. 동일한 구문인 (14)구에는「ノ」가 가점되어 있다.

*** 아래에 어순지시부호「一」가 있으므로「ニ」를 기입하는 것이 바람직하다. 그런데 동대본에서는 이와 같은 경우「ニ」와「レ」를 함께 기입하고 있는 것이 종종 확인된다.

****「巨闕」은 명검의 이름으로 고유명사인데 고유명사 표시는 없고「つるぎ」라는 보통명사로 훈독하였다.

(ケムカウ)の(つるぎの)なあるをば{つるぎをば} (キョクエツ)のつるぎと {なづけ}、*
검 중에서 이름 있는 것을 검[거궐]이라고 이름 붙였고,

* 좌우의 훈이 모두 훈독문에 반영되기는 어렵지만 모든 훈을 최대한 반영하여 훈독문을 작성하였다. (14)구의 훈독문도 그러하다.

[이섬 주석]

「巨闕劒名也. 昔趙王有寶劍五張. 一名純鉤, 二名湛盧, 三名莫耶, 四名魚腸, 五名巨闕. 巨闕者爲上(거궐은 칼 이름이다. 옛날 조나라 왕은 보검

다섯 자루를 가지고 있었다. 하나는 순구라고 하고, 둘은 담로라고 하고, 셋은 막야라고 하고, 넷은 어장이라고 하고, 다섯은 거궐이라고 하였다. 그중 거궐을 제일 좋은 것으로 여겼다.)」

➡ 칼은 거궐이 이름이 있고,

(014) 珠稱夜光

ヲ*	ノ		ト
珠	稱 ニレ**	夜	光 一
タマノ	セウス ナアルヲバ	ヨル	テレリト*** ヒカリト

* (13)구를 참조할 때「ヲハ」에서「ハ」가 탈락된 것일까?「ハ」, 즉「ば」를 반영하여 훈독하면「シュショウのたまをば　ヤクヮウとしょうす。」와 같이 읽을 수 있다.

** 「レ」를 적은 후 그 위에「ニ」를 기입한 것으로 보인다.

*** 「夜光」을 구슬의 이름으로 고유명사인데 그것을 나타내는 부호는 기입되어 있지 않다. 고유명사이므로 훈독을 하는 것은 옳지 않지만 각 한자를 학습시키기 위해 훈독을 한 것으로 보인다. (13)구에서「巨闕」을「つるぎ」라고 읽은 것을 고려하면「夜光」은「たま」로 훈독하는 것도 가능할 것이다.

(シュショウ)のたまのなあるをば{(たま)を(ば)}　(ヤクヮウ)とよるてれりと[ひかりと]　しょうす。

구슬 중에 이름 있는 것을 밤에 빛난다[야광]고 부른다.

[이섬 주석]

「楚王有一珠, 名曰夜光(초왕이 보석 하나를 가지고 있었는데 이름을 야광이라고 하였다.)」

➡ 구슬은 야광이 이름이 있다.

(015) 菓珍李柰

クワ	ノ*	リ	ダイノ
菓	珎	李	柰
クタモノヽ	メヅラシキハ	スモヽ	カラナシ

* 「ト」가 적힌 위에 「ノ」를 기입한 것으로 보인다.

★ (15)구에서 (20)구 기본유형. 〈AB음독 → ノ 혹은 ト → AB훈독 → CD음독 → ノ 혹은 ト → CD훈독〉의 순서로 몬젠요미.

クヮ(チン)のくだもののめづらしきは　リダイのすももからなし。
과일 중에 진귀한 것은 오얏과 능금이다.

[이섬 주석]

「世說曰, 燕國高道縣王豊家出好李, 大如鵝子, 香美. 每熟鑽破核而賣之. 恐人傳種. 種之不生也. 西涼州出白柰. 堪爲柰脯. 菓中之珍好, 惟李柰甚可貴也矣(세설에 이르기를, '연나라 고도현 왕풍이라는 사람 집에서 좋은 오얏을 길러냈는데, 크기가 거위 알 만했고 향도 좋았다. 익을 때마다 씨에 상처를 내서 팔았다. 사람들이 종자를 퍼뜨릴까봐 염려했기 때문이다. (그 결과) 씨를 심어도 자라지 않았다' 고 하였다. 서량주에서는 백내가 생산된다. 말린 능금으로 만들 수 있다. 과일 가운데 맛 좋은 것으로 오얏과 능금을 특히 귀하게 여길 만하다.)」

(016) 菜重芥薑

サイ	ノ*	カイ	キヤフノ
菜	重	芥	薑
クサヒラノ	タツトキハ	カラシ	ハシカミ

* 「ト」가 적힌 위에 「ノ」를 기입한 것으로 보인다.

サイ(チョウ)のくさびらのたっときは　カイキャウのからしはじかみ。
채소 중에서 중한 것은 겨자와 생강이다.

[이섬 주석]

「趙國出好芥子. 可爲醬. 蜀地出紫薑. 言菜食之中, 惟有芥薑可貴重也(조나라는 좋은 겨자를 생산했다. 장절임음식으로 만들 수 있다. 촉 지방에서는 자색 생강이 난다. 이 구의 의미는, 채소 가운데 겨자와 생강을 귀중한 것으로 꼽을 만하다는 것이다.)」

(017) 海鹹河淡

カイ	カント	カ		タント
海	**鹹**	**河**	음합부	**淡**
ウミハ	シハヽヤク*	カカハ**		アハシ

* '짜다'라는 의미의 고어 형용사는 「しははゆし」와 「しほはゆし」가 있다. 1200년 전후에 성립된 觀智院本 類聚名義抄라는 일본 한자사전에 「鹹」의 훈으로 「しははゆし」가 실려 있다. 音決과 谷村本에도 「しははゆく」라고 가점되어 있다. 당시에 「しははやし」의 형태도 통용되고 있었을 가능성은 배제할 수 없으나 훈독문에서는 「しははゆし」의 활용형인 「しははゆく」라고 하였다.

** 「カハハ」의 잘못이다.

カイカムとうみはしははゆく　カタムとかははあはし。
바다는 짜고 강물은 싱겁다.

[이섬 주석]

「吳都賦云, 煮海爲塩. 蓋海水味鹹, 河水皆山泉, 必淡也(문선 권5) 오도부에 이르기를, '바닷물을 졸여서 소금을 만든다'고 하였다. 무릇 바닷물의 맛은 짜고 냇물은 모두 산천에서 나므로 반드시 심심하다.)」

(018) 鱗潜羽翔

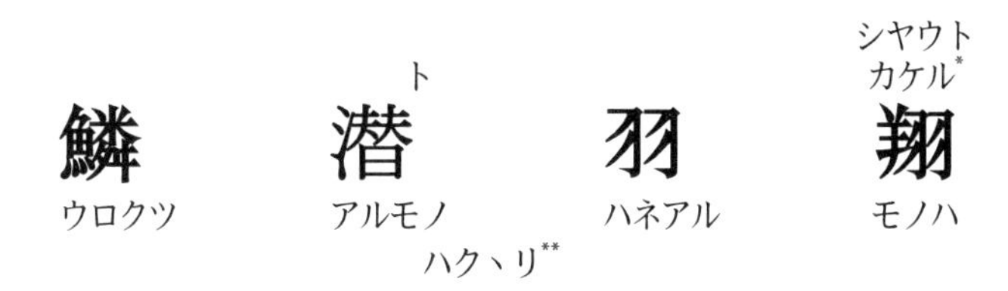

* 훈이므로 통상적으로는 한자의 좌측에 기입되는데 공간상의 문제로 우측에 기입한 것으로 보인다.

** 기입할 공간이 적어서 옆으로 비껴서 기입하였다.

(リンセム)とうろくづあるものはくぐり　(ウ)シャウとはねあるものは{かける}。

비늘이 있는 것은 잠수하고 날개가 있는 것은 날아오른다.

[이섬 주석]

「鱗者魚龍之屬. 皆潛藏於水中. 羽者飛鳥之屬. 翔者飛也. 言鳥必飛翔者也(린은 물고기와 용의 부류이다. 모두 물속에 잠겨있다. 우는 날아다니는 새의 부류이다. 상은 난다는 뜻이다. 이 구의 의미는, 새가 날아오른다는 것이다.)」

(019) 龍師火帝

* 「龍師」는 전설상의 임금인 '복희씨(=태호씨)'를 말하며 「火帝」는 '신농 염제'를 말한다. 고유명사를 나타내는 부호는 기입되어 있지 않고 「たつのつかさ」, 「ひのみかど」와 같이 일반명사처럼 훈독을 하였다.

(リョウシ)のたつのつかさ　(クヮテイ)のひのみかどあり。

용으로 관직명을 붙인 제왕, 불로 관직명을 붙인 임금이 있다.

[이섬 주석]

「春秋傳曰, 大皥氏以龍紀, 故爲龍師, 而龍名…炎帝氏以火紀, 故爲火師, 而火名(춘추 (좌씨)전 (소공 17년)에 이르기를, '태호씨가 용을 기(紀)로 삼았으므로 용사*라고 하였고 용의 이름이 남았다. … 염제는 불을 기(紀)로 삼았으므로 화사**라고 하였고 불의 이름이 남았다'고 하였다.)」

➡ 용사와 화제.

* 용사(龍師): 고대 전설상의 제왕인 太皥(태호), 즉 伏羲氏(복희씨)가 붙인 관직명인데 여기서는 태호를 가리킨다.

** 화제(火帝): 고대 전설상의 제왕 炎帝(염제), 즉 神農氏(신농씨)가 붙인 관직명인데 여기서는 염제를 가리킨다.

(020) 鳥官人皇

フ*	ノ		ト**
鳥	官	人	皇
トリノ	ツカサアリ	ヒトノ	ヲウキミアリ***

* 「鳥」의 한음은 「テウ」이다. 이것을 「テフ」로 인식하여 「フ」만을 기입한 것으로 보인다.

** 「ト」위에 「ノ」를 겹쳐 쓴 것으로 보인다.

*** 「鳥官」은 전설상의 제왕인 '소호'를 말하며 「人皇」은 삼황 중의 하나로 역시 중국 고대의 전설상의 제왕이다. 고유명사를 나타내는 부호는 기입되어 있지 않고 「とりのつかさ」, 「ひとのおほきみ」와 같이 일반명사로 훈독하였다.

(テ)ウ(クヮン)のとりのつかさあり　(ジンクヮウ)のひとのおほきみあり。

새로 관직명을 붙인 제왕이 있고, 사람의 왕이 있다.

[이섬 주석]

「春秋傳曰, 少皞摯之立也, 鳳鳥適至, 故以鳥名官, 爲鳥師…三皇者天皇十四頭, 兄弟十人, 共治天下, 三萬三千載, 地皇者十一頭, 治天下, 二萬載, 人皇九頭, 治天下, 一萬載(춘추 (좌씨)전 (소공 17년)에 이르기를, '소호 지가 제위에 설 때 봉황이 날아왔으므로 새 이름으로 관직명을 삼아 조사*라고 하였다'고 하였다. … 삼황** 가운데 천황은 14두이고 10명의 형제가 3만 3천 년간 천하를 함께 다스렸고, 지황은 11두로 2만 년간을 다스렸고, 인황은 9두로 1만 년간 천하를 다스렸다.)」

➡ 조관과 인황.

* 조사(鳥師): 조관(鳥官). 고대 전설상의 제왕인 少皥(소호. 少昊라고도 함.)가 붙인 관직명. 여기서는 소호를 가리킨다.

** 인황(人皇): 삼황(三皇), 즉 천황(天皇)·지황(地皇)·인황(人皇) 중 하나로 고대 전설상의 제왕. 여기서는 삼황을 대표하여 쓰였다.

(021) 始制文字

シ ハシメテ*		セイト ツクツテ**			ノ
始	음합부	**制**	ニレ***	**文**	**字** −
		ト****		フミヲ	

*·** 좌측에 기입되어야 할 훈이다.
*** 「ニ」 위에 「レ」를 기입한 것으로 보인다.
**** 불필요한 가점이다.

★ 〈A→C→D→B〉의 순서로 번역. 〈AB음독→ト→A훈독→CD음독→ノ→CD훈독→B훈독〉의 순서로 몬젠요미. (22)구도 동일.

シセイと{はじめて} (ブンシ)のふみを {つくって}、
비로소 문자[글]을 만들고,

[이섬 주석]

「係辭曰, 上古刻木結繩而治, 後世聖人易之, 以書契…軒轅皇帝治天下之時, 有神人蒼頡, 觀鳥獸跡, 制爲文字, 以代結繩, 至今傳之也((역경) 계사전에 이르기를, '상고 시대에는 나무를 깎고 매듭을 묶어서 세상을 다스렸고 후대의 성인은 그것을 대신하여 서계로써 하였다'고 하였다. … 헌원 황제[전설상의 황제]가 천하를 다스리던 때에 신인 창힐이 있었는데, 새와 짐승의 발자국을 관찰하여 문자를 만들어 그것으로 결승을 대신하여 오늘날까지 전승되고 있다.)」

(022) 乃服衣裳

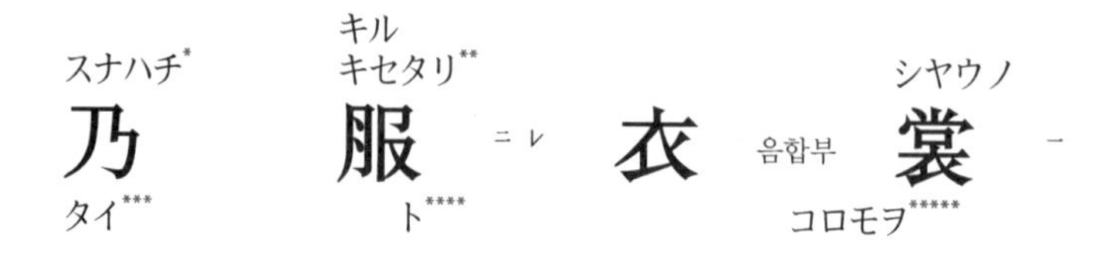

*,** 좌측에 기입되어야 할 훈이다.

,* 한자의 음과 몬젠요미에 필요한 조사「ト」이므로 우측에 기입되어야 한다.

***** 「衣裳」에 대해「ころも」라는 단일 훈으로 읽고 있으나「衣」와「裳」을 '상의'와 '하의'의 의미로 따로 분리해서 읽을 수도 있다.

〈ダイ(フク)と〉{すなはち} (イ)シャウのころもを {きせたり[きる]}。
이에 옷을 입혔다[입는다].

[이섬 주석]

「禮記曰, 上古未有麻絲, 衣其羽皮. 黃帝時有神人名岐伯, 造衣裳, 置州縣, 造屋宇也(예기 (예운)에 이르기를, '상고시대에는 아직 마로 만든 실과 명주실이 없어서 새의 깃털이나 짐승 가죽으로 옷을 지어 입었다'고 하였다. 황제 시대에 신인 기백이 있었는데 윗옷과 치마를 만들고 주와 현을 두었고 지붕이 있는 집을 지었다.)」

➡ 이에 윗옷과 치마를 입었다.

(023) 推位遜國

スイ		イト		ソン		ート*
推	レ	位		遜**	レ	國
ヲシテ ユツル***		クーヲ****		ユツシハ*****		クーヲ******

* 「ート」의 「ー」는 세로선으로 그어져 있는 것인데 「國」을 음독하라는 부호이다.

** 上野本에는 「讓」으로 되어 있다. 송(宋)나라 5대 황제 영종(英宗. 1032-1067. 재위 1063-1067)의 아버지인 조윤양(趙允讓. 995-1059)의 피휘이다. 동대본 천자문 본문 성립의 단서가 되는 부분이다.

*** 문법상 て형이 오는 것이 맞다. 종지형이 온 것은 적절하지 않다.

**** 「クーヲ」는 「クラヰヲ」의 「ラヰ」를 생략한 것이다.

***** 「ユツシハ」, 즉 「ゆづっしは」는 「ゆづる의 연용형 ゆづり의 촉음편 ゆづっ(촉음 무표기)+과거조동사 き의 연체형 し+조사 は」와 같이 분석할 수 있다.

****** 「クーヲ」는 「クニヲ」의 「ニ」를 생략한 것이다.

★ 〈B→A→D→C〉의 순서로 번역. 〈AB음독→ト→BA훈독→CD음독→ト→DC훈독〉의 순서로 몬젠요미. (25), (27)구도 동일.

スイヰとく(らゐ)をおして[ゆづる]　ソン(コク)とく(に)をゆづっしは、

자리[재위]를 밀어(양보하여) 나라를 양보한 것은,

[이섬 주석]

「推遜皆讓也. 堯號陶唐氏, 讓位與舜. 舜號有虞氏, 讓位與禹(추와 손은 모

두 물려준다는 뜻이다. 요는 도당*씨라 부르는데 (황제의) 자리를 양보하여 순에게 넘겨주었다. 순은 유우**씨라고 부르는데 (황제의) 자리를 양보하여 우에게 넘겨주었다.)」

➡ (황제의) 자리를 미뤄 주고 나라를 넘겨준 것은,

* 도당(陶唐): 전설상의 성왕인 요(堯)임금을 가리킨다. 요임금이 처음에 다스렸던 것이 도(陶)라 불리는 땅이고 후에 다스렸던 것이 당(唐) 지역이므로 도당씨(陶唐氏)라고 일컫는 것이다.

** 유우(有虞): 전설상의 성왕인 순(舜)임금을 가리킨다. 우(虞)는 순임금의 성이다. 이때「有」는 의미를 보태지 않는 글자이다.

(024) 有虞陶唐

ミカド 有	ノ 虞	タウ 陶	タウノ 唐* ノ**ミカトナリ

* 「有虞」와 「陶唐」에는 글자 가운데에 붉은 글씨로 인명 고유명사임을 나타내는 선이 기입되어 있다. 몬젠요미에서 인명 고유명사는 「いふひと」, 「いひしひと」와 같이 보독을 하는데, 황제의 이름의 경우에는 이 구에서 보는 것처럼 「のみかど」와 같이 훈독을 하고 있다.
도당, 즉 요임금이 유우, 즉 순임금보다 시대적으로 앞서므로 「陶唐有虞」라고 해야 할 것인데 「唐」을 압운으로 사용하기 위해 순서를 바꾸었다.

** 우측에 「ノ」가 기입되어 있으므로 중복된다. 몬젠요미의 조사 「の」와 「と」는 上野本에서 볼 수 있는 것처럼 우측뿐만 아니라 좌측에도 나타난다. 이것은 「の」와 「と」의 기입 위치가 정착하기 이전의 양상을 나타내는 것이라 할 수 있는데, 그러한 양상이 동대본에서도 발견된 것으로 볼 수 있다.

★ 기본유형. 〈A → B → C → D〉의 순서로 번역. 〈AB음독 → ノ → AB훈독 → CD음독 → ノ → CD훈독〉의 순서로 몬젠요미. (26)구도 동일.

(イウグ)のみかど　タウタウのみかどなり。

유우 임금[순임금] 도당 임금[요임금]이다.

[이섬 주석]

「(23)구 주석에 포함되어 있다.」

➡ 유우[순임금]와 도당[요임금]이다.

(025) 弔民伐罪

テウ		ト				ト*
吊	レ	民	伐	レ	罪	
トフラフニハ**		タミヲ	ウツ		ツミアル者***ヲ	

* 「ト」 옆 위쪽에 「アルヲ」 같이 보이는 가나를 썼다가 지운 흔적이 있다.
* 「弔民」과 「伐罪」는 이섬 주석에서 보는 바와 같이 병렬로 파악하는 것이 옳은데 동대본에서는 그렇게 훈독하지 않았다.
** 어떤 한자를 지우고 그 왼쪽에 「者」를 썼다.

★ (23)구 설명 참조.

テウ(ビン)とたみをとぶらふには　(ハツサイ)とつみあるものをうつ。
백성을 위무하기 위해서는 죄지은 자를 친다.

[이섬 주석]

「孟子曰, 誅其君, 而弔其民, 民大悅. 弔者矜恤之義也. 伐者伐無道之君(맹자 (양혜왕하)에 이르기를, '임금을 주살하고 백성을 위로하니 백성들이 크게 기뻐하였다'고 하였다. 조는 불쌍히 여긴다는 뜻이다. 벌은 무도한 임금을 치는 것이다.)」

➡ 백성을 위로하고 죄인을 벌한 것은

(026) 周發殷湯

ノ　イン*　ノ
周發殷**湯
ミカト　ミカト

* 「ノ」를 썼다가 지운 흔적이 보인다.

** 「商」으로 된 책이 있다. 송(宋)나라 태조(太祖. 927-976. 재위 960-976)의 아버지 조홍은(趙弘殷)의 이름을 피휘한 것이다. 흔히 은나라를 상나라라고 부르기도 한다.

*** 「周發」과 「殷湯」도 인명 고유명사이지만 부호가 기입되어 있지는 않다. 하나라 걸(桀)임금을 정벌한 것이 은나라 탕왕(은나라 시조)이고, 은나라의 마지막 임금 주(紂)를 정벌한 것이 주나라 무왕 발이다. 따라서 시간적으로는 「殷湯周發」이라고 해야 할 것인데 「湯」을 압운으로 사용하기 위해 순서를 바꾸었다.

(シウハツ)のみかど　イン(タウ)のみかど。
주발 임금 은탕 임금.

[이섬 주석]

「周文王第二子, 姓姬名發, 是爲武王. 殷紂無道, 不恤國政, 但以色姿爲樂… 紂爲行此無道, 武王伐之. 殷湯者姓子名陟. 方夏桀無道, 不恤國政, 傲慢出勅, 不令百姓種田畝. 遞相劫剝, 天下將亂. 湯是桀臣, 遂見其無道, 共伊尹擧兵伐桀, 自立爲天子. 是爲殷之湯王也(주나라 문왕의 둘째 아들로 성은 희이고 이름이 발인데 이 사람이 무왕이 되었다. 은나라 주왕은 무도하여 국정을 돌보지 않고 단지 여색으로 즐거움을 삼았다. … 주왕이 이와 같이 무도를 행하여 무왕이 이를 정벌하였다. 은나라 탕왕은 성이 자이고 이름이 척이다. 바야흐로 하나라 걸왕이 무도하여 국정을 돌보지 않고 오만이 극에 달하여 칙령을 내서 백성들로 하여금 논밭에 씨를 뿌리지 못하게 하였다. (제후들은) 서로 (영지를) 빼앗아 천하가 혼란하게 되었다. 탕은 걸왕의 신하였으나 (걸왕의) 그러한 무도함을 보고 마침내 이윤과 함께 병사를 일으켜 걸왕을 정벌하고 스스로 서서 천자가 되었다. 이것이 은나라 탕왕이다.)」

➡ 주나라 (무왕) 발과 은나라 탕왕이다.

(027) 坐朝問道

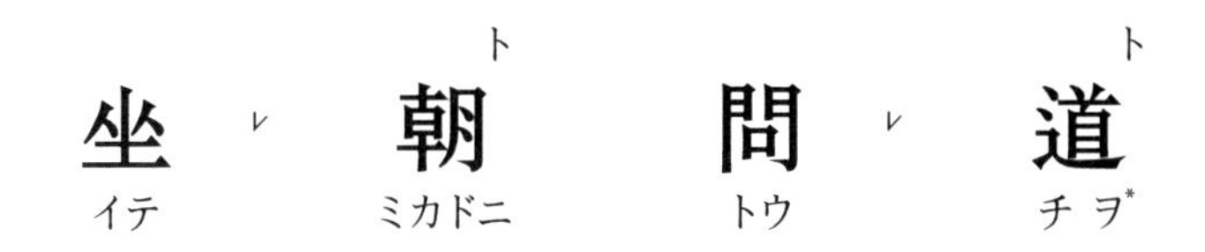

* 「チ」와「ヲ」사이에 간격이 있다.

★ (23)구 설명 참조.

(サテウ)とみかどにゐて (ブンタウ)と(み)ちをとふ。

조정에 앉아서 도를 묻는다.

[이섬 주석]

「天子坐卽朝於國問道(천자는 앉아서 조정의 일을 처리하고 나라에 나아갈 길을 묻는다.)」

(028) 垂拱平章

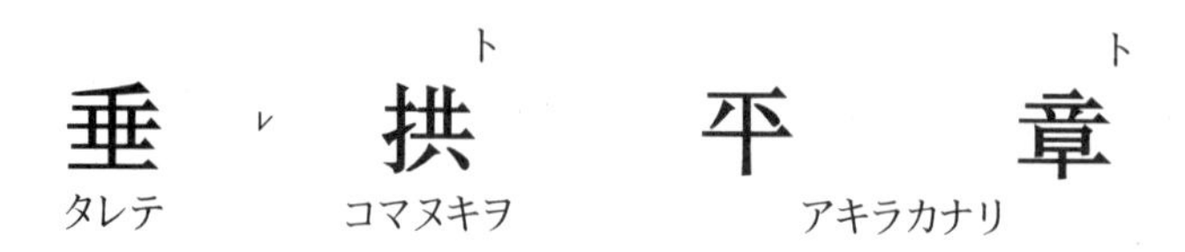

★ 〈B→A→C→D〉의 순서로 번역. 특히 CD는 하나의 단어로 번역될 수 있다. 〈AB음독→ト→BA훈독→CD음독→ト→CD훈독〉의 순서로 몬젠요미.

(スイキョウ)とこまぬきをたれて　(ヘイシャウ)とあきらかなり。
모은 손을 늘어뜨리고(도 다스림이) 분명하다.

[이섬 주석]

「垂衣裳拱手而坐也. 天子垂拱於上, 平和章明百姓於下. 此堯舜之治天下太平. 故書曰, 章明百姓, 百姓照明是也(의상을 늘어뜨리고 손을 모아 앉는다. 천자는 위에서 옷자락을 늘어뜨리고 팔짱을 끼고서* 아래에 있는 백성을 평화장명하게 한다. 이것은 요임금과 순임금이 천하를 다스려서 세상이 태평해진 것을 말한다. 이에 상서 (요전)에 이르기를, '백성을 밝게 다스리니 백성들이 환하게 깨우친다'고 한 것이 이것이다.)」

➡ (옷자락을 늘어뜨리고) 팔짱을 끼고서도 밝(게 다스린)다.

* 수공(垂拱): 팔짱을 끼고 앉아 아무 일도 하지 않는 것「垂衣拱手」, 즉 긴 소매의 옷자락을 늘어뜨리고 팔짱을 낀다는 뜻이다.

(029) 愛育黎首

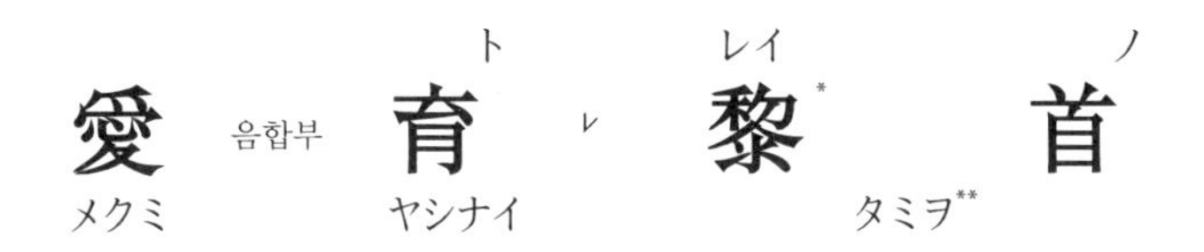

* 「黎首」 사이에 음합부가 있으면 「育」아래의 「レ」만으로도 어순지시에 문제가 없지만 현재 상태로는 「黎」까지만 읽고 반독을 하는 것으로 오해될 수 있다.

** 「黎首」는 글자 그대로는 '검은 머리'이지만 숙어로는 '백성'이라는 의미로 쓰인다.

★ 〈C → D → A → B〉의 순서로 번역. 〈CD음독 → ノ → CD훈독 → AB음독 → ト → AB훈독〉의 순서로 몬젠요미. (30)구도 동일.

レイ(シウ)のたみを (アイイク)とめぐみやしなひ、
백성을 사랑하여 길러서,

[이섬 주석]

「育養也. 黎衆也, 黑也. 謂民之首黑也. 如周文王, 築靈臺, 得枯骨, 取而葬之. 百姓投周八十萬戶. 文王見無衣者, 給帛與之, 無食者開倉給米與之. 文王有慈愛之心, 百姓殷富, 行者讓路, 耕者讓畔. 此愛養*黎民之功也(육은 기른다는 뜻이다. 려는 많다는 뜻이고 검다는 뜻이다. 백성의 머리가 검다는 것을 말한다. 주나라 문왕은 영대[천문대·전망대]를 쌓을 때 마른 뼈를 발견하자 잘 수습해서 장례를 치러주었다. 주나라에 몸을 맡긴 백성이 80만 호였다. 문왕은 입을 것이 없는 이를 보면 비단을 주고, 먹을 것이 없는 이를 보면 창고를 열어 곡식을 주었다. (이처럼) 문왕이 자애로운 마음씨를 지녔으므로 백성들의 살림이 넉넉해졌고 행인들은 갈 길을 양보하고 밭을 가는 이는 밭두둑을 양보했다. 이것이야말로 백성을 사랑하고 기르는 공이다.」

* 「養」을 썼다가 눌러 지운 것으로 보인다. 그러나 그 아래에 다시 「養」의 이체자 「养」가 적혀 있다.

(030) 臣伏戎羌

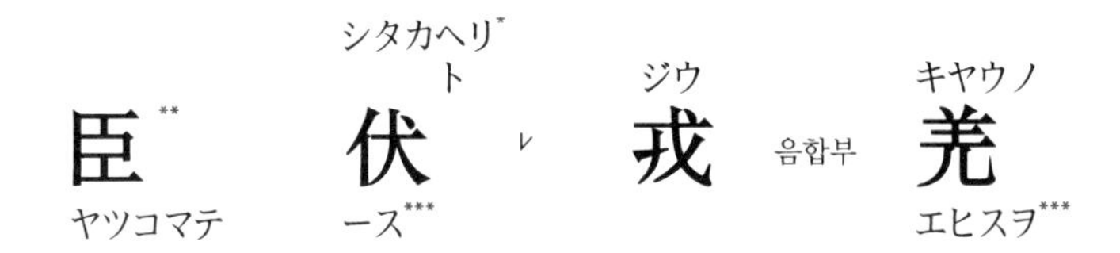

* 「伏」에 대한 훈이므로 좌측에 기입되어야 하는데 우측에 기입되어 있다.

** 「臣伏」 사이에 음합부가 있으면 「伏」 아래의 「㆑」만으로도 어순지시에 문제가 없지만 현재 상태로는 「臣 → 戎羌 → 伏」의 순서로 읽게 된다.

*** 「ース」 좌측에 「シタカヘリ」라고 썼다가 지운 것으로 보인다.

*** 가점에 따라 아래와 같이 훈독문을 작성하기는 하였으나 내용적으로 맞지 않다. 上野本에서는 「(ジウキャウ)のえびすを　(シンフクと)やつことしふせたり。」, 音決에서는 「ジウキャウ(の)えびすを　シンフク(と)やつことふせたり。」라고 읽고 있다. 上野本의 훈독이 이섬의 주석과 가장 가깝다.

ジウキャウのえびすを　(シンフク)とやつこまでふくす{したがへり}。
오랑캐를 신하로까지[신하로 만들어] 복종시킨다[따르게 한다].

[이섬 주석]

「戎羌西夷也. 人君以德化天下, 感四夷皆來臣伏也(융과 강은 서방의 오랑캐이다.* 인군이 덕으로써 천하를 교화하면 사방의 오랑캐가 찾아와서 신하가 되어 복종한다.) 」

➡ 오랑캐를 신하로 복종시킨다.

* 융강(戎羌): 서쪽의 오랑캐. 여기서는 사방의 오랑캐를 총괄하여 말하였다.

(031) 遐邇壹體

カ	ブン*ト	イツ	テイト
遐	迩	壹 レ	體
トヲキモ	チカキモ	ヒトツニス	カタチヲ

* 「邇」의 한음은 「ジ」이고 오음은 「ニ」이다. 「ブン」은 잘못 기입된 것으로 생각된다.

★ 〈A→B→D→C〉의 순서로 번역. 〈AB음독→ト→AB훈독→CD음독→ノ 혹은 ト→DC훈독〉의 순서로 몬젠요미. (33)구, (34)구도 동일.

カジととほきもちかきも　イッテイとかたちをひとつにす。
먼 것도 가까운 것도 한 몸이 된다.

[이섬 주석]

「遐之言遠. 邇之言近. 漢書賈誼曰, 天子者天下之首, 蠻夷者天下之足. 言天下之大, 或遠或近, 脈絡貫通如人之一身. 體者身也(하는 먼 것을 말한다. 이는 가까운 것을 말한다. 한서 가의전에 이르기를, '천자는 천하의 머리이고 오랑캐는 천하의 발이다'라고 하였다. 천하가 크다고 해도, 혹은 멀고 혹은 가까운 것이 맥락이 관통하여 한 인간의 몸과 같다는 것이다. 체는 몸이다.)」

➡ 먼 이도 가까운 이도 몸을 하나로 한다.

(032) 率賓歸王

シユツ		ト		ト
率 ㇾ	賔	帰 ㇾ	王	
ヒキイテ*	マレヒト マラウトヲ	ヲシタカフ**	ミカト キミニ	

* 이섬 주석에 의하면 「率」은 '모두'라는 의미인데 「ひきゐる」라는 상용훈으로 훈독하였다.

** 「帰王」을 「みかどをしたがふ」라고 읽은 것일까? 그렇다면 조사 「を」는 「みかど」아래에 적어야 하는데 위쪽에 기입되어 있다.

★ 〈B→A→D→C〉의 순서로 번역. 〈AB음독→ト→BA훈독→CD음독→ト→DC훈독〉의 순서로 몬젠요미.

シュツ(ヒン)とまれびと(を)[まらうどを]ひきゐて (クヰワウ)とみかどをしたがふ[きみによる]。
손님을 이끌고 임금을 따른다[임금에게 귀의한다].

[이섬 주석]

「率者皆也. 言明王治國, 遠近之人相率而來賓伏歸順也(솔은 모두라는 뜻이다. 이 구의 의미는, 명왕이 나라를 다스리면 멀고 가까운 사람들이 서로 이끌고 와서 엎드려 귀순한다는 것이다.)」

➡ 모두 이끌고 와서 왕에게 귀의한다.

(033) 鳴鳳在樹

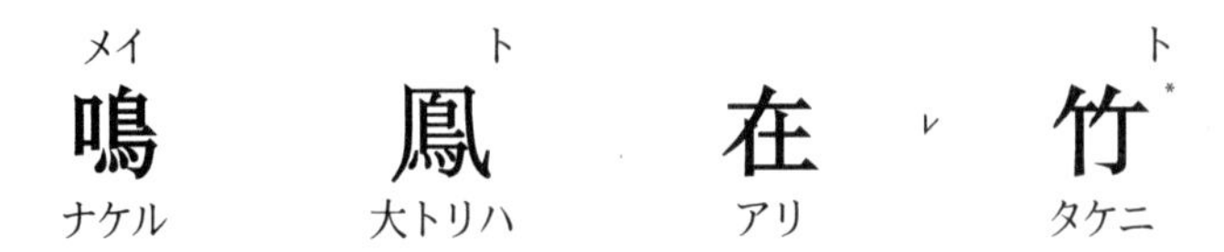

* 上野本은 「樹」이다. 송(宋)나라 5대 황제 영종(英宗. 1032-1067. 재위 1063-1067)의 명(名)이 「曙」이고 이 글자와 성모가 같은 「樹」자를 피휘한 것이다. 이로 인해 이 구는, 上野本에서는 「鳴鳳在樹」였는데 동대본에서는 「鳴鳳在竹」이 되었다. (23)구에서 「讓」이 「遜」으로 피휘되어 上野本에서는 「推位讓國」이었던 것이 동대본에서는 「推位遜國」이 된 것과 더불어 동대본 본문의 성립에 대한 논의의 단서가 되는 부분이다.

メイ(ホウ)となけるおほとりは　(サイチク)とたけにあり。
우는 봉황새는 대나무에 있다.

[이섬 주석]

「竹鳳所棲…上天降鳳爲瑞. 鳳來則在竹間. 蓋鳳之所欲也. 毛詩註云, 鳳凰非竹*實不食也(대나무는 봉황이 깃드는 곳이다. … 하늘에서 봉황이 내려오는 것을 상서로운 조짐으로 여긴다. 봉황이 내려오면 대나무 사이에 있다. 무릇 봉황이 좋아하는 곳이다. 시경의 주석에 이르기를, '봉황은 대나무 열매가 아니면 먹지 않는다'고 하였다.)」

* 「升」으로 되어 있다.

(034) 白駒食場

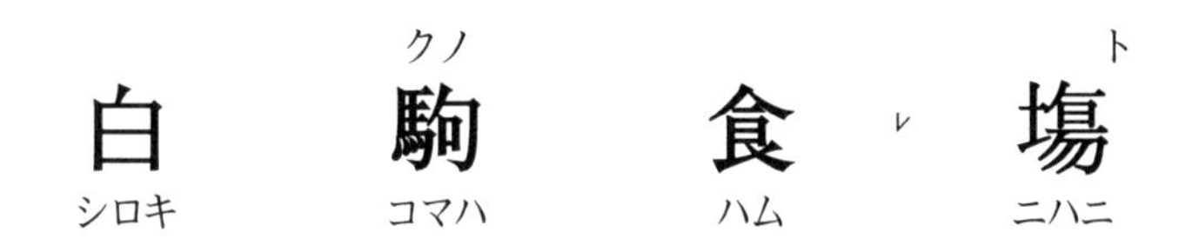

(ハク)クのしろきこまは　(ショクチャウ)とにはにはむ。

흰 망아지는 마당에서 (풀을) 뜯는다.

[이섬 주석]

「場駒之所止…賢人乘駒而告謀. 駒之來則食於場中. 蓋駒之所居也. 毛詩云, 皓皓白駒, 食我場之苗, 是也(장은 망아지가 머무는 곳이다. … 현인은 망아지를 타고 와서 (왕에게) 좋은 계책을 알려 준다. 망아지가 나타나면 마당에서 먹이를 먹는다. 무릇 망아지가 거하는 곳이다. 시경 (소아편)에 이르기를, '흰 망아지가 내 밭의 풀을 뜯어 먹는다'고 한 것이 이것이다.)」

(035) 化被草木

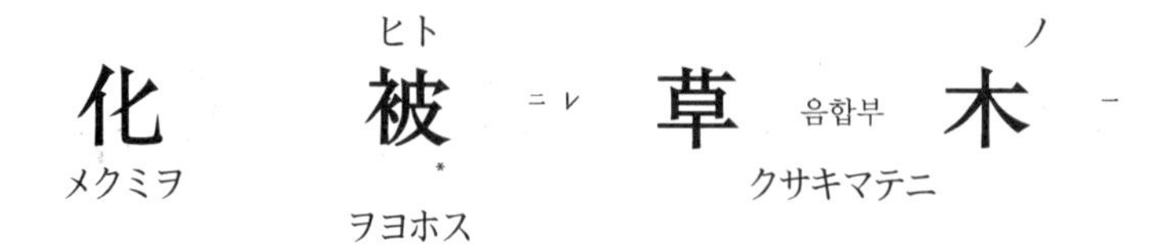

* 이 부분에 「カウムラシム」라고 적혀 있던 것을 지운 것으로 보인다.

★ 〈A→C→D→B〉의 순서로 번역. 〈AB음독→ト→A훈독→CD음독→ノ→CD훈독→B훈독〉의 순서로 몬젠요미. (36)구도 동일.

(クヮ)ヒとめぐみを (サウボク)のくさきまでに およぼす。
은혜[교화]를 초목에까지 미친다.

[이섬 주석]

「被及也. 明王治國有道, 雖草木微物, 亦皆露被德化. 毛詩云, 周家忠厚, 仁及草木. 文仲子云, 虞氏之恩, 被動植, 是也(피는 미친다는 뜻이다. 명왕이 나라를 다스려서 도가 있으면 초목이나 미물이라도 모두 그 덕화를 입는다. 시경 (대아편)에 이르기를, '주 왕실이 충심이 두터워서 인이 초목에까지 미친다'고 하였다. 문중자에 이르기를, '유우씨[순임금]의 은혜가 동식물에도 미친다'고 한 것이 이것이다.)」

(036) 賴及萬方

ライ
カウムリ*　　　　　ト
賴　음합부　及　㆑　萬　**　方
タノミヲ　　ヲヨホス　　ヨロツノ　　クニニ

* 「カウムリ」는 훈이므로 한자의 좌측에 적혀야 하는데 우측에 적혀 있다. 이섬 주석의 「賴被也」라는 주석에 따른다면 「賴」는 「かうむる」의 명사형 「かうむり」라고 읽을 수 있다. 그러나 좌측에 적힌 훈과는 함께 읽을 수 없다. 이에 아래 훈독문에 반영하지 않았다. 또한 「賴」를 명사가 아니라 동사로 읽게 되면 「賴及」 두 글자가 모두 동사가 된다. 音決에서 「バンハウのくにぐにに　ライキフ(と)かうむりをよぼす。」와 같이 읽었는데 이것이 이섬 주석을 가장 잘 반영한 훈독이라고 할 수 있다. 上野本은 「賴」를 「みたまのこゑ」라고 훈독하였고, 谷村本은 「たのもしきは/たのみを」와 같이 훈독하였는데, 이는 목적어를 드러낼 필요가 있었기 때문에 「賴」를 목적어로 읽은 것으로 생각된다.

** 「萬方」 사이에 음합부가 있으면 「及」 아래의 「㆑」만으로도 어순지시에 문제가 없지만 현재 상태로는 「萬」까지만 읽고 「及」으로 돌아와야 하는 것으로 오해될 수 있다.

ライ(キフ)とたのみを　(バンハウの)よろづのくにに　およぼす。
덕화를 만방에 미치게 한다.

[이섬 주석]

「毛詩云, 一人有慶兆民賴之. 賴被也. 及至也. 明王治國, 萬方賴其化之被及也(시경*에 이르기를, '(천자) 한 사람에게 좋은 일이 있으면 만백성이 그 은혜를 입는다'고 하였다. 뢰는 입는다는 뜻이다. 급은 이르다라는 뜻이다. 명왕이 나라를 다스리면 만방에 그 덕화가 미침을 입는다.)」

➡ (덕화가) 만방에 미친다.

* 시경이 아니라 상서 여형편에 나오는 글이다.

(037) 蓋此身髮

★ (37)구에서 (40)구 기본유형. 〈A→B→C→D〉의 순서로 번역. 〈AB 음독→ノ 혹은 ト→AB훈독→CD음독→ノ 혹은 ト→CD훈독〉의 순서로 몬젠요미. (38)구, (39)구도 동일.

カイ(シ)とけだしこの (シン)ハツ(と)みにかみあって、
대저 이 몸과 머리카락이 있고,

[이섬 주석]

「蓋者語辭. 孝經云, 身體髮膚, 受之父母. 言人之一身四體, 皆受父母之氣而生(개는 발어사이다. 효경 (개종명의장)에 이르기를, '신체발부는 부모님으로부터 받는다'고 하였다. 그 뜻은, 사람의 일신 사체 모두 부모의 기를 받아서 난다는 것이다.)」

➡ 무릇 이 몸과 머리카락은,

(038) 四大五常

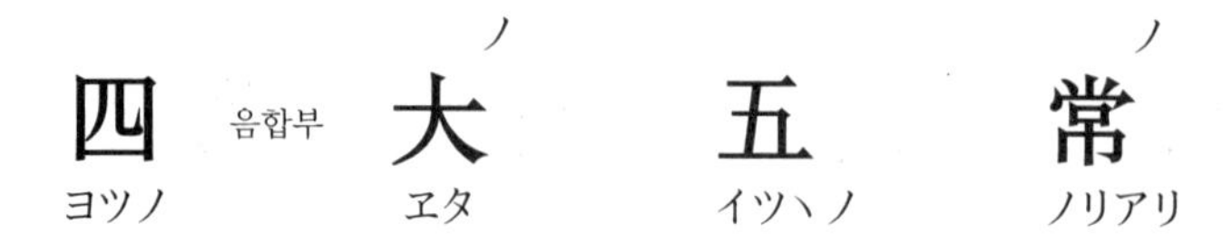
四
음합부
大
五
常
ヨツノ
ヱタ
イツヽノ
ノリアリ
ノ
ノ

(シタイ)のよつのえだ　(ゴシャウ)のいつつののりあり。

네 가지 가지와 다섯 가지의 법도가 있다.

[이섬 주석]

「四大者地水火風. 乃以成身. 地爲骨肉大, 水爲血大, 火爲氣大, 風爲金氣大. 此四大以成身也. 老子言四大者, 天大地大道大王亦大…五常者仁義禮智信也…人當行此五常者, 立身之道也(사대는 지·수·화·풍이다. 이에 이로써 몸이 이루어진다. 지를 골육대로 삼고, 수를 혈대로 삼고, 화를 기대로 삼고, 풍을 금기대로 삼는다. 이 사대로써 몸을 이룬다. 노자에 이르기를, '사대는 천대·지대·도대·왕대이다' 라고 하였다. … 오상은 인·의·예·지·신이다. … 사람은 마땅히 이 오상을 실천해야 하며 (오상이) 몸을 세우는 도리이다.)」

➡ 사대와 오상이 있다.[사대로 이루어져 있고 오상을 갖추고 있다.]

(039) 恭惟鞠養

ウヤーシク[*] ウ	ヲモンミレバ[**] イト	キク	ヤウト
恭	惟	鞠	養
ツハシミ	コレヲ[***]	ナテ	ヤシノウ

[*] 「ウヤ」 뒤에 이를 반복하여 읽도록 지시하는 부호가 있으므로 「うやうやしく」라고 읽어야 한다.

[**] 「ウヤウヤシクヲモンミレバ」는 훈이므로 한자의 좌측에 기입되어야 하는데 우측에 기입되어 있다.

[***] 이섬 주석에서는 「惟」에 대해 「思」라고 주석을 달았으므로 「これを」라고 읽은 것은 맞지 않고 「おもふ」라고 읽어야 할 것이다. 上野本은 「これ」라고 읽었으나 音決과 谷村本은 「おもふ」라고 읽었다. 특히 谷村本은 「キョウヰとつつしみ[うやうやしく] キクヤウとなでやしなふことを おもふ[おもひ]」라고 훈독하여 이섬의 주석을 가장 잘 반영한 것으로 생각된다.

(キョ)ウヰとつつしみこれを{うやうやしくおもんみれば} キクヤウとなでやしなふ。
삼가서 이를[공손하게 생각하여] 사랑하고 기른다.

[이섬 주석]

「恭敬也. 惟思也. 鞠猶襁負也. 言人當恭敬思念父母養育之恩, 則爲至孝之人. 毛詩[*]云, 父兮生我, 母兮鞠我, 長我育我, 欲報之德, 昊天罔極者, 是也(공은 공경한다는 뜻이다. 유는 생각한다는 뜻이다. 국은 포대기로 싸서 업는 것과 같다는 뜻이다. 이 구의 의미는, 사람이 마땅히 부모가 길러준 은혜를 공경하고 생각하면 지고의 효자가 된다는 것이다. 시경 (소아)에 이르기를, '아버지 나를 낳으시고 어머니 나를 기르시며 나를 키워주시고 나를 길러주시니 그 은혜를 갚고자 하여도 큰 하늘과 같이 끝이 없다'고 한 것이 이것이다.)」

➡ 공경하여 (부모님이) 기르고 키워주신 것을 생각하면,

* 「記」로 되어 있다.

(040) 豈敢毀傷

キ	カント		ト
豈 ニ*	敢	毀	傷 ー*
アニ	アタヘテ**	ソコナイ	ヤフランヤ

* ABCD의 순서대로 훈독되므로 이 어순지시부호는 필요하지 않은데 가점되어 있다.

** 「アヘテ」의 잘못이다.

キカムとあにあへて (クヰシャウ)とそこなひやぶらんや。
어찌 감히 해치고 상하게 하겠는가.

[이섬 주석]

「人生四大之中, 懷五常之性, 敬念父母鞠養之恩, 不敢毀傷其身體髮膚也. 孝經云, 身體髮膚, 受之父母, 不敢毀傷, 孝之始也. 禮記云, 父母全而生之, 子全而歸之, 可謂孝矣. 皆所以明不敢毀傷之意(사람은 사대 가운데서 나고 오상의 본성을 가지고 있으니, 공경하여 부모의 길러준 은혜를 생각하여 감히 제 몸을 다치고 상하게 하지 않는 것이다. 효경 (개종명의장)에 이르기를, '신체발부는 모두 부모님으로부터 받았으니 감히 다치고 상하게 하지 않는 것이 효의 시작이다'라고 하였다. 예기 (제의)에 이르기를, '부모는 온전하게 자식을 낳고 자식은 온전하게 돌아간다면 효라 이를 만하다'고 하였다. 모두 감히 다치고 상하지 않게 해야 한다는 뜻을 밝히고 있다.)」

(041) 女慕貞潔

女 慕[ト] ニ 貞 潔[ト*] ** 一

ヲナンハ*** ヲモイニ**** イサギ ヨキ󠄀コヲ

* 「いさぎよきことを」라는 명사구에 이어지므로 「ノ」가 가점되는 것이 옳다. (41)구와 (42)구는 동일한 구문인데 (42)구의 해당 위치에는 「ノ」가 가점되어 있다.

** (209)구에 「潔」이 다시 한 번 나온다. 이로 인해 한국 천자문 텍스트에서는 이 (41)구의 「潔」을 「烈」로 바꾼 것이 있고, 이 두 텍스트를 구분하여 潔字本·烈字本과 같이 불렀다. 일본 천자문 텍스트에서 「烈」자를 사용한 것은 아직 보지 못했다.

*** 「ヲンナハ」의 잘못이다.

**** 어순지시부호 「ニ」를 가나 「ニ」로 잘못 옮겨 적었다.

★ 〈A→C→D→B〉의 순서로 번역. 〈AB음독→ト→A훈독→CD음독→ノ→CD훈독→B훈독〉의 순서로 몬젠요미. (42)구도 동일.

(ヂョボ)とをんなは (テイケツ)のいさぎよきことを おもひ、
여자는 정결한 것을 사모하고,

[이섬 주석]

「慕者思也. 潔者淸也. 本作正潔. 貞者正也. 女人貞正淸潔爲本也(모는 생각한다는 뜻이다. 결은 맑다라는 뜻이다. 본래 정결이라고 되어 있다. 정은 바르다는 뜻이다. 여인은 정조를 바르고 굳건히 하는 것을 근본으로 삼는다.)」

(042) 男效才良

ト
ノ
男
効
才
良
ヲトコヲ*
ナラウ
シハサノ
ヨキ㇆ヲ

* (41)구와 같은 구문으로 문맥상「をとこは」가 자연스럽다.

(ダムカウ)とをとこは　(サイリャウ)のしわざのよきことを　ならふ。
남자는 재주가 좋은 것을 본받는다.

[이섬 주석]

「効者學也. 才者德也, 能也. 良者善也. 男子之人, 用學才德良善, 爲上也(효는 배우다라는 뜻이다. 재는 덕이라는 뜻이고, 능력이라는 뜻이다. 양은 좋다는 뜻이다. 남자는 재덕양선을 본받는 것을 으뜸으로 삼는다.)」

(043) 知過必改

	ト			ト
知 ㇾ	過	必	음합부	改
シツテ	アヤマチヲ	カナラス		アラタム

★ 〈B → A → C → D〉의 순서로 번역. 〈AB음독 → ト → BA훈독 → CD음독 → ト → CD훈독〉의 순서로 몬젠요미.

(チクヮ)とあやまちをしって (ヒツカイ)とかならずあらたむ。
잘못을 알고 반드시 고친다.

[이섬 주석]

「有過能改, 與無過者同. 過而不改, 斯成大患. 論語云, 過則勿憚改. 誰人無過. 有過必改. 孔子曰, 聞義不能從, 不善不能改, 是吾憂也(잘못이 있어도 고칠 수 있다면 잘못이 없는 것과 같다. 잘못을 저지르고도 고치지 않는다면 그것이 큰 걱정거리가 된다. 논어 (학이편)에 이르기를, '잘못을 저지르면 고치는 것을 꺼리지 말라'고 하였다. 사람이라면 누가 잘못을 저지르지 않겠는가? 잘못이 있으면 반드시 고쳐야 한다. 공자가 말하기를, "의를 듣고서 제대로 실천하지 못하고 불선을 능히 고치지 못하니 이것이 나의 걱정거리이다."라고 하였다.)」

(044) 得能莫忘

★ 〈B → A → D → C〉의 순서로 번역. 〈AB음독 → ト → BA훈독 → CD음독 → ト → DC훈독〉의 순서로 몬젠요미.

(トクドウ)とよきことを(え)ては (バクバウ)とわするることなかれ。
좋은 것을 얻으면 잊지 말라.

[이섬 주석]

「既得善能, 其心切勿忘之. 孝經云, 中心藏之, 何日忘之(능히 잘 할 수 있는 바를 얻었다면 그 마음을 소중히 하여 잊지 않도록 하라. 효경 (사군장)에 이르기를, '마음에 이것을 간직한다면 어느 날에 이것을 잊겠는가' 라고 하였다.)」

➡ 능력을 얻었으면 잊지 말라.

(045) 罔談彼短

* 「かれがくせ」 혹은 「あしきこと」라는 명사구로 읽히므로 「ノ」를 가점하는 것이 옳다. 동일한 구문인 (46)구는 해당 위치에 「ノ」가 가점되어 있다.

** 「談」아래에 「二」가 가점되어야 한다.

*** 「短」아래에 「一」가 가점되어야 한다.

★ 〈C → D → B → A〉의 순서로 번역. 〈CD음독 → ノ → CD훈독 → AB음독ト → BA훈독〉의 순서로 몬젠요미. (46)구도 동일.

(ヒタン)のかれがくせ(を)[あしきことを] バウ(タム)とかたること なかれ。

남의 버릇[나쁜 점]을 말하지 말라.

[이섬 주석]

「罔者無也. 君子不談人之短. 不自道己之長. 聞人善喜之, 聞人之惡爲憂. 掩惡揚善, 君子之道也(망은 말라라는 뜻이다. 군자는 남의 단점을 말하지 않는다. 스스로 자신의 장점을 말하지 않는다. 남의 좋은 점을 들으면 기뻐하고, 남의 나쁜 점을 들으면 걱정한다. 악을 덮고 선을 들어 올리는 것, 이것이 군자의 도이다.)」

➡ 남의 단점을 말하지 말라.

(046) 靡恃己長

* 「ジ」라고 적혀 있는데 이것은 오음이고 「恃」의 한음은 「シ」이다.

** 「恃」아래에 「ニ」가 가점되어야 한다.

*** 「長」아래에 「一」가 가점되어야 한다.

キ(チャウ)のおのれがまさるを (ビ)シとたのむことなかれ。

자신의 뛰어남을 믿지 말라.

[이섬 주석]

「靡者無也. 君子之人, 不恃自己之所長, 則無言逞志縱其所爲(미는 말라라는 뜻이다. 군자는 스스로 자신의 장점을 믿지 않으므로 제 뜻대로 마음대로 하지 않는다.)」

➡ 자기의 장점을 믿지 말라.

(047) 信使可覆

信	使 ト ㆑	可 ㆑ 음합부	覆
マコト	シム	ヘカラ	カヱツサウス*

* 「覆」은 이섬 주석에 의하면 「起」이지만 여기서는 「かへっさうす」로 훈독하였다.

★ (47)구와 (48)구는 〈A→D→C→B〉의 순서로 번역되는 구문이다. 두 구의 가점을 종합해볼 때 몬젠요미는 〈AB음독→ト→A훈독→CD음독→ト→D훈독→C훈독→B훈독〉으로 보인다.

(シンシ)とまこと(をば) (カフクと)かへっさうすべからしむ。
신의를 반복할 수 있게 한다.

[이섬 주석]

「覆者猶起也. 君子之道, 不失期信, 許人一諾千金, 不移也(복은 일으키다라는 뜻이다. 군자의 도는 약속에 대한 신의를 잃지 않는 것이므로 한 번 승낙하면 천금을 준다고 해도 바꾸지 않는다.)」

➡ 신의는 일으킬 수 있게 하라.

(048) 器欲難量

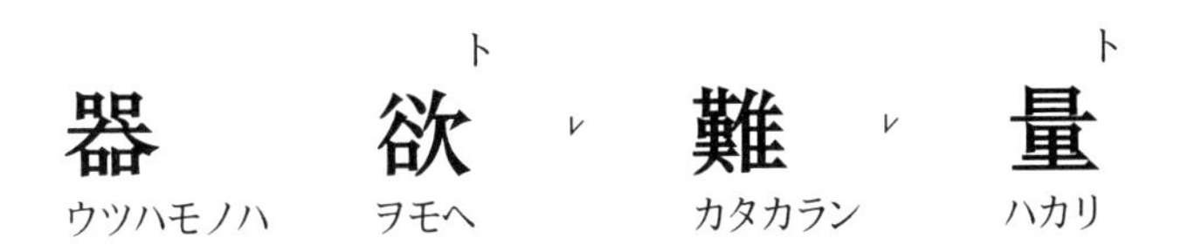

(キョク)とうつはものは　(ダンリャウ)とはかりがたからん(と)おもへ。

그릇[기량]은 헤아리기 어렵게 하려고 해라.

[이섬 주석]

「量度也*. 言人之器欲識其高遠, 不可側度(양은 헤아리다라는 뜻이다. 이 구의 의미는, 사람의 그릇이 높고 심원한 것은 알려고 해도 헤아릴 수 없다는 것이다.)」

* 「也」 자리에 「辺」과 같은 글자가 적혀 있다.

(049) 墨悲絲染

ホクト			センノ
墨*	悲 ⁼	絲	染 ⁻
云シ人ハ**	シムニ***	イトノ	ソムコヲ

* 「墨」에는 인명 고유명사인데 그것을 나타내는 부호는 기입되어 있지 않다.

** 「云シ」, 즉 「いひし」는 「いひ(동사 いふ의 연용형)+し(과거 조동사 き의 연체형)」와 같이 분석할 수 있다.

*** 「ニ」는 어순지시부호 「⁼」를 다시 쓴 것으로 보인다.

★ (49)구와 (50)구는 〈A→C→D→B〉의 순서로 번역되는 구문이다. 그런데 A에 위치한 「墨」과 「詩」가 각각 '묵자'라는 인물과 '시경'이라는 문헌으로 고유명사이다. 이에 이 두 구의 몬젠요미는 〈A음독→ト+보독 [いひしひとは/いふふみには]→CD음독→ノ→CD훈독→B훈독〉의 순서로 이루어진 것으로 보인다. 고유명사는 훈독을 하는 것이 불가능하므로 보독이라는 방식을 고안한 것으로 보인다. 결과적으로 B에 등장하는 동사에 대해서는 음독 정보가 제공되지 않는다.

ボクと〈いひしひとは〉 (シ)ゼムのいとのそむことを (かな)しむ。
묵이라고 했던 사람은 실이 물드는 것을 슬퍼했다.

[이섬 주석]

「墨子名翟. 梁惠王時有道之人. 出行見素絲, 染從餘色, 悲之曰, 人湛然同於聖體. 爲居惡俗, 染之成累. 近愚者不賢, 近穢者臭, 近蘭者香. 人之善惡皆由

染, 又成性. 堯舜染許由, 而成聖君. 紂染崇侯, 而成闇王. 近墨者墨也, 近朱者赤. 與善人交, 如蓬生痲中, 不扶自直. 與惡人共居, 如抱兒踰墻, 一人墮地, 二人俱傷也(묵자의 이름은 적이다.* 양나라 혜왕 때의 도를 갖춘 사람이다. 외출했다가 흰색 실이 다른 색으로 물드는 것을 보고서 그것을 슬퍼하여 말하기를, '사람의 맑은 마음은 성인과 같다. 자신이 좋지 않은 환경에 살다 보니 물이 들어 악덕해진다. 어리석은 이와 가까이 하면 현명해지지 않고 더러운 것과 가까이 하면 악취가 나지만, 난과 같은 것을 가까이 하면 향기가 난다. 사람의 선하고 악함은 모두 어디에 물이 드느냐에 따라 또한 본성이 된다. 요임금과 순임금도 허유**(와 같은 이)에 의해 물들었기 때문에 성군이 되었다. (은나라) 주왕은 숭후*** 에게 물들었기 때문에 암주가 되었다. 먹을 가까이 하면 검게 되고 연지를 가까이 하면 붉게 된다. 착한 사람과 사귀면 쑥이 삼밭에서 자라는 경우와 같이 붙들어 매지 않아도 저절로 곧게 자란다. 나쁜 사람과 함께 지내면 아이를 안고 담을 넘는 것과 같아서 한 사람이 땅에 떨어지면 두 사람 모두 다친다'고 하였다.)」

* 묵(墨): 전국시대의 사상가인 묵적(墨翟. BC470?-390?). 묵적의 사상은 『묵자(墨子)』라는 책에 잘 담겨 있다. 흰색의 실이 물이 들어 색이 변하는 것을 한탄했다는 이야기는 『묵자』 권3 「소염(所染)」에 보인다.

** 허유(許由): 전설상의 은자

*** 숭후(崇侯): 주왕의 신하

(050) 詩讚羔羊

ト云	ツミニハ*	カウ		ノ
詩*	讚 ㇾ	羔	음합부	羊
フミニハ	ホメリ		ヒツシヲ	

* 「詩」에는 글자 가운데에 붉은 색 직사각형 같은 모양이 기입되어 있다. 서명을 나타내는 부호로 보이며 이러한 서명부는 이 구에서만 확인된다. 「(と)いふふみ」와 같이 보독을 하였다.

** 「フミニハ」의 잘못일 것이다. 그러나 첫 글자는 분명히 「ツ」로 보인다. 「詩」의 보독 부분으로 좌측에 기입된 「フミニハ」가 다시 한 번 적힌 것으로 보인다.

(シ)と{いふ}ふみには　カウ(ヤウ)のひつじを　ほめり。
시라고 하는 책에서는 양을 기렸다.

[이섬 주석]

「毛詩*云有羔羊之篇**, 讚詠召南之國, 化文王之政, 在位皆節儉正直, 能如羔羊也. 言當時士大夫, 能群不失類, 行不阿黨, 死義生禮, 故皆節儉正直, 德如羔羊者也. 羔羊飮乳, 跪不違於人飮乳, 猶懷於愧. 可嘆今人飜不若此禽獸, 故申辭作羔羊之詩也(시경 고양편에 이르기를, '소남의 나라는 문왕의 정치로 교화되이 자리를 차지한 사람 모두 검약하고 정직하게 되었는데 덕이 고양***과 같다'고 찬미하여 노래하였다. 그 뜻은, 당시 사대부들은 무리를 이루어 그들 부류의 결속을 잃지 않았으나, 행동은 아당****과 같지 않았고 정의를 위해 목숨을 걸고 예를 지켜 살았으므로 모두 절개가 있고 검약하며 정직하여 그 덕이 고양과 같았다는 것이다. 고양은 젖을 먹을 때 무릎을 꿇고 먹으니, 이것은 사람과 다를 바가 없고 부끄러워할 줄 안다. 오늘날의 사람들은 거꾸로 이 짐승에도 미치지 못하므로 말로 표현하여 고양의 시를 지은 것이다.)」

➡ 시경에서는 (고양의 시를 지어) 고양(의 덕)을 기렸다.

* 「記」로 되어 있다.

** 「羔羊云篇」으로 되어 있다.

*** 고(羔): 작은 양. 양(羊)은 큰 양을 가리킨다. 시경에서는 고양의 온순함을 높이 사고 있다.

**** 아당(阿黨): 남의 마음에 들려고 비위를 맞추면서 알랑거리는 행동이나 그러한 무리.

(051) 景行維賢

景	음합부	行	維	賢
ヲヽイニ		ト ンバ* ヲコナフ	コレ	ト カシコシ

* 「景行」은 '큰 길을 가다', '대도를 행하다'라는 의미의 단어이다. 소위 융합합성어라고 할 수 있다. 중국어학에서는 두 개의 한자가 한 단어로 쓰이는 이와 같은 단어를 연면사(聯綿詞)라고 한다. 따라서 일본어로 훈독할 때도 하나의 단어로 읽는 것이 바람직할 것이다. 「ンバ」는 「おこなはば」의 「はば」가 잘못 기입된 것일까?

★ 기본유형. 〈A→B→C→D〉의 순서로 번역. 〈AB음독→ト→AB훈독→CD음독→ト→CD훈독〉의 순서로 몬젠요미. (53), (54)구도 동일.

(ケイカウ)とおほいにおこなはば[おこなふ。] (ヰケン)とこれかしこし。
크게 행하면 이것은 현명하다.

[이섬 주석]

「大丈夫德行, 如日景之在天, 四方皆知名也(대장부의 덕행은 태양 빛이 하늘에 있는 것과 같이 사방에 모두 이름이 알려진다.)」

➡ 큰 길을 가는 사람, 이는 현인이다.

(052) 剋念作聖

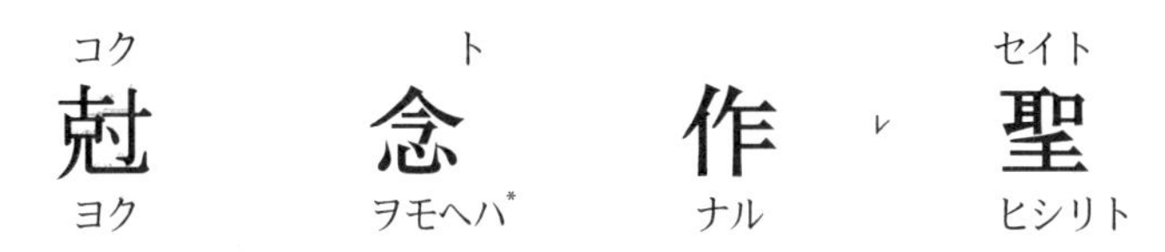

★ 〈A→B→D→C〉의 순서로 번역. 〈AB음독→ト→AB훈독→CD음독→ト→DC훈독〉의 순서로 몬젠요미.

コク(デム)とよくおもへば　(サク)セイとひじりとなる。
잘 생각하면 성인이 된다.

[이섬 주석]

「剋能也. 又勝也. 揚*子云, 勝己之私之謂剋. 尙書云, 惟狂克念作聖. 雖狂妄之人, 一念之頃**, 回心向道, 則可爲聖人. 曰聖曰愚, 皆根於人之一心, 爲善爲惡, 乃有間耳(극은 잘이라는 뜻이다. 또는 이긴다라는 뜻이다. 양자 법언에 이르기를, '자신의 사사로움을 이기는 것을 극이라고 한다'고 하였다. 상서 (다방편)에 이르기를, '다만 광인도 잘 생각하면 성인이 된다'고 하였다. 미치고 망령된 자일지라도 잠깐 생각해서 마음을 고쳐먹고 도에 뜻을 둔다면 성인이 될 수 있다. 성인이거나 어리석은 사람이거나 모두 사람의 하나의 마음에 뿌리를 두고 있고 선인이 되는 것도 악인이 되는 것도 (마음가짐에) 차이가 있을 따름이다.)」

* 「楊」으로 되어 있다.
** 「項」으로 되어 있다.

(053) 德建名立

	ト	メイ	リツ*ト
德	建	名	立
サイワイ	タテハ**	ナモ	タツ

* 「リツ」는 관용음이고 「リフ」가 한음이다.

** 한자와 「タテハ」 사이에 공간이 있는데 무언가 썼다가 지운 흔적이 있다.

(トクケン)とさいはひたてば　メイリフとなもたつ。

덕[행복]이 서면 이름도 선다.

[이섬 주석]

「禮記曰, 有大德者必得其名. 文王有明德, 名立萬代, 皆知其爲聖人. 孔子有至德, 立言垂訓, 名同日月, 萬代傳之. 君子懷德, 自然名譽照著. 非止一身之美. 亦使遠人咸慕也(예기 (중용편)에 이르기를, '대덕을 가진 이는 반드시 명망을 얻는다'고 하였다. 문왕은 밝은 덕을 지녔고 이름이 만대에 알려져서 모두 그의 성인됨을 알고 있다. 공자는 최고의 덕을 지니고 뛰어난 말씀을 세우고 교훈을 남겨서 그 이름이 해와 달처럼 만대에 전해졌다. 군자가 덕을 품으면 자연히 명예가 뚜렷하게 빛난다. 이것은 한 사람의 좋은 일이 아니다. 또한 멀리 있는 사람들로 하여금 모두 흠모하게 한다.)」

(054) 形端表正

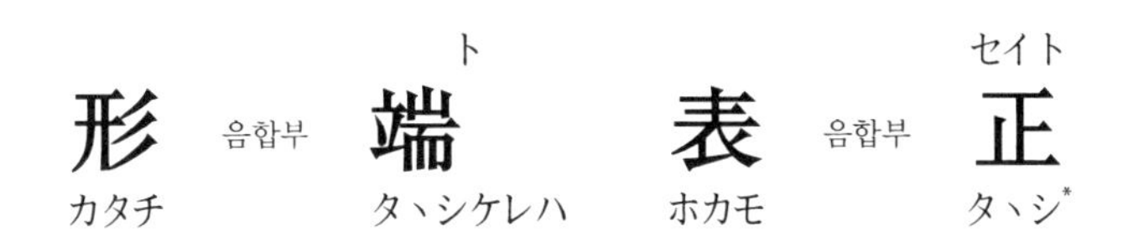

* 「シ」 뒤에 불필요한 획이 하나 찍혀 있다.

(ケイタン)とかたちただしければ　(ヘウ)セイとほかもただし。

용모가 바르면 겉모습도 바르다.

[이섬 주석]

「雜記云, 夫形正影必端, 表斜影必曲. 君子之人, 不受斜僻之事, 抱志堅貞, 不見二行. 縱逢衰亂, 不爲强暴之勇俗, 有傾移, 不奪恭謙之操((예기) 잡기에 이르기를*, '무릇 용모가 바르면 그림자도 반드시 단정하고, 겉모습이 비스듬하면 그림자도 반드시 굽어있다'고 하였다. 군자는 부정하고 사악한 일은 받지 않고 뜻을 굳고 바르게 지키며 두 가지 행동을 볼 수 없다. 가령 쇠퇴하고 혼란한 세상을 만나더라도 거세고 포악한 용기를 내지 않고, 세상이 기울고 변하더라도 공경하고 겸손한 지조를 잃지 않는다.)」

* 예기 잡기편에는 아래 글이 실려 있지 않다.

(055) 空谷傳聲

		ノ				ト
空	음합부	谷		傳	レ	声*
ムナシキ		タニヽハ		ツタウ		コヘヲ

* 「土」아래에 「巴」가 결합된 자체이다.

★ 〈A→B→D→C〉의 순서로 번역. 〈AB음독→ノ 혹은 ト→AB훈독→CD음독→ト→DC훈독〉의 순서로 몬젠요미. (56)구도 동일.

(コウコク)のむなしきたにには (テンセイ)とこゑをつたふ。
빈 골짜기에서는 소리를 전한다.

[이섬 주석]

「深谷之中, 必有響*聲相應也. 昔陳思王逝於梁山, 忽聞**岩岫之中誦經聲, 清廉花響. 肅然斂***衿而前聽習此聲, 傳之於世. 卽今梵音是也(깊은 골짜기에서는 반드시 소리와 울림이 서로 호응한다. 옛날에 진사왕이 양산에 갔는데 홀연히 바위굴 속에서 독경 소리가 나는 것을 들었는데 청렴하며 아름다운 울림이 있었다. 숙연하게 옷깃을 여미고 다가가서 이 소리를 들어 배워서 이것을 세상에 전했다. 즉 오늘날의 범음이 이것이다.)」

* 「卿」 아래에 「音」이 적힌 글자로 「ケイ」라는 가나점이 달려 있다. 谷村本도 동일하다. 그러나 의미상 「響」이 맞다.

** 「聞」이 두 번 적혀 있으나 하나로 족하다.

*** 「斂」이 두 번 적혀 있으나 하나로 족하다.

(056) 虛堂習聽

	タカトノ*	シツ**	テイト
虛	堂	習 ㆑	聽
ムナシキ	タウニハ	ナラウ	キヽヲ

* 훈이므로 좌측에 기입되어야 한다.

** 한음은「シフ」이다.

(キョタウの)むなしきたうには{たかどの(には)} シフテイとききをならふ。
빈집에서는 들리는 소리로 배운다.

[이섬 주석]

「虛堂靜堂. 習聽其音. 魯恭王欲壞孔*子宅爲宮, 乃聞講堂之中金石絲竹之音, 使人開之, 得先生典籍. 遂不敢壞之也(허당은 조용한 집이다. 그 소리를 듣고서 배운다. 노나라 공왕이 공자의 옛집을 헐어서 궁을 짓고자 하였는데 강당 안에서 타악기와 현악기와 관악기 소리가 들려서 사람을 시켜서 열게 하였더니 선생님의 전적이 있었다. 결국 감히 옛집을 헐지 못하였다.)」

* 「九」로 되어 있다.

(057) 禍因惡積

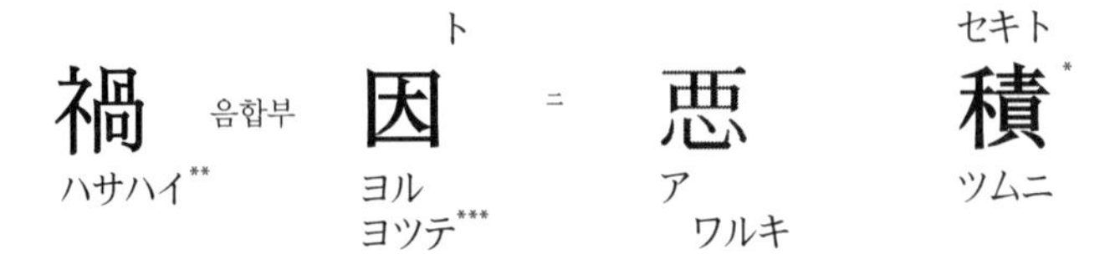

* 어순지시부호「⁻」이 누락되었다.

** 「ワザハヒ」의 잘못이다.

*** 문맥상 부적절하므로 훈독문에는 반영하지 않았다. 그러나 上野本에서「(クヮインと)わざ(はひ)は (アクセキと)あしきに(よ)りて (つ)もる。」라고 읽고 있는 것으로 볼 때, 이 구에 대해 〈A→C→B→D〉의 순서로 훈독하는 독법도 있었고 그러한 흔적이 기입된 것으로 보인다.

★ 〈A→C→D→B〉의 순서로 번역. 〈AB음독→ト→A훈독→CD음독→ト→CD훈독→B훈독〉의 순서로 몬젠요미. (58)구도 동일.

(クヮイン)とわざはひ(は)　(アク)セキとあ(しきこと)[わるき(こと)]つむに　よる。
재앙은 악한 것[나쁜 것]을 쌓는 것에 기인한다.

[이섬 주석]

「易曰, 積惡之家, 必有餘殃. 各漸致衰禍. 太公曰, 罹網之鳥, 恨不高飛, 呑鉤之魚, 恨不忍飢. 人生誤計, 恨不三思. 禍若及己, 悔欲何爲. 天不容惡, 惡還害身. 若行不善, 禍必及身(역경 (곤괘 문언전)에 이르기를, '악을 거듭하는 집안에는 반드시 자손에게 미치는 재앙이 있다'고 하였다. 제각기 점차로 쇠퇴나 재앙이 된다. 태공이 말하기를, "그물에 걸린 새는 높이 날지 못한 것을 한스러워하고, 낚시 바늘을 문 물고기는 배고픔을 참지 못한 것을 한스러워한다. 사람은 잘못 판단한 일이 생기면 세 차례 생각해보지 못한 것을 후회한다."고 하였다. 재앙이 만약 나에게 이른다면 후회를 해본들 무슨 소용이 있겠는가? 하늘은 악을 용납하지 않으므로 악은 돌고 돌아서 자신에게 해를 끼친다. 만약 불선을 행한다면 화가 반드시 자신에게 미칠 것이다.)」

(058) 福緣善慶

ト		ト			
福	음합부	緣 *	善	慶 **
サイハイハ		ヨル	ヨキ	ヨーアルニ***

* 어순지시부호「ㄹ」가 생략되었다.

** 어순지시부호「ㅡ」이 생략되었다.

*** 「ヨ」와「アルニ」 사이에 생략을 나타내는 선이 기입되어 있다.「よろこびあるに」에서「ロコビ」 부분을 생략한 것이다.

> (フクエン)とさいはひは (センケイ)とよきよ(ろこび)あるに よる。
> 복은 좋은 경사에 기인한다.

[이섬 주석]

「易曰, 積善之家, 必有餘慶. 言福及子孫也. 積善成慶, 積惡成患. 積力成勇, 積土成山, 積水成海, 積學成君子. 氷厚三尺, 非一日之寒, 蟬冠之士, 非一日之官. 積德之人福流子孫(역경 (곤괘)에 이르기를, '선을 쌓은 집안에는 반드시 자손에게 미치는 행복이 있다'고 하였다. 그 뜻은, 복이 자손들에게 미친다는 것이다. 선을 쌓으면 경사가 생기고 악을 쌓으면 환난이 생긴다. 힘을 쌓으면 용기가 생기고 흙을 쌓으면 산이 되며 물이 많이 모이면 바다가 되고 학문을 쌓으면 군자가 된다. 석 자 두께의 얼음은 하루의 추위로 만들어지지 않고, 임금의 부름을 기다릴 정도의 선비는 하루아침에 그런 관직에 오르는 것이 아니다. 덕을 쌓은 사람이 받는 복은 자손에게까지 미친다.)」

➡ 복은 선행과 경사에 말미암는다.

(059) 尺璧非寶

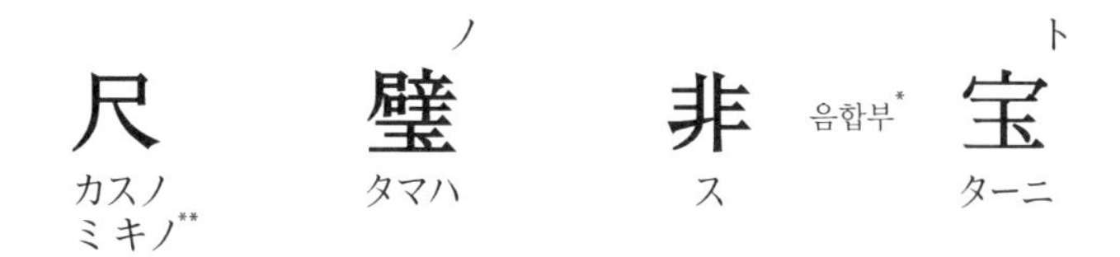

* 훈독에는 음합부는 필요하지 않다. 오히려 어순지시부호「レ」가 필요한 자리이다.

** 「尺」은 '한 자'라는 의미이므로 동대본의 훈독은 두 가지 모두 적절하지 않다. 또한「たま」를 수식해야 하므로「みじかきの」의「の」는 불필요하다.

★ 〈A→B→D→C〉의 순서로 번역. 〈AB음독→ノ→AB훈독→CD음독→ト→DC훈독〉의 순서로 몬젠요미.

(セキヘキ)のかずの[み(じか)き]たまは (ヒホウ)とた(から)に(あら)ず。
많은[짧은] 옥은 보배가 아니다.

[이섬 주석]

「淮南子曰, 聖人不貴尺之璧, 而重寸陰. 禮記曰, 儒者以忠信爲寶. 賢者以不貪爲寶. 故貪夫殉財, 烈士殉名. 太公曰, 財能害己, 必須遠之. 求財貪多, 多卽害己(회남자 (원도훈편)에 이르기를, '성인은 한 자의 옥을 귀하게 여기지 않고 촌음을 귀하게 여긴다'고 하였다. 예기 (유행)에 이르기를, '유자는 충신을 보배로 여긴다'고 하였다. 현자는 탐욕스럽지 않는 것을 보배로 여긴다. 그러므로 탐욕스러운 자는 재물에 죽고 열사는 이름에 죽는다고 하였다. 태공이 말하기를, "재물은 능히 자신을 해치니 반드시 그것을 멀리 해야 한다."고 하였다. 재물을 좇다 보면 욕심이 많아지고 탐욕이 많아지면 자신을 해치게 된다.)」

➡ 한 자 옥은 보배가 아니다.[한 자의 옥을 보배로 여기지 않는다.]

(060) 寸陰是競

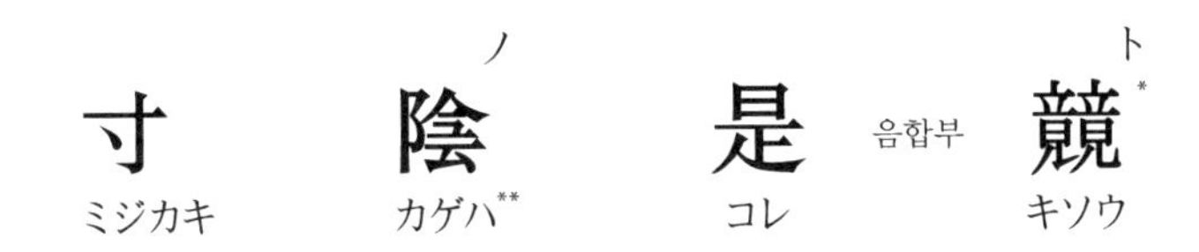

* (76)구의「竟」의 경우와 마찬가지로 좌측 하단의 한 획을 생략하였다.

** 「陰」은 '시간'이라는 의미이므로「かげ」라고 읽는 것은 적절하지 않다. 상용훈으로 훈독하고자 한 것으로 판단된다.

★ 기본유형. 〈A → B → C → D〉의 순서로 번역. 〈AB음독 → ノ → AB훈독 → CD음독 → ト → CD훈독〉의 순서로 몬젠요미.

(ソンイム)のみじかきかげは (シケイ)とこれきそふ。
짧은 그늘, 이것도 다툰다.

[이섬 주석]

「揚*子曰, 辰乎辰乎, 曷來之遲, 去之速也, 君子競諸矣. 晉書, 陶侃常語人曰, 大禹聖者, 乃惜寸陰. 至於衆人, 當惜分陰. 豈可逸遊荒醉. 生無益於時, 死無聞於後, 是自棄也(양자법언에 이르기를, '시간이여 시간이여, 어찌 오는 것은 이렇게 늦으면서 가는 것은 그렇게 빠른가? 군자는 시간과 다툰다' 고 하였다. 진서 (권66 도간전)에 도간이 항상 사람들에게 말하기를, "위대한 우임금은 성인이면서도 촌음을 아꼈다. 보통 사람이라면 순간을 아껴야 한다. 어찌 편안히 놀러 다닐 수 있으며 술에 취해 지낼 수 있겠는가? 살아서 그 시대에 아무런 보탬이 되지 않고 죽어서 후세에 이름을 날리지 못한다면 이것은 제 스스로를 버리는 것이다."라고 하였다.)」

➡ 한 치의 시간이라도 이것을 다투어야[아껴야] 한다.

* 「楊」으로 되어 있다.

纂圖附音集註千字文中

(061) 資父事君

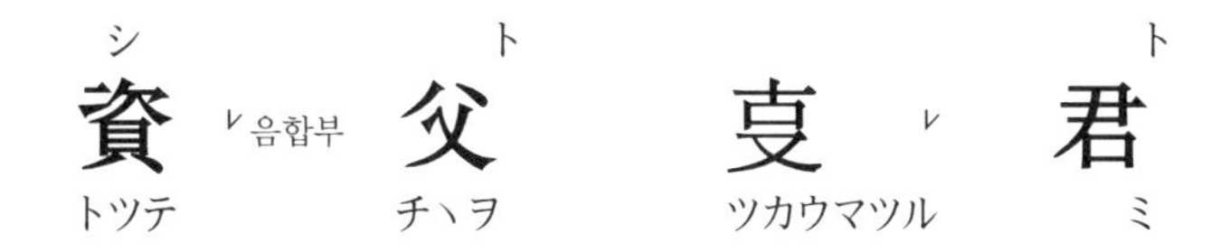

★ 〈B→A→D→C〉의 순서로 번역되므로 〈AB음독→ト→BA훈독→CD음독→ト→DC훈독〉의 순서로 몬젠요미. (62)구도 동일.

シ(フ)とちちをとって　(シクン)と(き)み(に)つかうまつる。
아버지를 취하여[아버지를 섬기는 것을 바탕으로 하여] 임금을 섬긴다.

[이섬 주석]

「孝經曰, 資於事父, 以事君, 而敬同. 又曰, 事父孝, 故忠可移於君, 聖人因嚴, 以敎敬. 以順移忠之道, 蓋不出此. 資者取也, 用也(효경 (사장)에 이르기를, '어버이를 섬기는 것을 바탕으로 삼아서 임금을 섬긴다. 공경함이 같다'고 하였다. 또 (광양명장에) 이르기를, '어버이를 섬김에 효성스러우면 그 마음을 임금에게 옮겨서 충성되게 할 수 있다'고 하였으며, '성인은 엄격함에 따라서 공경함을 가르친다'고 하였다. 순종하는 마음을 충으로 옮기는 길은 이를 벗어나지 않는다. 자는 취하다, 쓰다라는 뜻이다.)」

(062) 曰嚴與敬

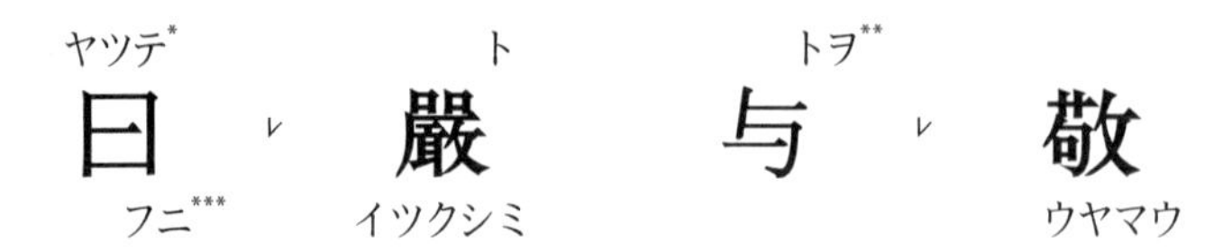

* 「曰」의 한음은 「エツ」이다. 「ヤツ」는 한자음의 변형일 가능성이 있으나 여기에 「テ」가 붙은 것은 이해하기 어렵다.

** 「ト」는 「與」의 훈이므로 좌측에 적혀야 한다.

*** 「曰」은 이 구에서는 말머리에 사용되는 조사로 쓰였다. 音決에서 「これ」라고 읽은 것이 가장 타당하며, 上野本에서 구머리에 「いはく」라고 읽은 것도 무리가 없다. 그러나 동대본에서는 역독(逆讀)을 하고 상용훈 「いふ」로 읽었는데 이는 이섬 주석과는 일치하지 않는다.

(エツゲム)といつくしみ(い)ふに (ヨケイと)うやまうとを(なり)。
엄숙함을 말함에 공경스러움과 같이 한다.

[이섬 주석]

「曰者語辭也. 嚴者尊也. 凡事父與君, 皆當盡尊嚴愛敬之道, 能以孝受君, 則爲忠臣. 故欲求忠臣, 必於孝子之門(왈은 어조사이다. 엄은 존경하다라는 뜻이다. 무릇 어버이와 임금을 섬기는 것은 모두 존엄과 공경의 도리를 다하는 것이고, 효로써 임금을 잘 섬긴다면 충신이 된다. 그러므로 충신을 구하고자 한다면 반드시 효자가 나오는 가문으로 가라고 한 것이다.)」

➡ 엄숙함과 공경함이 있다.

(063) 孝當竭力

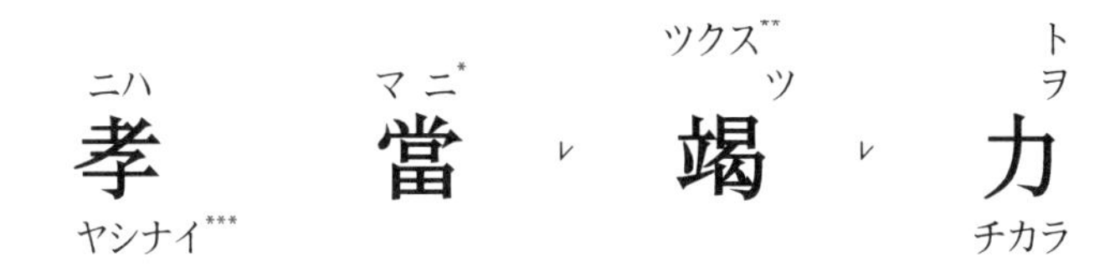

* 「孝」 좌측에 「ヤシナイ」라고 적혀있기는 하지만 「孝當」에 대해서는 음독을 하지 않은 것으로 보인다. 「當」자는 한문을 훈독할 때, 먼저 「まさに」라는 부사로 읽은 다음 술어를 읽은 후 「べし」라는 조동사로 다시 한 번 읽는 소위 재독문자(再讀文字)이다. 통상의 훈점본에는 「まさに」는 글자 우측에, 「べし」는 좌측에 기입된다.

** 통상의 몬젠요미라면 훈은 한자의 좌측에 기입되는데 여기서는 우측에 기입되어 있다.

*** 「孝」를 훈독한 것으로 보인다. 그러나 훈독문에 반영하기는 어렵다.

★ 「當」을 재독한다고 할 때 이 구는 〈A→B→D→C→B〉의 순서로 번역된다. A를 훈독한 것으로 보이는 「ヤシナイ」가 가점되어 있기는 하지만 AB를 합쳐서 음독하지는 않은 듯하다. 〈A음독+조사→B훈독→CD음독→ト→DC훈독→B훈독〉과 같이 정리할 수 있다. 「當」을 재독하지 않는다면 「カウタウとやしなひ　ケツリョクとちからをつくすべし。」와 같이 〈AB음독→ト→A훈독→CD음독→ト→DC훈독→B훈독〉의 순서로 몬젠요미를 하는 것도 가능할 것이다.

(カウ)には{ま(さ)に}　(ケ)ツ(リョク)とちから{をつくす}(べし)。

효에는 마땅히 힘을 다해야 한다.

[이섬 주석]

「論語曰, 事父母, 能竭其力. 斯謂之孝. 孝者百行之宗. 竭者盡也. 言孝當盡其心力, 以報父母之恩. 毛詩云, 哀哀父母, 生我劬勞. 欲報之德, 昊天罔極(논어 (학이편)에 이르기를, '어버이를 섬김에 그 힘을 다한다. 이것을 효라고 한다'고 하였다. 효는 모든 행실의 으뜸이다. 갈은 다한다는 뜻이다. 이 구의 의미는, 효도를 할 때 마땅히 자신의 마음과 힘을 다하여 어버이의 은혜에 보답해야 한다는 것이다. 시경 (소아편)에 이르기를, '애처로운 부모님, 날 낳아 고생하셨네. 이 은덕을 갚고자 하여도 넓디넓은 하늘처럼 끝이 없구나'라고 하였다.)」

(064) 忠則盡命

* 「盡」의 한음은 「シン」이다. 그것의 「ン」을 적은 것일까?

★ 〈A→B→D→C〉의 순서로 번역되는데 이 구도 AB를 합쳐서 음독하지는 않고 〈A음독+조사→B훈독→CD음독→ト→DC훈독〉의 순서로 읽은 것으로 보인다.

(チウ)には{(すなは)ち} (シ)ン(メイと)いの(ち)を{を(つく)す}。
충에는, 즉 목숨을 다한다.

[이섬 주석]

「爲人臣者, 事君須忠, 忠必盡命…言國家有事, 則必用命, 當先也(신하된 자는 임금을 섬기며 충성을 해야 한다. 충성은 반드시 목숨을 다해야 한다. … 이 구의 의미는, 나라에 일이 생기면 반드시 목숨을 걸고 먼저 해야 한다는 것이다.)」

(065) 臨深履薄

臨 レ 深(キニ) 履(ム*) レ 薄(ウスキヲ** クト)***

* 「履」의 훈인 「ふむ」의 「む」로 판단되므로 좌측에 기입되는 것이 옳다.

** 훈이므로 「薄」의 좌측에 기입되는 것이 옳다.

*** 이 구는 주석 내용에 따르면 '깊은 연못에 임한 듯이, 얇은 얼음을 밟는 듯이 한다'라고 이해하는 것이 옳다. 上野本은 동대본과 마찬가지로 비유표현을 사용하지 않았고, 音決의 경우는 「(リムシムと)ふかきにのぞんで (リハクと)うすきをふむがごとくせよ。」와 같이 후자에만 비유표현을 사용하였다. 谷村本의 경우는 「リムシムとふかきに(のぞむ)がごとく リハクと(うす)きをふむ。」와 같이 전자에 비유표현을 사용한 것과 「リムシムとふかきに[のぞんで] リハクと(うす)きを[ふめるがごとくせよ]。」와 같이 후자에 사용한 것 두 종류의 훈점이 가점되어 있다.

★ ⟨B → A → D → C⟩의 순서로 번역된다. AB에 음독을 의미하는 가점이 없기는 하지만 ⟨AB음독 → ト → BA훈독 → CD음독 → ト → DC훈독⟩의 순서로 몬젠요미를 한 것으로 보았다.

(リムシムと){(ふか)きに}(のぞみ) (リハ)クと{うすきを(ふ)む}。
깊은 데에 임하고 얇은 곳을 밟는다.

[이섬 주석]

「毛詩曰, 戰戰兢兢, 如臨深淵, 如履薄氷. 言事父與君, 當恐懼戒謹, 如臨深恐墜履薄恐陷, 不敢安逸之貌(시경 (소아편)에 이르기를, '전전긍긍함

이 깊은 연못에 임한 듯하며, 얇은 얼음을 밟는 듯하다'고 하였다. 이 구의 의미는, 어버이와 임금을 섬기려면 늘 두려워하고 조심해야 하는데 마치 깊은 연못을 마주하여 빠질까 두려워하고 얇은 얼음을 밟고서 꺼질까 두려워하여 감히 편안하고 한가롭게 굴지 못하는 모양을 하는 것과 같다는 것이다.)」

➡ 깊은 연못에 임한 듯이, 얇은 얼음을 밟는 듯이 한다.

(066) 夙興溫凊

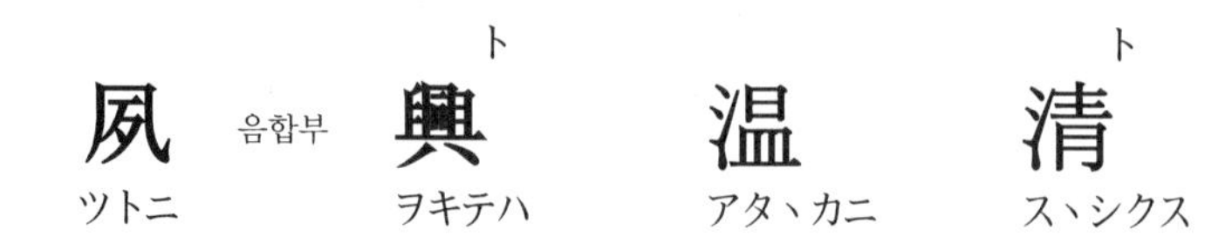

★ 기본유형. 〈A→B→C→D〉의 순서로 번역. 〈AB음독→ト→AB훈독→CD음독→ト→CD훈독〉의 순서로 몬젠요미.

(シュクキョウ)とつとにおきては (ヲンセイ)とあたたかに(し)すすしくす。
일찍 일어나서 따뜻하게 하고 시원하게 한다.

[이섬 주석]

「毛詩曰, 夙興夜寐, 無忝爾所生. 夙早也. 興起也. 禮記曰, 凡爲人子之禮, 冬溫而夏凊, 昏定晨省. 此言事親, 須早起以盡其力(시경 〈소아편〉에 이르기를, '일찍 일어나고 밤늦게 잠들며 그대를 낳아 준 부모님을 욕되게 하지 말라'고 하였다. 숙은 일찍이라는 뜻이다. 흥은 일어나다라는 뜻이다. 예기 〈곡례상〉에 이르기를, '무릇 사람의 자식 된 예는 겨울에는 (부모님의 잠자리를) 따뜻하게 하고 여름에는 시원하게 하며 저녁에는 잠자리를 봐드리고 아침에는 안부를 살핀다'고 하였다. 이 구의 의미는, 어버이를 섬길 때는 반드시 아침에 일찍 일어나서 온 힘을 다해야 한다는 것이다.)」

➡ 일찍 일어나 따뜻한지 시원한지를 살핀다.

(067) 似蘭斯馨

* 「似」 아래에 「下」가 기입되어 있으므로 「馨」 아래에는 「上」이 필요하다.

** 이 구에서 「斯」는 명사와 명사를 연결하는 역할을 하므로 조사 「の」로 읽는 것으로 충분하지만 한자와 그에 해당하는 훈을 학습시키기 위해 「これ」라고 읽은 것으로 생각된다.

★ 〈B→C→D→A〉의 순서로 번역. 〈AB음독→ノ→B훈독→CD음독→ト→CD훈독→A훈독〉의 순서로 몬젠요미. (68)구도 동일.

(シラン)のくさの シ(ケイ)とこれかうばしきに のれり[にたり]。
풀[난]의 향기로움과 닮았다[비슷하다].

[이섬 주석]

「蘭香草. 馨者香氣. 人能留其善名, 如蘭之香氣. 家語曰, 與善人交, 如入芝蘭之室. 言其香可服媚也(난은 향기가 나는 풀이다. 형은 향기가 난다는 뜻이다. 사람이 좋은 이름을 남기는 것은 난의 향기와 같다. 공자가어(육본)에 이르기를, '좋은 사람과 사귀는 것은 지란[향기가 좋은 영지와 난]이 있는 방에 들어가는 것과 같다'고 하였다. 이 구의 의미는, 이러한 향기를 몸에 지니고서 사랑해야 한다는 것이다.)」

➡ (군자의 지조는) 난초 향기와 닮았다.

(068) 如松之盛

如ニ 松ノ 之* 盛ト 一

* 한문 구문상「之」도 (67)구의「斯」와 마찬가지로「の」로 읽는 것으로 충분하다. 그러나 (67)구에서「斯」를「これ」라고 읽은 것에 비추어「これ」라고 훈독하였다.

(ジョショウ)の(まつの) (シセイ)と(これさかんなるが) (ごとし)。
소나무의 성함과 같다.

[이섬 주석]

「論語曰, 歲寒然後, 知松柏之後凋也. 松之有心, 四時常茂. 君子之人, 守志厲操, 遊於濁世, 如松之經霜雪, 不見其改柯易葉也(논어 (자한편)에 이르기를, '날씨가 추워져야 소나무와 잣나무 잎이 늦게 시듦을 안다'고 하였다. 소나무는 (변하지 않는) 심이 있어서 어떤 계절에도 늘 무성하다. 군자가 뜻을 지키고 지조를 지닌 채 혼란한 세상을 살아가는 것은, 소나무가 서리와 눈을 맞아도 가지와 잎(의 색깔)을 바꾸는 것을 볼 수 없는 것과 같다.)」

(069) 川流不息

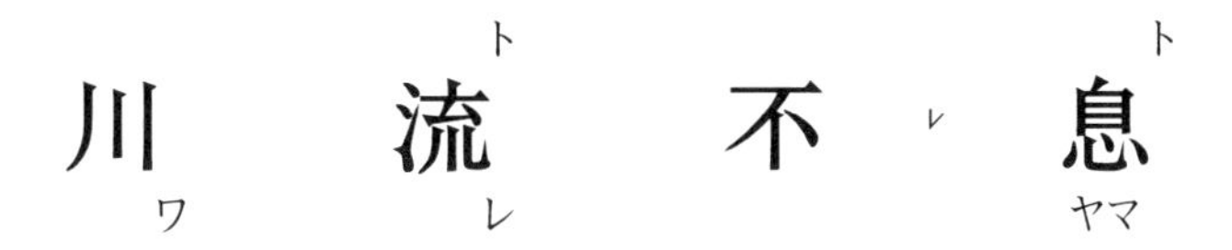

★ 〈A→B→D→C〉의 순서로 번역. 〈AB음독→ト→AB훈독→CD음독→ト→DC훈독〉의 순서로 몬젠요미. (70), (71)구도 동일.

(センリウ)と(か)は(なが)れ (フショク)とやま(ず)。
강물은 흘러서 멈추지 않는다.

[이섬 주석]

「流水爲川, 積水爲淵. 文選論曰, 譬之水也, 通之斯爲川, 塞之斯爲淵. 論語曰, 孔子在川上, 歎曰, 逝者如斯乎, 不舍晝夜. 言其不息也(흐르는 물을 내라고 하고, 물이 고인 것을 연못이라고 한다. 문선의 논*에 이르기를, '물에 비유하면 운이 통하면 (물이 흘러가서) 강이 되고 막히면 연못이 된다'고 하였다. 논어 (자한편)에 이르기를, '공자께서 강가에서 탄식하여 말씀하시기를, "흘러가는 것이 이와 같구나! 밤과 낮을 가리지 않네."라고 하였다'고 하였다. 그 뜻은, 그치지 않는다는 것이다.)」

* 이소원(李蕭遠)의 운명론(運命論).

(070) 淵澄取映

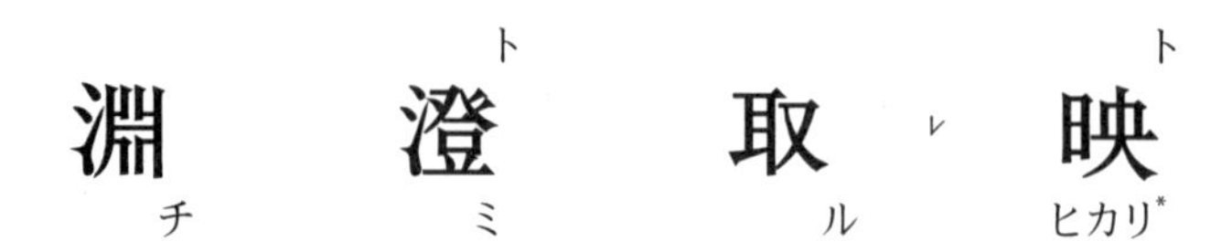

* 「映」은 '빛을 발하다, 빛나다'라는 의미와 함께, 빛이 비치는 모습을 나타내기도 한다. 비교적 옅은 빛 안에 사물이 형체를 나타내는 것을 말한다.

(エンチョウ)と(ふ)ち(す)み (シュエイ)とひかり(をと)る。

못이 맑아 빛을 취한다.

[이섬 주석]

「漢書賈誼賦曰, 澹乎若深淵之靜. 蓋川流取其動也, 淵澄取其靜也(한서 가의의 부에 이르기를, '평화롭구나! 깊은 연못의 고요함과 같네'라고 하였다. 무릇 천류는 물의 동적인 측면을 취하고, 연징은 물의 정적인 측면을 취한 것이다.)」

➡ 연못이 맑아서 비침을 취할 수 있다[비추어낼 수 있다].

(071) 容止若思

[*] 「容止」는 '용모, 행동거지' 등을 의미하는 융합합성어이므로 한 단어로 읽는 것이 바람직하다. 上野本, 音決, 谷村本 모두 「かほばせ」라고 훈독하였다. 그러나 여기서는 「かたちただし」와 같이 두 개의 단어로 훈독하였다. 형용사 「正し」일까?

(ヨウシ)とかたちただし (ジャクシ)と(お)もふが[ものおもへるが]ごとくせよ。
용모를 바르게 하고 생각하는 것[생각에 잠긴 것]과 같이 하라.

[이섬 주석]

「孝經云, 容止可觀. 容止威儀也. 禮記云, 儼若思安定辭. 君子容止儼然, 若有所思. 非禮勿動(효경 (성치장)에 이르기를, '서거나 앉는 행동거지를 봐야 한다'고 하였다. 용지는 위의[*]이다. 예기 (곡례상)에 이르기를, '엄격하게 생각하는 듯하고 말을 안정되게 한다'고 하였다. 군자는 엄숙하게 하여 생각하는 것이 있는 것처럼 한다. 예가 아니면 행동하지 않는다.)」

➡ 행동거지는 위엄을 갖추어 생각함이 있는 듯이 하라.

[*] 위의(威義): 예에 어울리는 엄숙한 태도.

(072) 言辭安定

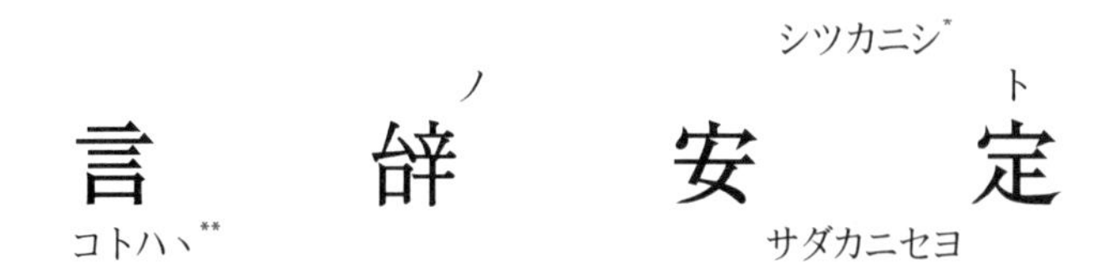

* 「サダカニセヨ」가 「安」자 위쪽 좌측부터 기입되어 있다. 그런데 「サ」자 위쪽부터 선을 그어 「定」자에 연결해 놓았다. 즉 「定」의 훈인데 「安」의 좌측에 썼고 이로 인해 공간상의 제약이 생겨서 「安」의 훈인 「シツカニシ」를 우측에 기입한 것으로 생각된다. 또한 「安定」의 경우도 중국어에서 한 단어로 읽히는 융합합성어이므로 일본어로도 한 단어로 읽는 것이 바람직하다. 音決의 경우만 「しづかなり」라고 한 단어로 훈독하였다.

** 「言辭」를 「ことば」라는 고유일본어 한 단어로 읽었다.

★ 기본유형. 〈A → B → C → D〉의 순서로 번역. 〈AB음독 → ト → AB훈독 → CD음독 → ト → CD훈독〉의 순서로 몬젠요미.

(ゲンシ)のことばは (アンテイ)と{しづかにし}さだかにせよ。
말은 조용하게 하고 분명하게 하라.

[이섬 주석]

「言辭不可妄發, 須當安定審其是而出諸口. 若非禮則勿言. 易曰, 言行者君子之樞機(말을 제멋대로 내뱉어서는 안 되고 반드시 안정되게 옳음을 가려서 입 밖으로 내야 한다. 만약 예가 아니면 말하지 않는다. 주역(계사전상)에 이르기를, '말과 행동은 군자의 중요한 부분이다'라고 하였다.)」

➡ 말은 안정되게 하라.

(073) 篤初誠美

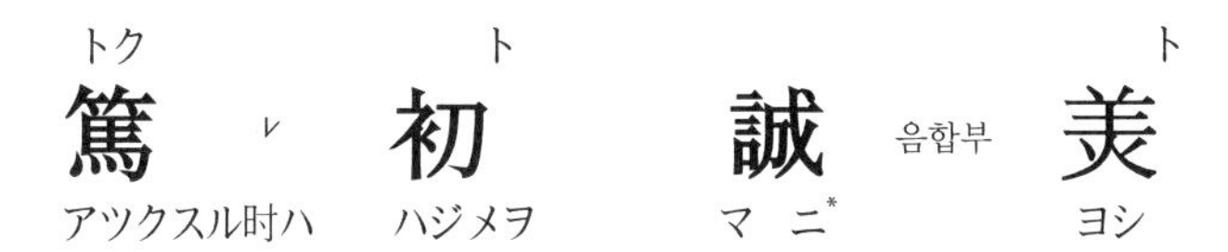

*「マ」와「ニ」사이에 간격이 있다.

★〈B→A→C→D〉의 순서로 번역.〈AB음독→ト→BA훈독→CD음독→ト→CD훈독〉의 순서로 몬젠요미.

トク(ソ)とはじめをあつくするときは (セイビ)とま(こと)によし。
처음을 두텁게 하면 진실로 좋다.

[이섬 주석]

「篤厚也. 令善也. 言始初篤志, 誠實可美, 則尤宜謹愼其終, 終始惟一, 誠乃爲善也(독은 두텁다는 뜻이다. 영은 좋다는 뜻이다. 이 두 구의 의미는, 독실한 뜻을 가지고 시작하는 것은 진실로 좋은 일이지만 끝을 삼가는 것이 가장 좋으며, 처음과 끝을 하나로 하는 것이야말로 정말로 좋다는 것이다.)」

➡ 시작을 독실하게 하는 것이 진실로 아름답다.

(074) 愼終宜令

愼 ㆑음합부	終 (ト)	宜 (ク*) ㆑	令 (ト)
ツヽシム時ハ	ヲワリヲ	ヘシ	ヨカル

* 「よろしく」의 「く」를 적은 것으로 보인다. 「宜」, 즉 「宜」는 훈독에서 「よろしく-べし」라고 읽는 재독문자이다. 통상의 훈점본에도 「よろしく」는 글자 우측에, 「べし」는 좌측에 가점되어 있다.

★ 「宜」가 재독문자이므로 〈B → A → C → D → C〉의 순서로 번역되고, 몬젠요미는 〈AB음독 → ト → BA훈독 → CD음독 → ト → C훈독 → D훈독 → C훈독〉의 순서로 하게 된다.

(シンシウ)とをはりをつつしむときは (ギレイ)と{(よろし)く}よかるべし。
마지막을 삼가면 마땅히 좋을 것이다.

[이섬 주석]

「(73)구 주석에 포함되어 있다.」

(075) 榮業所基

ト ト
榮 レ 業 所 レ 基
サカヱル时ハ* ヲキテニ シワサヲ トコロナリ モトイナル**

* 전항을 조건표현으로 훈독하였으나 합당하지 않다. 앞에 나온 (71)구에서 (74)구의 내용인 언행을 잘하고 처음과 마지막을 삼가는 것, 그것이 영화로운 사업의 바탕이 된다는 의미이므로 ⟨B → A → D → C⟩의 순서로 읽는 것이 옳다. 동사「さかゆ」의 연체형은「さかゆる」이다.

** 「モトヰトナル」에서「ト」를 빠트린 것으로 보인다.

★ ⟨B → A → D → C⟩의 순서로 번역, ⟨AB음독 → ト → BA훈독 → CD음독 → ト → DC훈독⟩의 순서로 몬젠요미.

(エイゲフ)とおきてに[しわざを]さかゆるときは (ソキ)ともとゐとなるところなり。

행동을 영화롭게 하면 터전이 되는 바이다.

[이섬 주석]

「基本也. 人能言行, 不苟謹終如始, 斯爲榮業所基本. 君子以官榮爲業, 以德爲基(기는 근본이라는 뜻이다. 사람은 언행을 잘 하고 처음과 같이 마지막을 삼간다면 이것이 위대한 사업을 이루는 기본이 되는 것이다. 군자는 관리로서 영달하는 것을 업으로 삼지만 덕을 근본으로 여긴다.」

➡ 영화로운 사업의 기본이 되는 바이다.

(076) 籍甚無竟

ク*				ト**
籍	甚	無	レ	竟
サカンナルㄱ ハナハタシキ时ハ***	ハナハタシキ时ハ	シ		ヲワリ

* 「籍」의 한음은 「セキ[명부·문헌·등기하다]·シャ[=藉:깔다·빌리다」이고 「ジャク」는 오음이다. 오음의 후부 음절을 기입한 것으로 생각된다.

** 「儿」의 왼쪽 획이 생략되어 있다. 이것은 송(宋)나라 익조(翼祖. 송나라 태조 조광윤(趙匡胤. 960-976)의 아버지)의 휘(諱)가 「敬」인데 「竟」은 그와 동음이므로 획을 하나 빼고 쓴 것[缺劃]이다. 이밖에도 「罄」으로 적은 텍스트도 있다고 하는데 아직 보지는 못했다. (60)구의 「競」의 경우도 한 획을 생략하고 적었다.

*** 「ハナハタシキ时ハ」가 두 번 적혀 있다. 먼저 「籍」과 「甚」을 각각 훈독한 후, 다시 「籍甚」를 합쳐서 「ハナハタシキ时ハ」라고 읽은 훈을 기입한 것으로 보인다.

그런데 이 부분은 가정으로 읽기보다는 '-하여 - 하다'와 같이 읽는 것이 바람직하다고 생각된다. 「籍甚」은 「無竟」의 조건이 아니고 '籍甚하여서 無竟하다'고 보아야 한다. 즉 '명성이 자자하게 되어 끝이 없다'는 것이다. 그러므로 조건으로 훈독한 것은 잘못이다.

또한 「籍甚」은 중국어에서 두 글자가 하나의 단어로 읽히는 융합합성어이므로 일본어로도 한 단어로 훈독하는 것이 바람직하다.

★ 〈A→B→D→C〉의 순서로 번역. 〈AB음독→ト→AB훈독→CD음독→ト→DC훈독〉의 순서로 몬젠요미. (77)구도 동일.

(セキシムと)さかんなることはなはだしきときは[はなはだしきときは] (ブケイ)とをはり(な)し。

성대함이 심하면 끝이 없다.

[이섬 주석]

「竟終也. 漢書陸賈贊云, 名聲籍甚. 言籍籍然甚盛也. 人有榮業之基, 則名聲籍甚, 傳之後世, 無有終窮也(경은 끝이라는 뜻이다. 한서에서 육가를 칭찬하여 이르기를, '명성이 자심하다'고 하였다. 그 뜻은, 명성이 자자한 것이 아주 대단하다는 것이다. 사람이 영화로운 사업의 기본을 갖추고 있으면 명성이 높아서 그 이름이 후세에도 전해져서 없어지는 일이 없다.)」

➡ (명성이) 자심하여 끝이 없다.

(077) 學優登仕

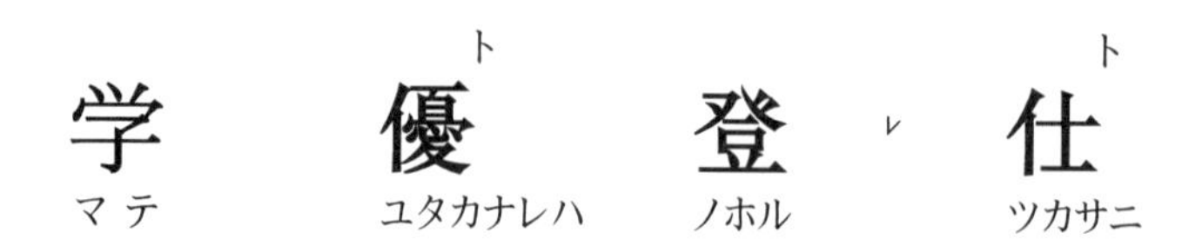
ト
ト
学
優
登
レ
仕
マテ
ユタカナレハ
ノホル
ツカサニ

(カクイウ)とま(なび)てゆたかなれば (トウシ)とつかさにのぼる。

배우고서 여유가 있으면 관직에 오른다.

[이섬 주석]

「論語曰, 學而優則仕, 仕而優則學. 而君子學問旣高, 則必登位, 貴*而享爵祿也(논어 (자장편)에 이르기를, '배우고서 여유가 있으면 출사하고, 출사하여 여유가 있으면 배운다'고 하였다. 군자의 학문이 이미 높으면 반드시 출사하여 귀해지고 작록을 받게 된다는 것이다.)」

* 「黄」으로 되어 있다.

(078) 攝職從政

★ 〈B → A → D → C〉의 순서로 번역. 〈AB음독 → ト → BA훈독 → CD음독 → ト → DC훈독〉의 순서로 몬젠요미.

(セフショク)とつかさををさめて (ショウセイ)とまつりごとにし(たが)ふ。

관직을 맡아서 정사에 종사한다.

[이섬 주석]

「君子學優, 旣登祿位矣, 則必攝受職事, 以行其政令. 所以任天下之重, 不負所學也(군자는 배우고서 여유가 있어서 녹위에 나아가면 반드시 직무를 맡아서 정치를 하게 된다. 나라의 중임을 짊어지고 배운 바를 저버리지 않기 때문이다.)」

(079) 存以甘棠

存	以 ニ	甘	棠 ノ ー
イケル时ハ*	シ	アマ	ナシヲ

* 「いける[いく의 명령형 いけ+완료존속의 조동사 り의 연체형 る]ときは」는 '살아있을 때는'라고 해석된다. 그러나 「存」은 이섬 주석에 따르면 '(감당나무를 베지 않고) 남겨 두다'라는 의미로 이해하는 것이 옳다.

★ 〈A → C → D → B〉의 순서로 번역된다. 「存以」를 음독했다는 표지는 없지만 음독했다고 가정하면 〈AB음독 → ト → A훈독 → CD음독 → ノ → CD훈독 → B훈독〉의 순서로 몬젠요미를 하게 된다.

(ソンイと)いけるときは　(カムタウ)のあまなしを　(もって)し、
살아있을 때는 감당나무로써 하고,

[이섬 주석]

「毛詩有甘棠篇, 美召公也. 周時召公名奭. 爲西伯, 常坐甘棠樹下斷訟, 以善道治人, 百姓樂其化. 旣去皆思其德, 不伐其樹. 此言木雖存而人已去, 故歌詠其詩者曰益衆也(시경 (국풍) 감당편에 소공을 찬미하였다. 주나라 때 소공의 이름은 석이다. 서백이 되어 늘 감당나무 아래에 앉아서 소송을 심리하였는데 선도로써 사람들을 다스렸으므로 백성들은 그의 덕화를 좋아했다. 소공이 떠난 뒤에도 모두 그의 덕화를 그리워하며 그 나무를 베지 않았다. 이 두 구의 의미는, 나무를 남겨놓고서 사람이 이미 떠났어도 그 시를 읊는 사람이 더욱 많아짐을 말한 것이다.)」

➡ 감당나무를 남겨두어,

(080) 去而益詠

去	而	益	詠[ト]
ル时ハ	シカモ	マスー*	シノヒウタウ ウタウタウ

* 「マス」 뒤에 반복부가 있으므로 「ますます」라고 읽어야 한다.

** (79)구를 참조로 할 때 「されるさるの 명령형 され+완료존속의 조동사 りの 연체형 る]ときは」 즉 '떠나면'이라고 읽은 것으로 보인다. 「存」과 「去」는 '살아있다-죽다'와 '(그곳에) 존재하다-떠나다'의 두 가지 해석의 세트가 가능하다. 音決에서 「存」에 대해 「いけるときは·(ソン)するときは」, 「去」에 대해 「ししては·(さり)ては」라고 읽었는데 이러한 두 해석이 반영된 가점이라고 생각된다.

★ 〈A → B → C → D〉의 순서로 번역되는 기본유형. 「去而」에 음독 표지가 없으나 음독을 했다고 가정하면 〈AB음독 → ト → AB훈독 → CD음독 → ト → CD훈독〉의 순서로 몬젠요미.

(キョジとされ)るときはしかも (エキエイ)とますますしのびうたふ[うたうたふ]。
떠나면 게다가 더욱더 읊조린다.

[이섬 주석]

「(79)구 주석에 포함되어 있다.」

➡ 떠난 후에도 더욱 더 (그 덕행을) 칭송하여 읊는다.

(081) 樂殊貴賤

カクハ 樂 殊 レ ナリ[*] 貴 *** 賤 ニ ヲ[**]

* 「ことなり」의 「なり」로 판단된다. 따라서 「殊」에 기입되어야 할 훈이다.

** 술어 「ことなり」와 호응하는 조사가 와야 하므로 「ヲ」는 적합하지 않다. 그러나 「-を ことにす」와 같이 읽는다면 반영될 수 있다.

*** 「レ」에 호응하려면 「貴賤」사이에 음합부가 와야 한다. 그렇지 않다면 「殊」 뒤에 「ニ」점, 「賤」 뒤에 「一」가 오는 것이 옳다. 동일한 구문인 (82)구는 「一 ニ」점이 기입되어 있다.

★ (81)구와 (82)구는 ⟨A → C → D → B⟩의 순서로 번역된다. 그런데 몬젠요미의 형식을 취하지 않고 일반 한문훈독의 형식에 따라 읽은 것으로 보인다.

ガクは (クヰセン)に (こと)なり、
음악은 귀천에 따라 다르고,

[이섬 주석]

「先王作樂, 所以分貴賤, 使下不得以僭上(선왕이 음악을 만든 것은 귀천을 구별하여 아랫사람이 윗사람에게 참람되이 할 수 없게 한 것이다.)」

(082) 禮別尊卑

礼 別ツ 二 尊 卑ヲ 一

(レイは) (ソンヒ)を (わか)つ。

예는 존비를 나눈다.

[이섬 주석]

「先王制禮, 以分別尊卑…尊卑之序, 各有差等. 此禮制也(선왕이 예를 정하여 존비를 구별지었다. … 존비의 질서는 각각 그것에 걸맞는 차등이 있는 것이다. 이것이 예의 제도이다.)」

➡ 예는 존비에 따라 구별이 있다.

(083) 上和下睦

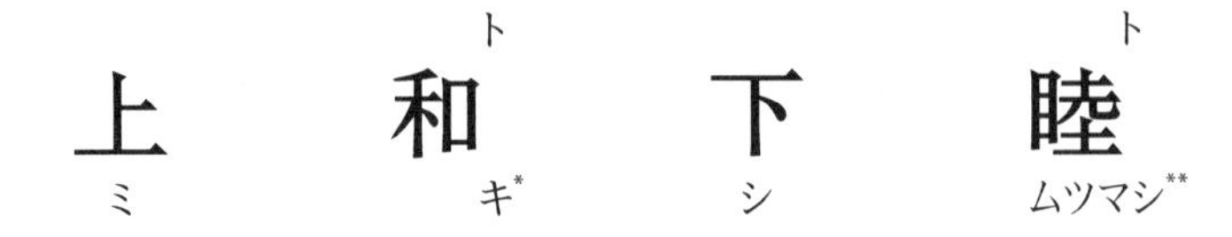

* 이대로라면 「上和」와 「下睦」이 병렬로 이해된다. 그러나 이섬의 주석에서는 전자가 후자의 조건이 된다고 보았다.

** 「シ」뒤에 불필요한 획이 하나 찍혀 있다.

★ 기본유형. 〈A→B→C→D〉의 순서로 번역. 〈AB음독→ト→AB훈독→CD음독→ト→CD훈독〉의 순서로 몬젠요미. (84)구도 동일.

(シャウクヮ)と(か)み(やはら)ぎ　(カボク)とし(も)むつまじ。
위는 온화하고 아래는 화목하다.

[이섬 주석]

「睦者親也. 上和下順. 父慈子孝. 兄友弟恭. 夫信婦貞. 此之謂也(목은 친하다는 뜻이다. 윗사람이 온화하면 아랫사람도 순종한다. 어버이가 자애로우면 자식들도 효성스럽다. 형이 우애가 깊으면 동생도 공손하다. 남편이 신실하면 아내도 정숙하다. 이를 두고 한 말이다.)」

➡ 윗사람이 온화하면 아랫사람이 공순하다.

(084) 夫唱婦隨

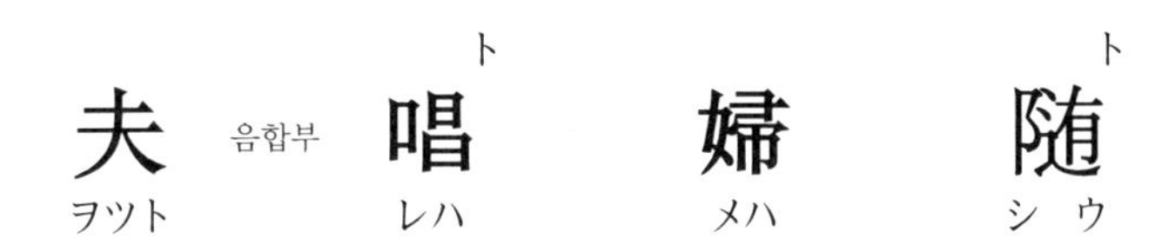

(フシャウ)とをっと(となふ)れば (フスイ)とめはし(たが)ふ。

남편이 먼저 부르면 아내가 따른다.

[이섬 주석]

「夫行善道, 婦必隨之(남편이 바른 도를 행하면 아내는 반드시 남편을 따라간다.)」

(085) 外受傳訓

シウ
ト
外
受
ニ
傳
음합부
訓
一
ホカ
イツレハ
カシツキノ
ヲシヘヲ

★ 〈A→C→D→B〉의 순서로 번역. 〈AB음독→ト→A훈독→CD음독→ト→CD훈독→B훈독〉의 순서로 몬젠요미. (86)구도 동일.

(グヮイ)シウ(と)ほか(には)[いづれば] (フクヰン)とかしづきのをしへを (うく)。
밖에서는[(밖에) 나가서] 스승의 가르침을 받는다.

[이섬 주석]

「傅師也. 訓教也. 男子七歲, 出外, 受師傅之教訓. 學以詩*書六藝, 爲君子儒也(부는 스승이라는 뜻이다. 훈은 가르침이라는 뜻이다. 남자는 일곱 살이 되면 밖으로 나가서 스승의 가르침을 받는다. 학문은 시경과 서경, 그리고 육예**로 하고 군자인 학자가 되도록 한다.)」

➡ (남자는 7세가 되면) 밖에서 스승의 가르침을 받는다.

* 「記」로 되어 있다.

** 육예(六禮): 禮[예법], 樂[음악], 射[활쏘기], 御[말타기], 書[서예], 數[산수].

(086) 入奉母儀

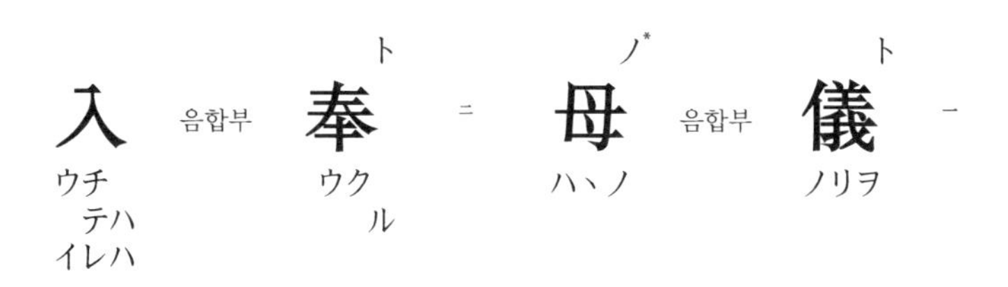

* 불필요한 조사가 기입되어 있다.

(ジフホウ)とうち(には)[(いり)ては][いれば] (ボギ)とははののりを うく[(うけたまは)る]。

안에서는[(안에) 들어가서는][(안에) 들어가서] 어머니의 가르침을 받는다[받든다].

[이섬 주석]

「女年十歲, 不出*門, 母教之婦禮. 以事於人也. 此入受母儀也矣(여자는 열 살이 되면 문밖으로 나가지 않고 어머니가 여자의 예를 가르친다. 이것은 사람을 섬기게 하기 위한 것이다. 이는 들어와서는 모의[어머니의 가르침]를 받는다는 뜻이다.)」

➡ (여자는 10세가 되면) 안에서 어머니의 가르침을 받는다.

* 「山」으로 되어 있다.

(087) 諸姑伯叔

諸 음합부 姑ノ ヲハ* 伯 음합부 叔 ヲチ

* 「諸」에 대해서는 훈독하지 않고 「諸姑」를 「をば」라고만 훈독하였다.

★ 기본유형. 〈A → B → C → D〉의 순서로 번역. 〈AB음독 → ト → AB훈독 → CD음독 → ト → CD훈독〉의 순서로 몬젠요미.

(ショコ)のをば (ハクシクの)をぢ、

고모, 백부와 숙부,

[이섬 주석]

「父之娣妹曰姑. 父之兄曰伯, 父之弟曰叔. 諸猶衆也(아버지의 여동생과 누이를 고라고 한다. 아버지의 형을 백, 아버지의 남동생을 숙이라고 한다. 제는 여럿이라는 뜻이다.)」

➡ 여러 명의 고모와 큰아버지·작은아버지는,

(088) 猶子比兒

* 「兒」 우측 위에 「ハ」가 있는 것처럼 보인다. 불필요한 가점이다.

** 「猶子」는 '형제의 자식', 즉 '조카'를 가리킨다. 그런데 동대본에 기입된 「やしなひご」라는 훈은 '데려다 키운 아이'라는 의미이므로 잘못 훈독하였음을 알 수 있다. 上野本은 「をひ」, 音決은 「をひやしなひご/をひご」와 같이 훈독하였다.

★ 〈A→B→D→C〉의 순서로 번역. 〈AB음독→ノ→AB훈독→CD음독→ト→DC훈독〉의 순서로 몬젠요미.

(イウシ)のやしなひご　(ヒジ)とちごにならぶ。
데려다 키우는 아이, 내 아이에 견준다.

[이섬 주석]

「禮記曰, 兄弟之子, 比己之子. 故曰猶子比兒也(예기에 이르기를, '형제의 자식을 자기 자식에게 견준다'고 하였다. 그래서 유자[형제의 자식]는 내 자식에 견줄 수 있다고 한 것이다.)」

➡ 조카를 자기 자식에게 견줄 수 있다.[자신의 자식과 똑같이 대한다.]

(089) 孔懷兄弟

* 어순지시부호「ㄹ」가 생략되었다.

★ 〈A→C→D→B〉의 순서로 번역. 〈AB음독→ト→A훈독→CD 음독→ノ→CD훈독→B훈독〉의 순서로 몬젠요미.

(コウクヮイ)とはなはだ　(クェイテイ)のあ(に)お(とうとを)　おもふ。
심히 형과 동생을 생각한다.

[이섬 주석]

「孔甚也. 懷思也. 念也. 此言甚念兄弟之義, 同受父母之氣, 如樹之有枝相連而生(공은 심하다는 뜻이다. 회는 생각하다라는 뜻이다. 이 두 구의 의미는, 형제의 의리를 깊이 생각하면 한 부모의 기를 받고 태어났으므로 마치 한 그루의 나무에서 나온 가지가 서로 이어져 있는 것과 같다는 것이다.)」

(090) 同氣連枝

* 「おなじくして」의「して」의 합자라고 본다면 좌측에 기입되는 것이 옳다.

** 음독으로도 훈독으로도 반영할 수 없는 요소이다.

★ 〈B→A→D→C〉의 순서로 번역. 〈AB음독→ト→BA훈독→CD음독→ト→DC훈독〉의 순서로 몬젠요미. (91)구도 동일.

(トウキといき)をお(なじくし){(おなじく)して} (レンシとえだ)を(つらぬ)ればなり。

(형제는) 기운을 같이하여 가지를 이은 것이기 때문이다.

[이섬 주석]

「(89)구 주석에 포함되어 있다.」

(091) 交友投分

* 이 어순지시부호는 불필요하다.

** 「分」은 '기질, 정분'의 의미이다. 「わかつこと」는 '(정분을) 나누는 일'이라는 의미로 볼 수 있지만 「ひとしき」는 적절치 않은 훈이다.

*** 「ワカツ」의 잘못이다.

(カウイウと)ともとま(じはる)ときは (トウフン)とひとしき(を)[わかつことを]いたす。

친구와 사귈 때는 같은 것[나누는 것]을 다한다.

[이섬 주석]

「氣分相投乃爲交友. 當用相規誨, 同爲善道. 有不善處, 則必箴戒之. 箴者如鍼之療疾. 毛詩注云, 朋友切切然, 以禮義, 相琢磨. 孟子曰, 責善朋友之道也(기질과 뜻이 서로 맞아서 교우가 된다. 마땅히 서로 바로잡고 주의를 주어 함께 바른 도를 행한다. 불선한 것이 있으면 반드시 타이르고 주의를 준다. 잠은 침이 병을 치료하는 것과 같다. 시경의 주석에 이르기를, '친구는 친밀하게 예의로써 서로 갈고 닦는다'고 하였다. 맹자 (이루하편)에 이르기를, '선을 권하는 것이 친구의 도리이다'라고 하였다.)」

➡ 친구와 사귐에 (마음을 잘) 나누어야 한다.

(092) 切磨箴規

	ト	シキ*	ノリヲ** キト
切	磨	箴 ㇾ	規
ミカキ キリミシテ		タヽス	

* 「箴」의 한음「シム」를 잘못 기입한 것으로 보인다.

** 좌측에 기입되어야 할 훈이다.

★ 〈A → B → D → C〉의 순서로 번역. 〈AB음독 → ト → AB훈독 → CD음독 → ト → DC훈독〉의 순서로 몬젠요미. (94), (96)구도 동일.

(セツバ)とみがき[きりみして]　シムキと{のりを}ただす。

갈고[잘라서] 법도를 바르게 한다.

[이섬 주석]

「(91)구 주석에 포함되어 있다.」

(093) 仁慈隱惻

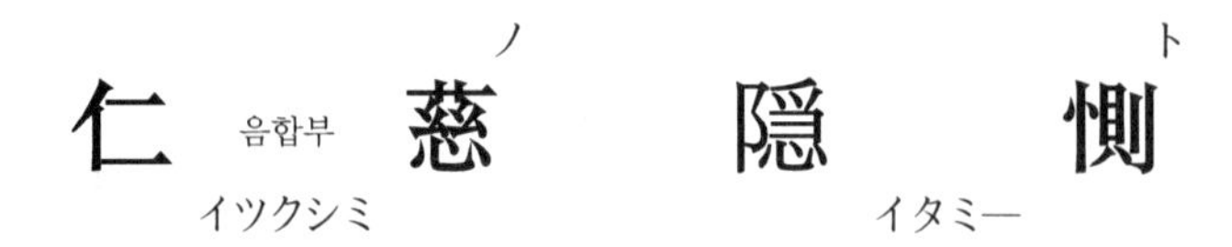

★ 기본유형. 〈A → B → C → D〉의 순서로 번역. 〈AB음독 → ト → AB훈독 → CD음독 → ト → CD훈독〉의 순서로 몬젠요미. (95), (97), (98)구도 동일.

(ジンシ)のいつくしみ (インショク)といたみいたみ、
인자하게 대하고 측은하게 여기며

[이섬 주석]

「孟子曰, 惻隱之心, 仁之端也. 當官必須行仁慈(맹자 (공손추상편)에 이르기를, '불쌍히 여기는 마음은 인의 단서이다'라고 하였다. 관리라면 반드시 인자하게 행해야 한다.)」

➡ 자애로운 마음과 측은한 마음은,

(094) 造次弗離

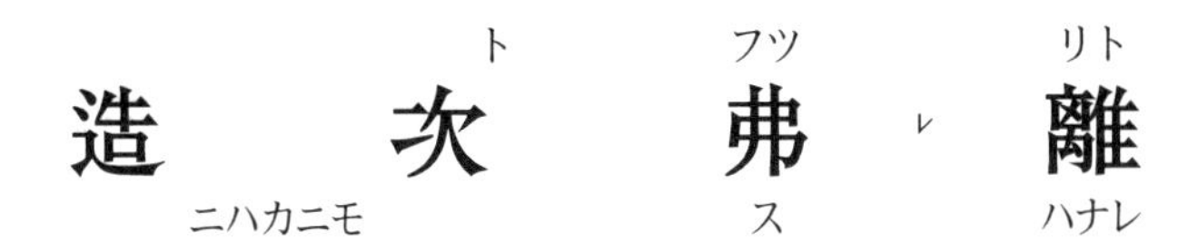

(サウシ)とにはかにも　フツリとはなれず。

급할 때에도 떠나지 않는다.

[이섬 주석]

「造次倉卒也. 論語曰, 造次必於是. 中庸曰, 是道不可須臾離也. 此言造次之間, 事不可忽也(조차는 창졸*이라는 뜻이다. 논어 (이인편)에 이르기를, '갑작스러운 상황에서도 반드시 이것[仁]에 따른다'고 하였다. 중용(1장)에 이르기를, '이 도는 잠시라도 벗어날 수 없다'고 하였다. 그 뜻은, 급하고 바쁜 때에도 일을 소홀히 할 수 없다는 것이다.)」

* 미처 어찌할 사이 없이 매우 급작스러움.

(095) 節義廉退

節 義ノ 廉 退ト
ミサヲ イサキヨク* ーク

* 「シ」 위에 「ク」를 겹쳐 쓴 것으로 보인다.

** 이 구는 각 한자를 '절도·의리·청렴·겸양' 각각의 명사로 파악하는 것이 옳다. 그러나 동대본의 훈독은 그러한 내용을 반영하지 않고 있고, 참조한 다른 훈점본도 그러하다.

(セツギ)のみさを (レムタイ)といさぎよく(しりぞ)く。
절개는 깨끗이 물러난다.

[이섬 주석]

「節者志操之心…義者至正之理…廉者淸儉也…退辭讓也(절은 지조가 있는 마음이다. … 의는 지극히 바른 도리이다. … 염은 깨끗하고 검약한다는 뜻이다. … 퇴는 사양의 뜻이다.)」

➡ 지조와 의리, 청렴과 사양은,

(096) 顚沛匪虧

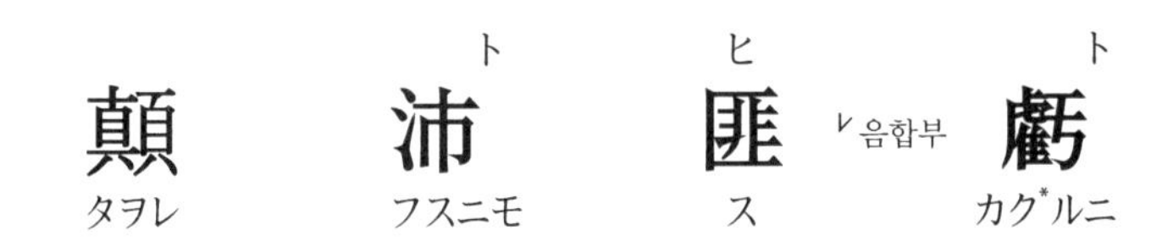

* 「リ」처럼 보인다.

(テンハイ)とたふれふすにも　ヒ(クヰ)とかくるに(あら)ず。
넘어지고 자빠져도 빠뜨리지 않는다.

[이섬 주석]

「論語曰, 顚沛必於是. 傾危反倒之間, 君子處之, 當無虧損其善行也(논어(이인편)에 이르기를, '넘어지고 엎어져도 반드시 이[仁]에 따른다'고 하였다. 기울어져서 위험하거나 거꾸로 넘어지는 사이에도 군자는 이[節義廉退]에 처하여 선행에 흠이 되거나 누를 끼쳐서는 안 된다.)」

➡ 넘어지고 엎어져도 빠뜨리지 말아야 한다.

(097) 性靜情逸

* 「靜」과 「逸」 사이에 작은 원으로 된 삽입부가 기입되어 있고, 그 행의 맨 아래에 「情」이 적혀 있다. 「情」의 좌측에 「マコト/コヽロ」가 적혀 있고 우측에 「上」이 적혀 있다. 「上」은 위쪽 삽입부 자리에 이 글자가 있어야 함을 나타낸 것이다.

(セイセイ)とたましひ[こころ]しづかなるとき(は) (セイイツ)とまこと[こころ]やすし。
정신[마음]이 고요하면 성정[마음]이 편하다.

[이섬 주석]

「人之性旣安靜, 則其情必舒暢逸樂(사람의 본성이 침착하고 고요하면 그 정은 반드시 편안하고 즐겁다.)」

(098) 心動神疲

(シムトウ)とむなさわぎ(するときは) (シンヒ)とたましひつかる。

마음이 동요하면 정신이 지친다.

[이섬 주석]

「將心逐物, 神卽疲也(마음이 외물을 좇아가면 정신이 곧 피로해진다.)」

(099) 守眞志滿

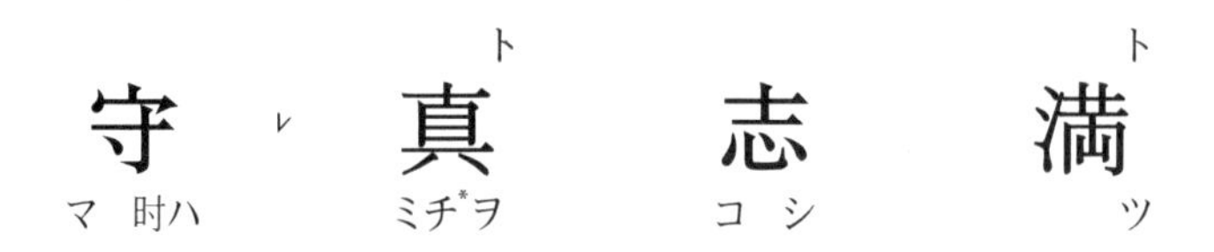

* 「眞」의 상용훈으로는 「みち」를 떠올리기 어렵다. 이는 세주의 「眞者道也」라는 주석에 의거한 훈으로 보인다.

★ 〈B → A → C → D〉의 순서로 번역. 〈AB음독 → ト → BA훈독 → CD음독 → ト → CD훈독〉의 순서로 몬젠요미. (100)구도 동일.

(シウシン)とみちをま(もる)ときは (シマン)とこ(ころざ)し(み)つ。
도를 지키면 뜻이 가득 찬다.

[이섬 주석]

「眞者道也. 天眞自然純一不雜之理. 守道之人, 志存眞一. 道德充實, 安於性分, 無過求妄想, 則志自滿足(진은 도이다. 하늘의 진은 저절로 그러해서 티 없이 순수한 도리이다. 도를 지키는 사람은 뜻이 진정으로 한결같음에 있다. 도덕이 가득 차있으면 본성에 안주하고 망령된 생각을 구하는 잘못이 없다면 뜻이 절로 가득 찬다.)」

(100) 逐物意移

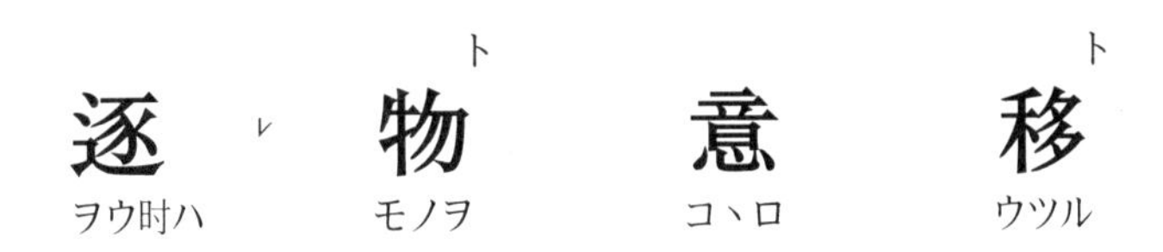

(チクブツ)とものをおふときは　(イイ)とこころうつる。

사물을 좇으면 마음이 옮겨간다.

[이섬 주석]

「中人之性, 隨習則改. 逢善爲善, 逢惡爲惡. 以心不定逐物意移. 莊子云, 凡夫之人, 將有限之身, 求無限之物, 意常不定也(보통 사람이 갖고 태어난 성향은 배움에 따라 바뀔 수 있다. 선을 만나면 선하게 되고 악을 만나면 악하게 된다. 이에 마음이 안정되지 못하고 사물을 따라 마음이 움직이는 것이다. 장자에 이르기를, '보통 사람은 유한한 몸으로 무한한 외물을 추구하며 뜻이 늘 안정되어 있지 않다'고 하였다.)」

(101) 堅持雅操

* 「カタク」의 잘못일 것이다.

★ 〈A→C→D→B〉의 순서로 번역. 〈AB음독→ト→A훈독→CD음독→ノ→CD훈독→B훈독〉의 순서로 몬젠요미.

(ケンチ)とかたく (ガサウ)のただしきみさを(を) たもつ[とる]ときは、
굳게 바른 지조를 지닐[취할] 때는,

[이섬 주석]

「雅正也. 操節也(아는 바르다는 뜻이다. 조는 절조라는 뜻이다.)」
➡ 바른 절조를 굳게 지키면,

(102) 好爵自縻

好	爵	自	縻
			ヒト
ヨキ	ツカサ	ヲ	マトハル

★ 기본유형. ⟨A→B→C→D⟩의 순서로 번역. ⟨AB음독→ト→AB훈독→CD음독→ト→CD훈독⟩의 순서로 몬젠요미. (103), (104)구도 동일.

(カウシャクの)よきつかさ　(シ)ビとお(のづから)まとはる。
좋은 작위는 저절로 따라온다.

[이섬 주석]

「爵者祿也. 縻者係也. 人能堅執正節, 則好官祿自然羈縻. 易係辭曰, 我有好爵, 與爾縻之(작은 녹이라는 뜻이다. 미는 걸리다라는 뜻이다. 사람이 올바른 절조를 굳게 지킬 수 있으면 자연히 관직과 봉록의 기회가 찾아온다. 역경 계사전에 이르기를, '내게 호작이 있으니 당신과 함께 나누리라'라고 하였다.)」

(103) 都邑華夏

都 邑ノ 華 夏ノ*

ミヤコ　　ミヤコ**

* '중국의 도읍'이므로 순서상으로는 「華夏」가 먼저 오고 「都邑」이 뒤에 오는 것이 옳지만 운을 맞추기 위해 이와 같이 배치했다.

** 「華夏」는 '중국'을 가리키는 말이므로 고유명사라고 할 수 있다. 그러나 고유명사 부호는 기입되어 있지 않다. 고유명사이므로 훈독이 불가능하다. 하물며 「みやこ」라고 읽은 것은 적절하지 않다. 적어도 (145)구 등에서 「음독+の+くに」라고 읽은 것에 따르는 것이 바람직하다.

(トイフ)のみやこ　(クヮカ)のみやこ

도읍 도읍

[이섬 주석]

「天子之所居曰都. 禮記曰, 天下有王, 建都立邑. 左傳曰, 凡邑有宗廟先君之田曰都, 無田曰邑. 邑築, 都曰城. 華夏中國之名, 曰中華. 又曰中夏(천자가 있는 곳을 도라고 한다. 예기 (제법편)에 이르기를, '천하에는 임금이 있으며 도를 세우고 읍을 만든다'고 하였다. 좌씨전 (장공 28년)에 이르기를, '읍에 종묘와 선군의 신주가 있는 곳을 도라고 하고 없으면 읍이라고 한다. 읍은 축한다고 말하고, 도는 성한다[성 쌓는다]고 말한다'고 하였다. 화하는 중국의 이름이다. 중화라고 한다. 또 중하라고 한다.)」

➡ 중국의 도읍은,

(104) 東西二京

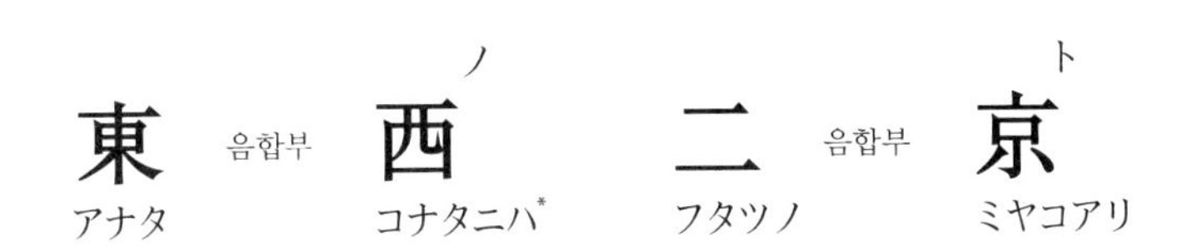

* 「東西」를 「あなたこなた」로 읽은 것에 주목된다. 上野本, 音決에서는 「ひがしにし」라고 읽었다. 「東」은 동쪽의 수도 낙양을, 「西」는 서쪽의 수도 장안을 가리킨다.

(トウセイ)のあなたこなたには (ジケイ)とふたつのみやこあり。

여기저기에는 두 개의 도읍이 있다.

[이섬 주석]

「東京洛陽是也. 西京長安是也. 周公作新大邑於東國洛, 成王都之是爲東都. 後漢光武亦都此. 秦始皇都咸陽, 漢高帝伐秦子嬰, 先入關中, 與項羽, 爭天下, 五年成帝業. 劉敬說都長安, 是爲西都. 在於雍州. 唐太*宗亦建都于此. 京者大也. 師者衆也. 故云京師也(동경은 낙양이다. 서경은 장안이다. 주공이 동국 낙양에 새로이 큰 도시를 만들었고 성왕이 이를 도읍으로 삼아 동쪽 수도가 되었다. 후한 광무제도 여기를 수도로 삼았다. 진시황은 함양을 수도로 삼았고 한고제[유방]는 진의 자영을 정벌하여 항우보다 먼저 관중으로 들어갔고 (항우와) 천하를 다툰 지 5년 뒤에 제업을 완성했다. 유경이 장안을 수도로 삼자고 설하였으므로 이것을 서도로 삼았다. 옹주에 있다. 당태종도 여기를 수도로 삼았다. 경은 크다는 뜻이다. 사는 많다는 뜻이다. 그래서 경사라고 한다.)」

➡ 동서[동쪽의 낙양과 서쪽의 장안] 두 개의 서울이다.

* 「大」로 되어 있다.

(105) 背邙面洛

* 한음은「バウ」이다.

** 훈독이므로 글자 좌측에 와야 하는데 우측에 기입되어 있다.

*** 술어를 받아야 하므로「ノ」가 아니라「ト」여야 한다.

****「邙」은 '북망산',「洛」은 '낙수'이므로 고유명사이지만 고유명사를 나타내는 부호는 기입되어 있지 않다. 그럼에도 불구하고「やま」,「みづ」와 같이 일반명사로 훈독을 하였다.

★ 〈B → A → D → C〉의 순서로 번역. 〈AB음독 → ト → BA훈독 → CD음독 → ト → DC훈독〉의 순서로 몬젠요미. (106)구도 동일.

(ハイ)バウとやまをうしろにす。(ベンラク)とみづをおもてにす{まへにす}。

산을 뒤로 한다. 물을 앞으로 한다.

[이섬 주석]

「東都洛陽, 後背邙山, 前面洛水. 洛水伊水澗水瀍水, 四水合流, 入黃河也(동쪽의 수도 낙양은 뒤로는 망산을 등지고 앞에는 낙수를 마주하고 있다. 낙수·이수·간수·전수 네 개의 강이 합류해서 황하로 흘러들어 간다.)」

➡ (동쪽의 수도 낙양은) 북망산을 등지고 낙수를 마주하고 있다.

(106) 浮渭據涇

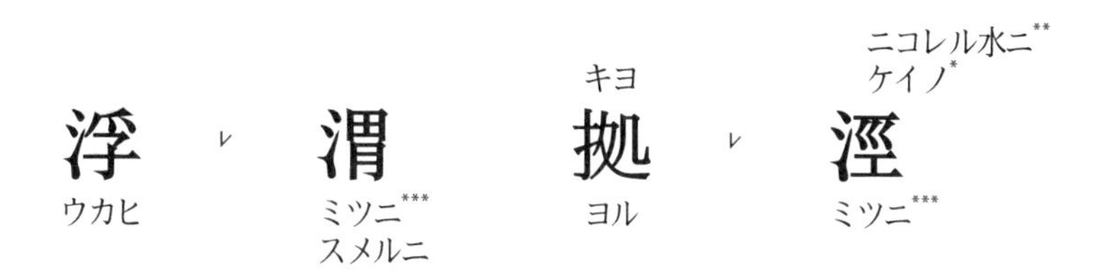

* (105)구의 경우와 마찬가지로 술어를 받아야 하므로「ト」가 기입되어야 한다.

** 좌측에 기입되어야 할 훈이 우측에 기입되어 있다.

***「渭」는 '위수',「涇」은 '경수'로 고유명사인데 고유명사 부호는 기입되어 있지 않다. 또한 일반명사로 훈독을 하였다.

(フウヰと)みづに[すめるに]うかび キョケイとみづに{にごれるみづに}よる。

물[맑은 것]에 뜨고 물{탁한 물}에 의지한다.

[이섬 주석]

「渭涇皆水名. 長安城后, 有八水, 渭涇灃灞滻洛澇滈, 此八水皆達長安城. 言京城據此, 如浮在渭水上也(위와 경은 모두 강 이름이다. 장안성 뒤쪽에는 위·경·풍·패·산·낙·노·적 8개의 하천이 있는데 모두 장안성에 이른다. 이 구의 의미는, 수도가 이들 강에 의지하고 있는데 그것이 마치 위수 위에 떠있는 듯하다는 것이다.)」

➡ (서쪽의 수도 장안은) 위수 위에 떠있는 듯하고 경수에 의지하고 있다.

(107) 宮殿盤鬱

宮	殿ノ	盤	欝ト
ヲフトノ タカトノ		メクリ	ヨソヲフ*

* 「盤鬱」은 '빽빽하다'라는 의미는 융합합성어이므로 일본어로도 한 단어로 훈독하는 것이 바람직하다.

★ 기본유형. 〈A→B→C→D〉의 순서로 번역. 〈AB음독→ト→AB훈독→CD음독→ト→CD훈독〉의 순서로 몬젠요미. (108)도 동일.

(キウテン)のおほとの[たかどの] (ハンウツ)とめぐりよそほふ。
궁전은 빙 둘러 갖추어져 있다.

[이섬 주석]

「說京都二處, 宮殿樓觀, 盤據蓊鬱崢嶸(두 수도에는 궁전과 누각 (같은) 건물들이 복잡하게 빙 둘러 모여 있어서, 풀과 나무가 빼꼭하게 무성히 자라는 높고 험한 산 같다.)」

➡ 궁전이 빽빽하다.

(108) 樓觀飛驚

樓	觀	飛	驚
	ノ / タカトノ*	ヒ**	ト / ク

* 「タカトノ」는 「觀」에 기입되어 있지만 「樓觀」 두 글자에 가점된 훈이다.

** 이섬 주석에 의거한다면 '나는 듯하여 놀라게 한다'는 뜻이므로 「飛」에 비유표현을 사용하여 훈독하는 것이 바람직하다.

(ロウクヮン)のたかどの　(ヒケイ)と(と)び(おどろ)く。

누각은 날아 놀란다.

[이섬 주석]

「形勢如翬斯飛, 見者駭然. 故曰飛驚(형세는 꿩이 날아다니는 듯하여 보는 이로 하여금 깜짝 놀라게 할 정도이다. 그래서 비경이라고 말한다.)」

➡ 누관은 (새가) 나는 듯하여 (사람을) 놀라게 한다.

(109) 圖寫禽獸

★ 〈C → D → A → B〉의 순서로 번역. 〈CD음독 → ノ → CD훈독 → AB음독 → ト → AB훈독〉의 순서로 몬젠요미. (110)구도 동일.

(キムシウの)とりけだものを (トシヤ)とゑがきうつす[(うつ)せり]。
금수를 옮겨 그렸다.

[이섬 주석]

「言帝王之宮殿樓觀, 皆圖寫珍禽異獸(이 구의 의미는, 제왕의 궁정과 누관에는 모두 진귀한 새와 불가사의한 짐승이 그려져 있다는 것이다.)」

(110) 畵彩仙靈

* 뒤에 명사구가 오므로 「ノ」가 되어야 한다.

** 「仙靈」을 「あやしき人」라고 합쳐서 훈독했는데, 각각 '신선'과 '신령한 인물'을 나타내므로 적절하지 않다.

(センレイ)のあやしきひとを (クヮイサイ)どゑがきいろどる。

신비한 사람을 그리고 색을 입힌다.

[이섬 주석]

「及彩色, 畵出神仙靈異人物, 以爲美觀也(색을 칠함에 이르러 신선과 신령한 인물을 그려서 이로써 아름다운 경관을 이루었다.)」

➡ 신선과 신령을 그리고 채색하였다.

(111) 丙舍傍啓

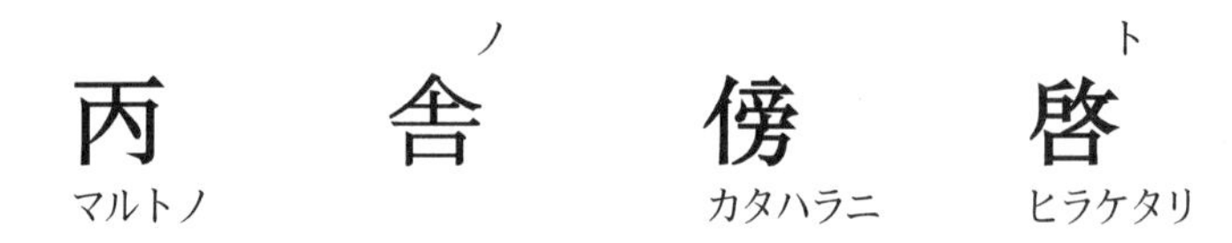

丙 舍 傍 啓
ノ ト
マルトノ カタハラニ ヒラケタリ

★ 기본유형. 〈A→B→C→D〉의 순서로 번역. 〈AB음독→ノ→AB훈독→CD음독→ト→CD훈독〉의 순서로 몬젠요미.

(ヘイシャ)のまるどの (ハウケイ)とかたはらにひらけたり。
병사[신하들이 머무는 집]는 옆으로 열려 있다.

[이섬 주석]

「丙舍者天子宮內院. 啓者開也. 傍欲開其門以通正殿曰啓(병사는 천자의 궁전 안에 있는 건물이다. 계는 연다는 뜻이다. 옆으로 문을 내서 정전과 통하도록 되어 있으므로 계라고 한다.)」

(112) 甲帳對楹

ノ
甲 帳 對 ㆑음합부 楹
カタヒラハ ムカウ ハシラニ

★ 〈A→B→D→C〉의 순서로 번역. 〈AB음독→ノ→AB훈독→CD음독→ト→DC훈독〉의 순서로 몬젠요미.

(カフチャウ)のかたびらは (タイエイと)はしらにむかふ。
휘장은 기둥을 향하고 있다.

[이섬 주석]

「楹者是殿中桁柱也. 漢武帝造幄帳, 名甲乙, 在殿兩楹之間是也(영은 궁전 안의 들보와 도리이다. 한무제가 휘장을 만들어서 갑과 을이라고 이름 붙이고 궁전의 두 기둥 사이에 그것을 걸어 두었는데, 이것을 두고 한 말이다.)」

➡ 갑장(과 을장)은 두 기둥 사이에 있다.

(113) 肆筵設席

* 어순지시부호「㆑」가 생략되었다.

★ 〈B→A→D→C〉의 순서로 번역. 〈AB음독→ト→BA훈독→CD음독→ト→DC훈독〉의 순서로 몬젠요미. (114), (115)구도 동일.

> シ(エン)とむしろをのべ (セ)ツ(セキ)とわらむしろをしき、[まうく。]
> 돗자리를 깔고 멍석을 깔며,[마련한다.]

[이섬 주석]

「肆者敷也, 設也. 筵者天子殿上席. 維四邊故曰筵. 殿上東西設九筵, 各長九尺. 南北有七仞, 長四十九尺. 天子太朝之日, 在於殿上, 會宴諸侯, 而設也(사는 깔다, 놓다라는 뜻이다. 연은 천자의 궁전에 까는 깔개이다. 4변이므로 연이라고 한다. 궁전 위에 동서로 9개의 연을 늘어놓는데 각각의 길이가 9자이다. 남북으로는 7인, 길이 49자이다. 천자가 조회하는 날에 궁전에서 제후와 연회를 열 때 깐다.)」

(114) 鼓瑟吹笙

鼓 ヒキ レ* 瑟 コトヲ 吹 ク レ 笙 フヱヲ ト

* 「鼓」와 「瑟」 사이에 기입되어야 할 것이 가나점 사이에 기입되어 있다.

(コシツと)ことをひき (スイセイ)とふえを(ふ)く。

거문고를 켜고 피리를 분다.

[이섬 주석]

「天子設筵席, 以會諸侯於殿上, 必作樂也. 故用鼓瑟吹笙. 瑟伏義*所造. 黃帝命素女鼓瑟, 帝悲不止. 故破五十絃, 爲二十五絃. 王子晉吹笙, 作鳳鳴. 感得鳳凰至, 乘之而仙去也(천자가 연석을 깔고 제후를 궁전에서 접견할 때 반드시 음악을 연주한다. 그래서 슬을 뜯고 생황을 분다. 슬은 복희가 만든 것이다. 황제가 소녀(素女)에게 명하여 슬을 뜯게 했는데 황제는 슬픔이 그치지 않았다. 이에 원래 50현이던 악기를 둘로 나누어 25현으로 만들었다고 한다. 왕자 진은 생황을 불어서 봉황의 울음소리를 냈다. 이 소리에 감응하여 봉황이 날아왔고 왕자 진은 그것을 타고 신선이 되어 떠났다고 한다.)」

* 「犧」로 되어 있다.

(115) 升階納陛

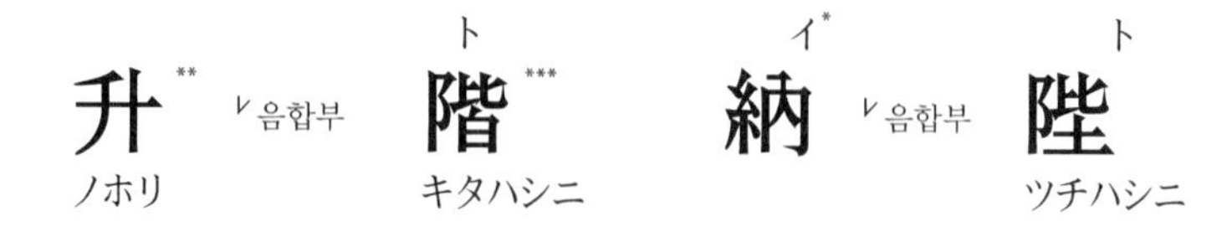

升 ** ∨음합부 階 *** 納 ∨음합부 陛
ト イ* ト
ノホリ キタハシニ ツチハシニ

* 「納」의 한음은 「ダフ」이고 오음은 「ナフ」이므로 음독으로는 나올 수 없는 가나점이다. 또 이 글자의 훈독인 「いる」의 「い」를 적은 것이라고 보기에는 가점 위치가 아래쪽으로 치우쳐 있다. 현재로서는 알 수 없다.

** 좌측 난외에 「陞階」라고 적혀 있다. 「升階」를 「陞階」라고 한 책도 있다는 것이다. 上野本은 「昇」이다. 의미상으로는 「昇」이나 「陞」이 옳다.

*** 본문의 자체는 白 부분이 自에서 마지막 가로획이 없는 모양이다. 우측에 「階」라고 이본(異本) 주기가 적혀 있다.

(ショウカイ)ときだはしにのぼり　(ダフヘイ)とつちはしに(いる)。
계단을 오르고 섬돌에 든다.

[이섬 주석]

「天子之階曰陛. 九級上廉遠地. 則堂高. 諸侯上殿, 於東階, 先擧右足, 於西階, 先擧左足. 此公卿見君之禮也(천자가 오르내리는 계단을 폐라고 한다. 아홉 단 위에 모퉁이가 있고 땅에서 멀어진다. 즉 건물이 높은 것이다. 제후가 궁전으로 올라갈 때 동쪽 계단에서는 오른발을 먼저 올리고 서쪽 계단에서는 왼발부터 올린다. 이것은 공과 경이 주군을 뵐 때의 예절이다.)」

➡ (신하들이) 계단으로 오르고 (천자가) 폐[천자의 계단]로 들어가니,

(116) 弁轉疑星

ヘン	コノカンムリ*			ト
弁	轉	疑	レ	星
カノコ	ノハラコモリノカ**			カト

* 공간상의 문제로 좌측에 기입한 것으로 보인다. 「カノコノカンムリ」에서 「カノ」가 생략된 것일까?

** 「弁轉」에 대해 音決에서는 「(ヘンテンと)かのこかわのかんむりめぐって(ギセイと)ほしのてるかと(うたが)ふ。」라고 몬젠요미를 하였고, 谷村本에서는 「ヘンテンとかのこのはらごもりのかんむり(を)めぐって ギセイとほしかとうたがふ。」라고 하였다. 谷村本의 가점을 참고해볼 때 「弁」은 「かのこのはらごもりのかんむり」라고 읽은 것으로 판단된다. 「轉」의 훈독인 「めぐって」는 동대본에 기입되어 있지 않다.

★ 〈A→B→D→C〉의 순서로 번역. 〈AB음독→ノ→AB훈독→CD음독→ト→DC훈독〉의 순서로 몬젠요미.

ヘン(テンの)かのこのはらごもりのか(んむり){(かの)このかんむり}(をめぐって) (ギセイ)と(ほし)かと(うたがふ)。
사슴 뱃속에 있는 어린 사슴 가죽으로 만든 삿갓을 둘러싼 것이 별인가 의심한다.

[이섬 주석]

「諸侯入朝, 皆服皮弁. 唐書曰, 弁以鹿皮, 爲之有攀, 以持髮. 毛詩云, 會弁如星. 言其上有珠玉, 如星也矣 (제후가 조회에 참석할 때 모두 가죽 변을 쓴다. 당서 (거복지)에 이르기를, '변은 사슴 가죽으로 만드는데 고정하는 끈이 있어서 그것으로 머리카락을 고정한다'고 하였다. 시경 (위풍편)에 이르기를, '변의 솔기에 달린 구슬이 별과 같다'고 하였다. 그 뜻은, 변 위의 구슬이 별과 같다는 것이다.)」

➡ 변[제후가 천자를 알현할 때 쓰는 관]에 둘러진 것[구슬]이 별인가 한다.

(117) 右通廣內

右(ハ) 通(カヨイ)(ニ) 廣(タカトノニ*)(ヒロトノニ) 內(ノ)(一)

* 「廣內」는 '광내전'을 말한다. 고유명사지만 고유명사를 나타내는 부호는 기입되어 있지 않고 「たかどの」, 「ひろどの」와 같이 일반명사로 훈독하였다.

★ (117)구와 (118)구는 〈A→C→D→B〉의 순서로 번역. 〈A훈독→CD음독→ノ→CD훈독→B훈독〉과 같이 몬젠요미를 하여 A와 B에 대해서는 음독을 하지 않은 것으로 보인다. 谷村本에서는 「ユウトウと[の]みぎりは　クヮウタイのおほとのに[おほいとのに]　かよふ。/サタツと[の]ひだりは　セウメイのたかどのに　いたる。」와 같이 몬젠요미를 하였다.

{(みぎ)は} (クヮウダイ)のたかどのに[ひろどのに] かよひ、
오른쪽은 누각과 통하고,

[이섬 주석]

「廣內者天子內庭, 又云大內是也. 承明亦天子內殿, 在石渠閣外. 直宿所上曰承明廬. 此言正殿之所, 右通廣內*左達承明也(광내는 천자의 내정이고 대내라고도 하는 곳이다. 승명도 또한 천자의 내전으로 석거각 밖에 있다. 숙직하느라 묵었던 곳을 승명려라고 한다. 이 두 구의 의미는, 정전이 오른쪽[서쪽]으로 광내전과 통하고 왼쪽[동쪽]으로 승명려와 통하는 위치에 있다는 것이다.)」

➡ 오른쪽은 광내전과 통하고,

* 「大」로 되어 있다.

(118) 左達承明

左[ハ] 達[イタル][ニ] 承[トノニ*] 明[ー]

* 「承明」은 '승명려'을 말한다. 즉 고유명사지만 고유명사를 나타내는 부호는 기입되어 있지 않고 「との」라는 일반명사로 훈독하였다.

{(ひだり)は} (ショウメイの)とのに いたる。

왼쪽은 궁전에 이른다.

[이섬 주석]

「(117)구 주석에 포함되어 있다.」

➡ 왼쪽은 승명려에 이른다.

(119) 旣集墳典

キ		ト		ノ	
旣	集	ニ	墳	典	一
スニ	アツム		フルキ	フミヲ*	

* 「墳典」은 '선왕의 전적'을 의미하므로 음독만으로 충분하지만 몬젠요미를 위해 「ふるきふみ」라고 과도하게 훈독을 하였다.

★ 〈A→C→D→B〉의 순서로 번역. 〈AB음독→ト→A훈독→CD음독→ノ→CD훈독→B훈독〉의 순서로 몬젠요미. (120)구도 동일.

キ(シフ)とす(で)に (フンテン)のふるきふみを あつむ。
이미 오래된 서적을 모았다.

[이섬 주석]

「言殿廷之上, 聚集先王典籍. 伏羲*神農黃帝之書, 謂之三墳, 少昊顓頊高辛唐虞之書, 謂之五典也(이 구의 의미는, 궁전 안에 선왕의 전적을 수집해 놓았다는 것이다. 복희·신농·황제의 책을 삼분이라고 하고, 소호·전욱·고신·제곡·당요·우순의 책을 오전이라고 한다.)」

➡ 이미 삼분과 오전을 모았고,

* 「犧」로 되어 있다.

(120) 亦聚群英

ト			カシコ人ヲ*	
亦	聚	群	ニ	英 **
タ	アツム		スクレタル人ヲ	

* 좌측에 기입되어야 하는데 우측에 기입되었다.

** 어순지시부호「¯」가 생략되었다.

(エキシウ)と(ま)た (クンエイの)すぐれたるひとを{かしこびとを} あつむ。

또한 뛰어난 사람을{현명한 자를} 모은다.

[이섬 주석]

「殿上旣集諸書, 又會聚衆英賢之人, 講論經理. 漢開石渠閣, 集諸儒, 講五經同異. 蓋緣秦始皇無道, 有燕人盧生, 奏緣圖書曰, 亡秦者胡也. 丞相李斯等曰, 此皆是讀書人, 多有詐也. 願陛下焚燒却天下經書, 凡學士竝誅斬而坑之. 自是書籍焚滅散亂. 故漢聚群儒而講論之(궁전 안에 여러 서적을 모아두고, 또 뛰어난 사람들을 불러 모아서 경서의 이치를 강론하게 했다. 한나라는 석거각을 설치해서 여러 분야의 유자들을 모아서 오경의 본문 차이를 조정하게 했다. 무릇 진시황이 무도했으므로, 연나라의 노생이라는 사람이 있었는데 (시황제에게) 도서를 상주하며 말하기를, "진나라를 망하게 할 존재는 호[북방 이민족]입니다."라고 하였다. 승상 이사 등이 말하기를, "이 자들은 모두 독서인들로 속이는 일이 많습니다. 원컨대 폐하께서 세상에 있는 경서를 불태워 없애 버리고 아울러 모든 학사들을 죄인으로 처벌하여 구덩이에 묻어 버리시기 바랍니다."라고 하였다. 이 일로부터 서적이 불태워졌고 남은 것도 이리저리 흩어지게 되었다. 그래서 한나라(개국 이후) 많은 유자를 불러 모아서 경서를 토론하게 했던 것이다.)」

➡ 또한 뛰어난 학자들을 모았다.

(121) 杜稾鍾隷

ト云人*	カフノト**	ト云人ハ*	レイノ***
杜	稾	鍾	隷
	ワラフテツクリ****		フミツクル

* 「杜」와 「鍾」이 인명 고유명사이며 그것을 나타내는 부호로써 글자 가운데에 붉은 색 선을 그어 나타내고 있다. 이에 「(と)いふひとは」같이 보독하였다.

** 「ノ」와 「ト」가 모두 기입되어 있다. 「ワラフテツクリ」에 대응하려면 「ノ」를 버리고 「ト」를 취하는 것이 맞다.

*** 「フミツクル」라는 술어에 대응하기 위해서는 「ノ」가 아니라 「ト」가 타당하다.

**** 「稾」는 초서를 의미한다. 「ワラフテ」가 초서를 의미했을 가능성도 있지만 「隷」를 「フミ」라고 읽은 것으로 볼 때 초서를 의미한 것은 아닌 것으로 판단된다.

★ 〈A → B → C → D〉의 순서로 번역된다. A와 C가 고유명사인 관계로 〈A음독 → ト+보독 → B음독 → ト → B훈독 → C음독 → ト+보독 → D음독 → ト → D훈독〉와 같이 특이하게 읽었다.

(ト)と{いふひと(は)} カウとわらふでつくり (ショウ)と{いふひとは} レイとふみつくる。

두[두조]라고 하는 사람은 짚으로 된 붓을 만들고, 종[종요]이라고 하는 사람은 글[글자:예서]을 만들었다.

[이섬 주석]

「杜操爲漢丞相, 善草書. 魏大尉鍾繇改小篆書, 爲隷書, 傳之也(두조는 한

나라의 재상이었는데 초서에 뛰어났다. 위나라 태위 종요는 소전의 서체를 고쳐서 예서를 만들어서 (후세에) 전했다.)」

➡ 두조의 초서, 종요의 예서.

(122) 漆書壁經

漆	書	壁	음합부	經
	ノ			ト
ウルシ	フミハ	かへニ		ヲサメリ*

* 아래 이섬 주석에 의한 해석에서 보는 것처럼 「漆書」는 옻칠로 쓴 글자라는 뜻이고 「壁經」는 벽속에 든 경전이라는 뜻이므로 「漆書」와 「壁經」를 병렬로 읽어야 한다. 동대본의 훈독은 이섬의 주석과는 맞지 않다.

★ 기본유형. 〈A → B → C → D〉의 순서로 번역. 〈AB음독 → ノ → AB훈독 → CD음독 → ト → CD훈독〉과 같이 몬젠요미.

(シツショ)のうるしふみは (ヘキケイ)とかべにをさめり。
옻으로 쓴 글은 벽에 넣었다.

[이섬 주석]

「漢靈帝有詔, 使人於嵩山石壁, 以漆書. 恐其字滅絶, 鑿石壁作字. 見在嵩山, 今有學士, 向彼, 正五經字也. 尙書序曰, 魯恭王壞孔子舊宅, 以廣其居, 於壁中, 得先人所藏古文, 虞夏商周之書及傳, 皆科斗文字也(한나라 영제는 명을 내려 숭산 석벽에 옻칠로 글씨를 쓰게 했다. 그 글씨가 없어질까 걱정해서 석벽에 글씨를 새겼다. 숭산에 남아 있는데 오늘날의 학자들도 그것을 보고서 오경의 문자를 바로잡았다. 상서의 서문에 이르기를, '노나라 공왕이 공자가 살았던 옛집을 헐어서 집을 넓히려 했을 때 벽 속에서 조상들이 숨겨 놓았던 고문, 즉 우·하·상·주나라의 서적[경서]과 전서[주석서]를 손에 넣었는데 모두 과두문자*로 되어 있었다'고 하였다.)」

➡ 옻칠로 쓴 글자, 벽속 경전.

* 과두문자(科斗文字): 중국 옛글자의 하나. 글자 모양이 올챙이처럼 위는 굵고 끝은 가는 데서 붙여진 이름이다.

(123) 府羅將相

府	羅ノ	ニ	將	相	ー
ツカサニハ	ツラネバ*		キンダチヲ**		

* (123)구와 (124)구는 병렬로 파악하는 것이 옳다. 따라서 「ば」로 연결한 것은 합당하지 않다.

** 「將相」은 각각 '장군'과 '재상'을 의미한다. 따라서 「キンダチ(벼슬 자리에 있는 사람)」라고 한 단어로 읽은 것은 적절하지 않다.

★ 〈A→C→D→B〉의 순서로 번역. 〈AB음독→ノ 혹은 ト→A훈독→CD음독→ノ→CD훈독→B훈독〉의 순서로 몬젠요미를 하였다. (124), (125), (126)구도 동일.

(フラ)のつかさには (シャウシャウの)きんだちを つらねば、

관부에는 고관대작이 늘어섰으니

[이섬 주석]

「羅列也. 言府內羅列皆將相之官也(나는 나열하다라는 뜻이다. 이 구의 의미는, 관청 가운데 나란히 늘어선 것이 모두 장군과 재상의 공관이라는 것이다.)」

➡ 관부에는 장수와 재상이 늘어서 있고,

(124) 路俠槐卿

路	俠 ノ レ	槐 음합부	卿
ミチニハ	サシハサメリ	キンタチヲ*	

* 「槐卿」은 관직명을 나타내는 고유명사이므로 좌측에 붉은 선이 기입될 것이 기대되지만 기입되어 있지 않다. 또 (123)구의 「將相」과 마찬가지로 「キンダチ」라는 일반명사로 훈독하였는데 이는 적절하지 않다.

(ロケフ)のみちには (クヮイケイの)きんだちを さしはさめり。
길에는 고관대작을 끼고 있다.

[이섬 주석]

「京師道兩邊種槐. 像天子宮內, 有三槐九棘, 像三公九卿(수도의 도로 양편에 홰나무를 심었다. 천자의 궁내에 있는 삼괴구극이 삼공구경을 상징하기 때문이다.)」

➡ 길에는[길 양쪽에는] 괴경[경을 상징하는 홰나무]가 늘어서 있다.

(125) 戸封八縣

コ 戸	음합부	封	ニ	八	음합부	ノ 縣	ー
トホソニハ*		アラハス**		ヤツノ		アタカヲ***	

* 「とぼそ(문)」라고 읽은 것은 「戸」를 문으로 이해한 것으로 보인다. 그러나 여기서는 '민가'라는 의미이므로 적절한 훈이라고 할 수 없다.

** 「封」은 '봉지로 주다, 책봉하다'라는 의미이므로 「アラハス」라고 훈독한 것은 적절하지 않다.

** 「アカタヲ」의 잘못이다.

> コ(ホウの)とぼそには (ハツケン)のやつのあがたを あらはす。
> 문에는 여덟 개의 영지를 나타냈다.

[이섬 주석]

「漢高祖既定天下, 有功者, 封八縣之邑, 有德者家給千兵, 割符作誓曰, 黃河如帶, 大山如礪, 國以永存, 爰及苗裔(한나라 고조는 천하를 평정한 뒤에, 공이 있는 자에게 여덟 개의 현을 영지로 주었고 덕 있는 자에게 집마다 천 명의 병사를 주고서, 부절을 나누며 맹세하여 말하기를, "황하가 옷의 띠처럼 가늘어지고 태산이 숫돌처럼 평평해질 때까지 나라가 영원히 보존되어 그 혜택이 후손에게 미치도록 한다."고 하였다.)」

➡ (공신에게는) 민가 여덟 고을을 봉토로 주었다.

(126) 家給千兵

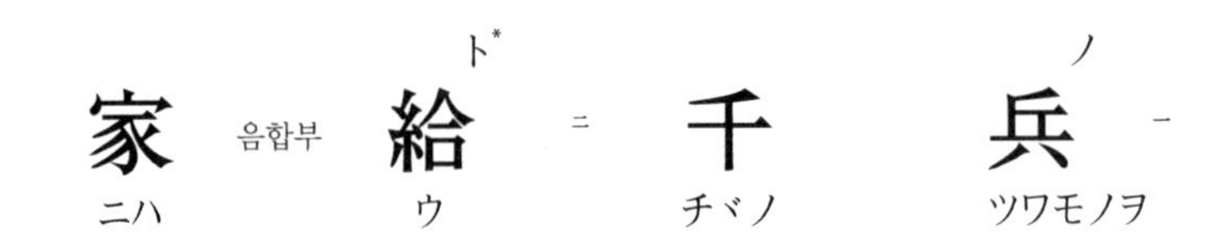

* 동일한 구문인 (123), (124)구에서 해당 위치에 「ノ」가 가점되어 있다. 「ノ」가 가점된 것은 A의 명사를 수식하는 것에 중점을 둔 것으로 생각되며, 이 구에서처럼 「ト」를 가점한 것은 문장 후미에 읽히는 술어, 즉 B의 훈에 주목한 것으로 생각된다. 동대본에서는 양쪽 가점이 비슷한 비율도 나타난다.

(カキフ)と(いへ)には (センヘイ)のちぢのつはものを (たま)ふ。

(덕이 있는 자의) 집에는 천의 군사를 주었다.

[이섬 주석]

「(125)구 주석에 포함되어 있다.」

(127) 高冠陪輦

* 「高冠」은 '높은 관'이라는 의미이므로 동사보다는 「형용사 연체형+명사」으로 훈독하는 것이 바람직할 것이다.

★ 〈B→A→D→C〉의 순서로 번역. 〈AB음독→ト→BA훈독→CD음독→ト→DC훈독〉의 순서로 몬젠요미. (128)구도 동일.

(カウクヮン)とかんむりをたかくし　(ハイレン)とてぐるまにはんべり、
관을 높게 하고 수레를 모시고,

[이섬 주석]

「天子冠高七寸. 輦者天子所乘車也. 轂車輪也. 纓者冠帶也. 衞從天下出入曰陪. 輦則必推其轂而使行. 振其纓而結就也(천자의 관은 높이가 일곱 치이다. 연은 천자가 타는 커다란 수레이다. 곡은 수레바퀴이다. 영은 관의 끈이다. 천자를 따라 들고나는 것을 배라고 한다. 연은 곧 반드시 수레바퀴를 밀어서 나아가게 한다. 그 끈이 흔들리니 묶는다.)」

➡ (천자가) 높은 관을 쓰고 (중신들이 천자의) 수레를 모신다.

(128) 驅轂振纓

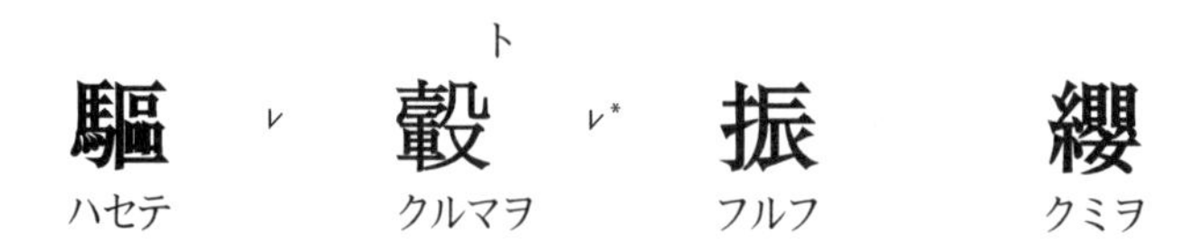

* 「振」자 뒤쪽에 가점되어야 할 것이 잘못 가점되었다.

(クコク)とくるまをはせて　(シンエイと)くみをふるふ。

수레를 몰고 갓끈을 휘날린다.

[이섬 주석]

「(127)구 주석에 포함되어 있다.」

(129) 世祿侈富

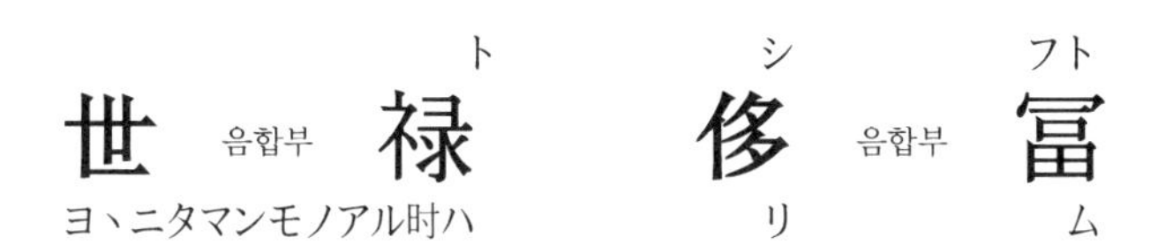

★ 기본유형. 〈A→B→C→D〉의 순서로 번역. 〈AB음독→ノ→AB훈독→CD음독→ト→CD훈독〉의 순서로 몬젠요미. (130)구도 동일.

(セイロク)とよよにたまんものあるときは シフと(おご)り(と)む。
대대로 녹을 받으면 사치스럽고 부유하다.

[이섬 주석]

「侈奢也. 尙書曰, 世祿之家, 鮮克由禮. 言其世代貴官, 則必奢侈豪富, 高車出入, 乘肥馬, 衣輕裘(치는 사치하다라는 뜻이다. 상서 (필명편)에 이르기를, '대대로 녹위를 받는 가문에서 착실히 예를 따르는 일이 드물다'고 하였다. 그 뜻은, 대대로 고관을 지내게 되면 반드시 사치스러운 부호가 되어 큰 수레로 나들이하고 살찐 말을 타고 가벼운 가죽 외투를 입는다는 것이다.)」

➡ 대대로 녹을 받아 사치하고 부유하다.

(130) 車駕肥輕

		ノ			ト
車	음합부	駕	肥	음합부	輕
			コヘテ		カルシ

(シャカ)の(のりもの) (ヒケイ)とこえてかるし。

탈 것은 (말은) 살쪘고 (수레 자체는) 가볍다.

[이섬 주석]

「(129)구 주석에 포함되어 있다.」

(131) 策功茂實

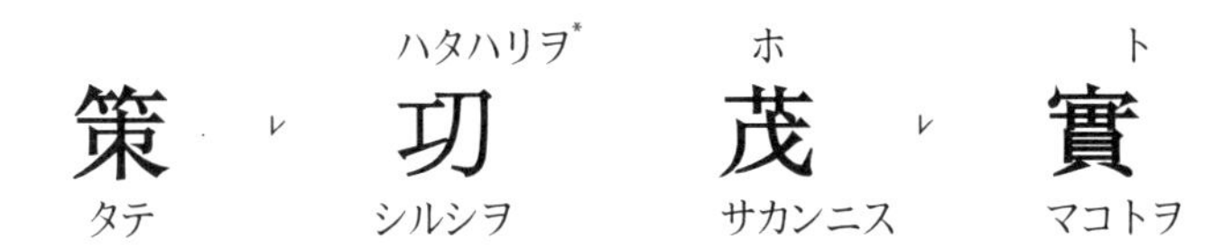

ハタハリヲ*
ホ
ト
策
功
茂
實
タテ
シルシヲ
サカンニス
マコトヲ

* 훈이므로 좌측에 기입되어야 한다.

★ 〈B → A → D → C〉의 순서로 번역. 〈AB음독 → ト → BA훈독 → CD음독 → ト → DC훈독〉의 순서로 몬젠요미. (132)구도 동일.

(サクコウと)しるしを{はたばりを}たて ボ(シツ)とまことをさかんにす。
공[능력]을 세워서 진실함을 성대하게 한다.

[이섬 주석]

「策立也. 前漢司馬相如賦, 飛英聲, 騰茂實. 茂盛. 實是事也. 立功建名, 則刻石, 傳之不朽也. 後漢竇憲伐匈奴, 奏捷登燕然山, 刻石勒功, 紀漢威德. 令班固作銘也. 唐書太宗破高麗號所幸山, 爲駐蹕山, 勒石紀功也(책은 세우다라는 뜻이다. 전한 사마상여의 부에, '뛰어난 명성을 날리고 내실을 드날렸다'고 하였다. 무는 성하다는 뜻이다. 실은 사이다. 공을 세워 이름이 알려지면 돌에 새겨 그것을 전하므로 쇠하지 않는다. 후한의 두헌은 흉노를 정벌하고 빠르게 (임금께) 고하고 연연산에 올라 돌에 공을 새겨서 한나라의 위덕을 기록하였다. 반고에게 명문을 짓게 했다. 당서에는 태종이 고구려를 격파하고 행차했던 산을 주필산이라고 이름 짓고 돌을 깎아서 공훈을 기록했다.)」

➡ 공훈을 세워서 내실을 성하게 한다.

(132) 勒碑刻銘

勒	碑	刻	銘
	ヒト		ト
シルシ	イシフミヲ	キサム ㆑음합부	カナフミヲ

(ロク)ヒといしぶみをしるし (コクメイ)とかなぶみをきざむ。

비문을 새기고 금속에 글을 새긴다.

[이섬 주석]

「(131)구 주석에 포함되어 있다.」

(133) 磻溪伊尹

ハ　ノ　イント
磻　溪　伊　尹
タニヽハ*　イツシ人アリ**

* 「磻溪」는 강이름을 나타내는 고유명사이다. 나아가 반계에서 낚시하던 태공망을 가리키는 것이다. 글자 우측에 지명을 나타내는 붉은 선이 기입되어 있다. 그러나 보독이 아니라 「タニ」라는 일반명사로 훈독하였다. 이렇게 훈독을 함으로써 본래 천자문 원문의 의미와는 전혀 다른 내용의 훈독문이 성립되었다.

** 「伊尹」은 인명 고유명사이며 글자 좌측에 인명을 나타내는 붉은 선이 기입되어 있다. 여기서는 음독 후에 「といっし人」라고 보독하였다. 「いっし」는 「いひし：いひ(동사 いふ의 연용형)+し(과거 조동사 き의 연체형)」의 촉음편이다.

★ 〈AB → CD〉의 순서로 번역. 〈AB음독 → ノ → AB훈독 → CD음독 → ト+보독〉의 순서로 몬젠요미.

ハ(ンケイ)のたにには　(イ)ヰンといっしひとあり。
계곡에는 이윤이라고 했던 사람이 있다.

[이섬 주석]

「尙書中侯曰, 太公卽磻溪之水, 釣其涯, 得玉璜, 刻曰姬受命, 呂佐之. 報在齊, 後果封於齊. 磻溪水名, 太公垂釣之處…伊尹者莘國人. 母懷伊尹之時, 忽於家中, 神人告曰, 明日有大水來, 可向東走, 勿回顧. 人盡怪之, 明日果有大水. 至逐東走十里外, 回頭看之. 遂身化爲枯桑樹, 中有兒啼哭. 乃收而養之. 長大有賢德. 佐湯王, 伐夏桀, 有功後爲丞相(상서 중후편에 이르기를,

'태공은 반계의 물가에 머물면서 강가에서 낚시를 하다가 옥황을 얻었는데 그것에 새겨진 글을 보니 '희씨가 천하를 다스릴 명을 받고 여씨가 그를 도울 것이다. 보답으로 영지를 받아 제나라에 있게 될 것이다'라고 적혀 있었다. 후에 과연 제나라를 영지로 받았다'고 하였다. 반계는 강 이름으로 태공이 낚싯대를 드리우고 있던 곳이다. … 이윤은 신나라 출신이다. 어머니가 이윤을 뱄을 때 홀연히 공중에서 신인이 고하여 말하기를, "내일 큰물이 들 것이니 무조건 동쪽을 향해 달려가라. 그리고 절대 뒤를 돌아보지 말라."고 하였다. 사람들이 모두 그 말을 괴이하게 여겼는데 다음 날 과연 큰물이 밀어닥쳤다. 그래서 (이윤의 어머니는) 동쪽으로 달렸고 마을 밖으로 십 리쯤 벗어나서 뒤를 돌아보았다. 바로 그때 몸이 마른 뽕나무로 변했고 나무 속에서 아이가 우는 소리가 났다. 이에 사람들이 그 아이를 꺼내서 길렀다. 커서 어른이 되자 현명한 덕을 지니게 되었다. (은나라) 탕왕을 도와서 (하나라) 걸왕을 치는 데 공을 세웠다. 후에 승상이 되었다.)」

➡ 반계(에서 낚시하던 태공망)와 이윤은,

(134) 佐時阿衡

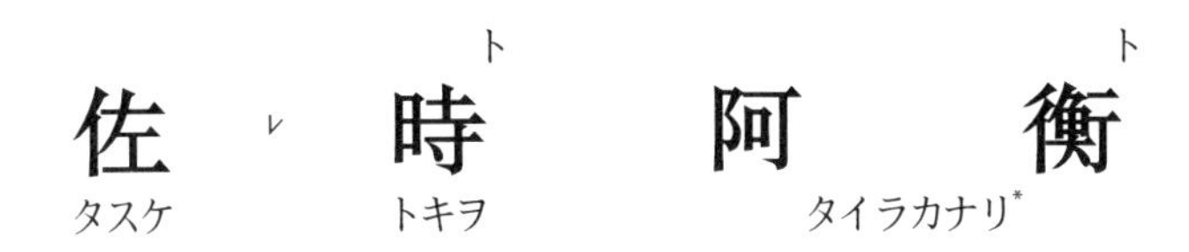

* 「阿衡」은 관직명 고유명사이나 부호는 기입되어 있지 않다. 또한 「タイラカナリ(평화롭다·공평하다)」라고 훈독하였다. 이섬 주석의 「衡平也」라는 주석에 따른 훈으로 보인다.

★ 〈B → A → C → D〉의 순서로 번역. 〈AB음독 → ト → BA훈독 → CD음독 → ト → CD훈독〉의 순서로 몬젠요미.

(サシ)とときをたすけ (アカウ)とたひらかなり。
때를 도와서 평화롭다.

[이섬 주석]

「佐助也. 湯王用伊尹爲丞相, 尊號曰阿衡. 阿者倚也, 衡平也. 言伐夏桀之時, 得伊尹佐助, 今倚賴佐輔相, 致天下太平也(좌는 돕다라는 뜻이다. 탕왕은 이윤을 승상으로 삼았고 아형이라고 높여서 불렀다. 아는 의지하다라는 뜻이고, 형은 공평하다라는 뜻이다. 이 구의 의미는, 하나라 걸왕을 정벌할 때 이윤의 도움을 받았다는 것을 말한다. 지금 대신의 도움에 의지해서 천하를 태평하게 다스린다는 것을 말한다.)」

➡ (이윤은) 때를 도왔고 아형 관직을 맡았다.

(135) 奄宅曲阜

アン*		タクト				フト云処ニ**	
奄	レ***	宅	ニ	曲	음합부	阜	一
タチマチ**** ヒサシ		ヲル ヲルコ					

* 한음은「エム」이다.

** 「曲阜」는 지명 고유명사이며 글자 우측에 지명을 나타내는 붉은 선이 기입되어 있다. 이에 훈독 대신「(と)いふところ」와 같이 보독을 하였다.

*** 「レ」는 〈C→D→B→A〉의 순서로 번역할 때 필요한 어순지시부호이다. 즉「をることひさし」라고 읽는 것에 대응한다.

**** 「奄」은 이섬 주석에 의하면 '가지다, 소유하다'라는 의미이므로「タチマチ」,「ヒサシ」모두 적절한 훈독이라고 할 수 없다.

★ 어순지시부호「一, ニ」만 있을 경우는〈A→C→D→B〉의 순서로 번역되고〈AB음독→ト→A훈독→CD음독→ト+보독→B훈독〉의 순서로 몬젠요미를 할 수 있다.

★★ 어순지시부호「一, ニ」와「レ」가 모두 있는 경우는〈C→D→B→A〉의 순서로 번역되고〈CD음독→ト+보독→AB음독→ト→B훈독→A훈독〉의 순서로 몬젠요미를 하게 된다.

エムタクとたちまち (キョク)フと{いふところに} をる。
홀연히 곡부라는 곳에 거한다.
(キョク)フと{いふところに} エムタクとをることひさし。
곡부라는 곳에 거한 것이 오래다.

[이섬 주석]

「奄有也. 宅居也. 微無也. 孰誰也. 營經營也. 曲阜地名. 昔少昊之故邑, 今魯城也. 旦*周公名也. 周公封於魯, 而居曲阜之地. 此言有此曲阜, 而居當時, 若無周公, 則誰能經營之也(엄은 소유하다라는 뜻이다. 택은 살다라는 뜻이다. 미는 없다라는 뜻이다. 숙은 누구라는 뜻이다. 영은 다스리다라는 뜻이다. 곡부는 지명이다. 옛날 소호의 땅으로 오늘날의 노성이다. 단은 주공의 이름이다. 주공은 노땅을 봉지로 받아 곡부에 정착했다. 이 두 구의 의미는, 이 곡부 땅이 있어서 살기 시작했을 당시에 만약 주공이 없었다면 누가 다스릴 수 있었겠는가라는 것이다.)」

➡ 곡부를 소유하여 살게 되니

* 「旦」로 되어 있다.

(136) 微旦孰營

微	ㇾ	旦 ト	*	孰	営 ト
ナカツセハㇾ**		イツシ人		タレカ	イトナマン

* 「旦」이 옳다. 글자 가운데에 인명을 나타내는 붉은 선이 기입되어 있다. 이에 「といっしひと」라고 보독을 하였다.

** 「微」와 「旦」 사이에 기입되어야 할 것이 가나 사이에 기입되어 있다.

★ 〈B→A→C→D〉의 순서로 번역. 고유명사가 B에 위치한 관계로 〈B음독→ト+보독→A훈독→CD음독→ト→CD훈독〉의 순서로 몬젠요미를 한 것으로 판단하였다. 즉 A는 음독을 하지 않은 것이다.

(タンと)いっしひとなかっせば　(シュクエイ)とたれかいとなまん。
단이라고 했던 사람이 없었다면 누가 꾸려갔겠는가.

[이섬 주석]

「(135)구 주석에 포함되어 있다.」

➡ 주공단이 아니면 누가 꾸려나갈 수 있었겠는가.

(137) 桓公匡合

	ト云人ハ*	キヤウ		ト
桓	公	匡	음합부	合
		タヽシ		ス

* 「桓公」은 인명 고유명사이며 글자 가운데에 인명을 나타내는 붉은 선이 기입되어 있다. 이에 「(と)いふひと」라고 보독을 하였다.

★ 〈AB → C → D〉의 순서로 번역되는데 인명 고유명사가 있으므로 〈AB음독 → ト+보독 → CD음독 → ト → CD훈독〉과 같이 몬젠요미를 하였다.

(クヮンコウ)と{いふひとは} キャウ(カフ)とただし(あは)す。
환공이라는 사람은 (천하를) 바르게 하고 (제후들을) 규합하였다.

[이섬 주석]

「匡正也. 合會也. 言齊桓公治國, 會諸侯, 一正天下, 有衰弱者, 扶*濟之使其强, 有傾危者, 扶持之, 使其安. 論語曰, 桓公九合諸侯. 一匡天下, 民到于今, 受其賜也(광은 바로잡다라는 뜻이다. 합은 모이다라는 뜻이다. 이 두 구의 의미는, 제나라 환공이 나라를 다스릴 때 제후들을 불러 모아서 천하를 하나로 바로잡고 약자가 있으면 부축해서 굳세게 만들어주고, 위기에 처하면 도와서 편안하게 해주었다는 것을 말한다. 논어 (헌문편)에 이르기를, '환공은 제후들을 규합했다. 하나로 천하를 바로잡아 백성들이 지금까지 그 은덕을 입고 있다'고 하였다.)」

* 붉은 글씨로 삽입되어 있다.

(138) 濟弱扶傾

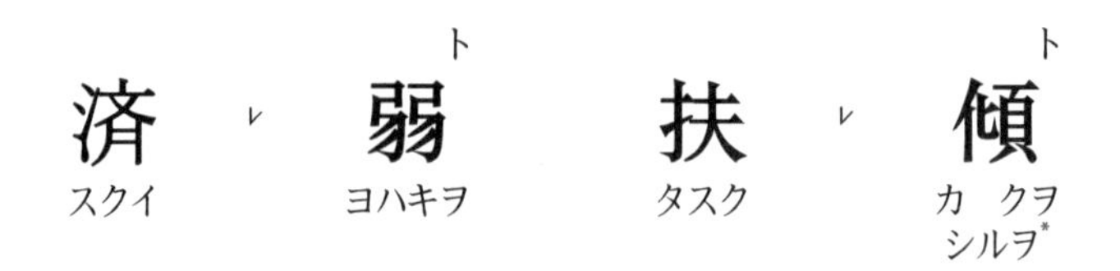

濟 レ 弱 ト 扶 レ 傾 ト
スクイ
ヨハキヲ
タスク
カ クヲ
シルヲ*

* 현재로서는 의미를 알 수 없다.

★ 〈B→A→D→C〉의 순서로 번역. 〈AB음독→ト→BA훈독→CD음독→ト→DC훈독〉의 순서로 몬젠요미.

(セイジャク)とよはきをすくひ (フケイ)とか(たむ)くを[しるを]たすく。
약한 자를 구하고 기운 자를 도왔다.

[이섬 주석]

「(137)구 주석에 포함되어 있다.」

(139) 綺迴漢惠

キト云シ人ハ*	メクラス		ケイノ
綺	迴 レ	漢**	惠
	カヱサシム		ミカトヲ***

* 「綺」가 인명 고유명사이며 글자 사이에 인명을 나타내는 붉은 선이 기입되어 있다. 이에 보독을 하였다.

** 음합부가 필요한 자리이다.

*** 「漢惠」는 '한나라 혜왕'이다. 「漢」에는 글자 우측에 국명을 나타내는 붉은 선이, 「惠」에는 글자 가운데에 인명을 나타내는 붉은 선이 기입되어 있다. 보독하지 않고 「みかど」라는 일반명사로 훈독을 하였다. 천자문에는 전설 속의 왕과 역사상의 왕을 합쳐 모두 12의 황제가 등장한다. 이 중 10에 대하여 동대본에서는 「○のみかど」와 같이 읽고 있다.

★ 〈A→C→D→B〉의 순서로 번역. 〈A음독→ト+보독→CD음독→ノ→CD훈독→B훈독〉과 같이 몬젠요미. (140)구도 동일.

> キと{いひしひとは} (カン)クェイのみかどを かへさしむ{めぐらす}。
> 기라고 했던 사람은 한나라 혜왕을 돌아오게 하였다.

[이섬 주석]

「綺者是綺里季. 商山四皓也. 昔秦始皇無道, 焚書坑儒, 有四人, 避難, 隱於弘農山. 年老鬢髮皓白, 時人號曰四皓. 一名東園公, 二名綺里季, 三名夏黃公, 四名角里先生(기는 기리계이다. 상산 사호(의 한 사람)이다. 옛날에 진시황이 무도하여 책을 불사르고 학자를 구덩이에 묻었는데, 네 사람

은 난을 피해서 홍농산에 은거했다. 그 무렵 나이가 많이 들어 살쩍과 머리카락이 하얗게 새자 당시 사람들은 그들을 사호라고 불렀다. 한 명의 이름은 동원공, 두 번째 사람의 이름은 기리계, 세 번째 사람의 이름은 하황공, 네 번째 사람의 이름은 각리 선생이다.)」

➡ 기리계는 한나라 혜황제가 (태자의 자리를) 되찾게 하였다.

(140) 說感武丁

エツト云人ハ[*] 說 感 ㆑ 武[**] 丁 ノ
ーセシム ミカトヲ[***]

[*] 「說」이 인명 고유명사이므로 보독을 하였다. 그런데 인명부는 기입되어 있지 않다.

[**] 음합부가 필요한 자리이다.

[***] 「武丁」은 '은나라 고종'을 가리킨다. 그런데 인명부는 기입되어 있지 않다. 「みかど」와 같이 일반명사로 훈독을 하였다.

エツと{いふひとは} (ブテイ)のみかどを (カム)ぜしむ。
열이라고 했던 사람은 무정 황제를 감하게 했다.

[이섬 주석]

「說者傅說也. 武丁者殷高宗也. 傅說與胥靡刑人, 版築於石岩之下. 感得武丁, 夜夢見一賢人輔佐共治天下. 覺來識其容貌, 命畵工圖形, 偏求天下. 至傅岩, 惟傅說相肖. 乃立爲宰相. 及高宗諒闇三年不言. 百官總己, 以聽政於冢宰(열은 부열이다. 무정은 은나라 고종이다. 부열은 사슬에 묶인 죄수로 바위산 자락에서 토목공사를 하고 있었다. 무언가를 느껴 무정은 밤에 한 현자가 자신을 보좌해서 함께 천하를 다스리는 꿈을 꾸었다. 잠에서 깨어난 뒤에도 그 생김새를 잊지 않고 화공에게 그 모습을 그리게 해서 천하를 뒤져 그 사람을 찾았다. 부암까지 뒤졌더니 오직 부열만이 닮았다. 그래서 그를 발탁해서 재상으로 삼았다. 고종은 양암[아버지의 상례를 치르는 기간] 중에 3년 동안 아무 말을 하지 않았다. 모든 관리들이 스스로 책임을 지고 정치는 총재의 지휘를 따랐다.)」

➡ 부열은 무정[은나라 고종]으로 하여금 느끼게 했다[느껴서 꿈을 꾸게 했다].

(141) 俊乂密物

俊	乂	密	物
カシコ人	ケイ*ノ	チカツク タヽシクス	ト ヲ**

* 「乂」의 한음은 「ガイ」이다.

** 「物」에 「ヲ」가 기입되어 있으므로 「物」를 동사 「密」의 목적어로 파악한 것으로 보인다. 그렇다면 「密」과「物」사이에 어순지시부호 「㆑」가 필요하다.

그런데 上野本에는 「密物」이 아니라 「密勿」로 되어 있고 「つとめる」라는 하나의 동사로 읽고 있다. 『大漢和辭典』 (諸橋轍次編、大修館書店、1985、第二版) 의 「密勿」항목을 보면 「ⅰ)つとめはげむ。ⅱ)君主に近づき機密の政事にあずかる者。また、公務を親密に処理すること。」라고 되어 있다. 「密勿」은 하나의 동사로 파악하는 것이 타당하다고 판단된다.

★ 기본유형. 〈A→B→C→D〉의 순서로 번역. 〈AB음독→ノ→AB훈독→CD음독→ト→CD훈독〉의 순서로 몬젠요미. (142), (143)구도 동일.

(シュン)ガイのかしこびと　(ビツブツ)と(もの)をちかづく[ただしくす]。

현명한 사람은 만물에 다가간다[바르게 한다].

[이섬 주석]

「俊乂者賢人也. 密物猶親密也. 言天子與賢人相親密, 則朝中多君子, 寔是安寧矣. 毛詩云, 濟濟多士, 文王以寧(준예는 현인이다. 밀물은 친밀하다

는 뜻이다. 이 두 구의 의미는, 천자가 현인과 가깝게 지내면 조정에는 군자가 많아지고 정말로 세상이 평안해진다는 것이다. 시경 (대아·문왕편)에 이르기를, '훌륭한 선비들이 넘치니 문왕도 이에 편안하다'고 하였다.)」

➡ (천자가) 뛰어난 인재들과 가까이 지낸다.

(142) 多士寔寧

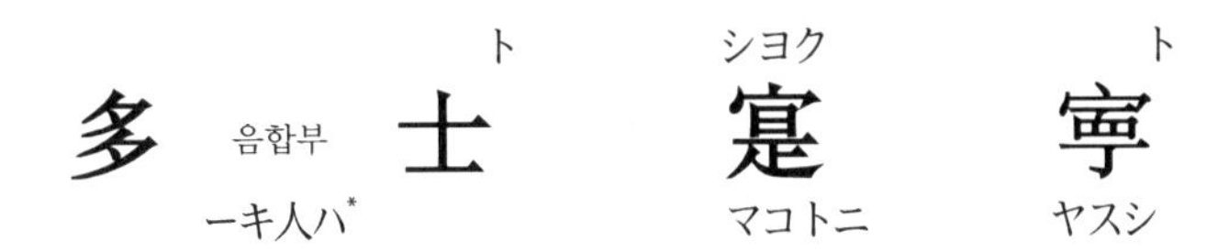

ト
シヨク
ト
多
음합부
士
寔
寧
ーキ人ハ*
マコトニ
ヤスシ

* 「多士」는 '많은 선비' 혹은 '많은 인재'라는 의미이다. 그런데 「ーキ人」, 즉 「おほきひと」라고 훈독한 것은 해당 의미를 다 담고 있지 못하다.

(タシ)と(おほ)きひとは　ショク(ネイ)とまことにやすし。

많은 사람은 진실로 안녕하다.

[이섬 주석]

「(141)구 주석에 포함되어 있다.」

➡ 인재가 많아서 진실로 편안하다.

(143) 晉楚更霸

晉	楚	更	霸
クニ—* フタツノクニ	ノ	カハル—	サカンナリ ハタリ

* 「晉」과 「楚」는 나라이름으로 고유명사이다. 고유명사를 나타내는 부호는 기입되어 있지 않고 두 글자를 합쳐서 「くにぐに」, 「ふたつのくに」와 같이 훈독을 하고 있다.

(シンソ)のくにぐに[ふたつのくに]　(カウハと)かはるがはるはたり{さかんなり}。
나라들이[두 나라가] 돌아가면서 패자가 되었다{성하였다}.

[이섬 주석]

「五霸有晉文公楚莊王. 更者代也. 言晉楚二國相更代霸諸侯也(오패* 가운데 진나라 문공과 초나라 장왕이 있다. 갱은 번갈아하다라는 뜻이다. 이 구의 의미는, 진과 초 두 나라가 서로 번갈아 제후의 패자가 되었다는 것이다.)」

➡ 진나라와 초나라가 돌아가면서 패자가 되었다.

* 오패(五霸): 춘추시대 다섯 명의 패자. 제(齊)나라 환공(桓公), 신(晉)나라 문공(文公), 진(秦)나라 목공(穆公), 송(宋)나라 양공(襄公), 초(楚)나라 장왕(莊王).

(144) 趙魏困横

趙 魏ノ 困レ 横ト

クニー* クルシム** ヨコシマナルニ***

* 「趙」와 「魏」는 나라이름으로 고유명사이다. 고유명사를 나타내는 부호는 기입되어 있지 않고 두 글자를 합쳐서 「くにぐに」와 같이 훈독을 하고 있다.

** 「クルシム」는 「困」에 가점되어야 한다.

*** 중국 전국시대(戰國時代)에 강대한 진(秦)나라에 대항하기 위해 남북 방향의 여섯 나라들이 동맹을 맺었는데 이를 합종책(合從策)이라고 했다. 그에 맞서 진(秦)나라를 위시한 나라들이 연합하였는데 이를 연횡(連横), 혹은 연횡책(連横策)이라고 했다. 「横」은 연횡책을 가리키는 것이다. 따라서 「ヨコシマナルニ」라고 훈독한 것은 부적절해 보인다.

이 구에 대해 이섬의 주석에서는 '조나라와 위나라 등의 합종책의 나라들이 진나라 등의 연횡파 나라를 괴롭혔다'는 의미로 설명하고 있다. 그러나 이와 반대로 '조나라와 위나라 등이 연횡책에 의해 괴롭힘을 당하다'라고 이해하는 설도 한다. 동대본의 훈독은 후자의 이해에 가깝다고 할 수 있다.

★ 〈A → B → D → C〉의 순서로 번역. 〈AB음독 → ノ → AB훈독 → CD음독 → ト → DC훈독〉의 순서로 몬젠요미. (146)구도 동일.

(テウグヰ)のくにぐに (コンクヮウ)とよこしまなるにくるしむ。

나라들[조나라와 위나라 등]이 바르지 못함에 괴로워하였다.

[이섬 주석]

「關西爲橫地, 關東爲縱地. 秦昭王居關西地强盛. 關東趙魏等六國, 皆懼秦, 共謀擧兵合縱, 以攻秦, 欲困其橫也(관[함곡관]의 서쪽이 가로 지역[연횡파의 나라들]이고, 관의 동쪽이 세로 지역[합종파의 나라들]이다. 진나라 소왕은 관서 지역에 자리를 잡았는데 강성했다. 관동의 조·위 등 여섯 나라*는 모두 진을 두려워하여 함께 모의해서 군대를 일으켜 합종책으로 진을 공격하여 그 횡[연횡파의 나라들]을 괴롭히고자 하였다.)」

➡ 조나라와 위나라는 (합종책으로) 횡[진나라를 위시한 연횡파 나라들]을 괴롭혔다.

* 육국(六國): 초(楚)·연(燕)·제(齊)·한(韓)·위(魏)·조(趙).

(145) 假途滅虢

* 「虢」은 국명 고유명사이지만 「くに」라고 일반명사로 훈독을 하였다.

★ 〈B → A → D → C〉의 순서로 번역. 〈AB음독 → ト → BA훈독 → CD음독 → ト → DC훈독〉의 순서로 몬젠요미.

(カト)とみちをかって (べツワヮク)とくにをほ(ろぼ)す[うつ] 。
길을 빌려서 나라를 멸망시켰다[쳤다].

[이섬 주석]

「假借也. 途路也. 滅伐也. 虢國名, 其地與虞國相連. 晉獻公欲伐虢, 須用從虞國過, 欲借道於虞. 恐虞公不許, 大夫荀息, 令獻公使人, 將千金馬并璧玉, 與虞公, 買道過伐虢(가는 빌리다라는 뜻이다. 도는 길이라는 뜻이다. 멸은 정벌하다라는 뜻이다. 괵은 나라 이름으로, 그 땅은 우나라와 이웃하고 있었다. 진나라 헌공은 괵을 정벌하고자 했지만, 그렇게 하려면 반드시 우나라를 통과해야 했기 때문에 우나라에게 길을 빌리려고 했다. 우나라 군주가 승낙하지 않을까 염려하여 대부 순식은 헌공에게 사자를 보내어 천금에 해당하는 말과 벽옥을 우공에게 주고 길을 사서 (그곳을) 지나 괵을 정벌하고자 하였다.)」

➡ 길을 빌려서 괵국을 멸망시켰다.

(146) 踐土會盟

* 「踐土」는 지명으로 고유명사이다. 「(と)いふところ」와 같이 보독을 하였다.

(セント)といふところに (クヮイメイ)とちぎりを[ちかひを]あはす。
천토라는 곳에서 맹약[맹세]를 맺었다.

[이섬 주석]

「踐土地名, 屬鄭地. 春秋魯僖公, 與晉文公, 會諸侯, 盟於踐土也(천토는 지명으로 정나라 땅에 속한다. 춘추시대 노나라 희공은 진나라 문공과 함께 제후들을 소집하여 천토에서 맹약을 맺었다.)」

(147) 何遵約法

ト云人*　　　　　　　　　ノ
何　遵ニ　約　法ー
　　シタカウ　　ツヽマヤカナルノリニ

* 「何」는 인명 고유명사이다. 이에 「(と)いふひと」와 같이 보독을 하였다.

★ 〈A→C→D→B〉의 순서로 번역. 〈A음독→ト+보독→CD음독→ノ→CD훈독→B훈독〉의 순서로 몬젠요미. (148)구도 동일.

(カ)と{いふひと(は)} (ヤクハフ)のつゞまやかなるのりに したがふ。
하[소하]라고 하는 사람은 간략한 법에 따랐다.

[이섬 주석]

「漢高祖鑑秦之苛虐, 乃約法三章. 只是殺人, 傷人, 及盜, 抵罪, 他皆除之. 蕭何爲相, 定律法, 遵守而行之也(한나라 고조는 진나라의 가혹한 정치를 교훈으로 삼아서 법률을 세 조목으로 간소화시켰다. 살인·상해·절도만을 범죄로 간주하고 나머지는 모두 법률에서 제외시켰다. 소하는 재상이 되어 법률을 정함에 고조의 정신을 준수하고 실천했다.)」

➡ 소하는 (고조의) 약법을 따랐다.

(148) 漢弊煩刑

韓 (人ハ*)	弊 ニ	煩 음합부	刑 ー
	ツイヱタリ	イタツカワシキ ワツラフ	ツミヲ ノリニ

* 「韓」는 인명 고유명사로 보독을 하였다.

(カンと){(いふ)ひとは} (ハンケイの)いたつかはしきつみに[わづらふのりに] つひえたり。

한[한비]이라는 사람은 복잡한 죄로[번거로운 법으로] 피폐하였다.

[이섬 주석]

「韓子名非, 爲秦相. 法令煩重. 連相坐之法, 造參夷之誅, 增加肉刑大辟, 有鑿顚抽脅鑊亨*之刑. 始皇專任刑罰, 赭衣塞路, 囹圄成市, 天下大亂(한자는 이름이 비인데 진나라의 재상이 되었다. (진나라의) 법령은 복잡하고 처벌이 무거웠다. 상좌법[연좌법]으로 걸고 참이법[본인을 중심으로 위아래 한 세대씩 포함하는 3대를 연좌하는 법]을 만들고 육형과 대벽[사형]을 늘리고 착전[이마에 자자하는 형]과 추협[갈비뼈의 심줄을 뽑는 형벌], 확팽[죄인을 솥에 넣어 삶아 죽이는 형벌] 같은 형벌을 두었다. 시황제는 기분 내키는 대로 형벌을 주어서 자의[죄수복]가 길에 넘쳐났고 감옥이 성시를 이룰 정도로 북적거려서 천하가 대단히 혼란했다.)」

➡ 한비자는 복잡한 형벌로 (세상을) 혼란하게 하였다.

* 「享」으로 되어 있다.

(149) 起翦頗牧

起ト 翦ト 頗ト 牧ト
云人* 云人 云人

* 각각의 글자는 인명 고유명사이다. 이에 「(と)いふひと」와 같이 보독을 하였다.

★ 네 글자 모두 고유명사로 된 독특한 구이다. 「A음독→ト+보독→B→ト+보독→C→ト+보독→D→ト+보독」과 같이 읽었다.

(キ)といふひと (セン)といふひと (ハ)と(いふひと) (ボク)といふひと。
기[백기]이라는 사람, 전[왕전]이라는 사람, 파[염파]라는 사람, 목[이목]이라는 사람.

[이섬 주석]

「起姓白名起. 翦姓王名*翦. 二人爲秦將. 頗姓廉名頗. 牧姓李名牧. 二人爲趙將. 此四人皆名將也(기는 성이 백이고 이름이 기이다. 전은 성이 왕이고 이름이 전이다. 두 사람은 모두 진나라 장군이다. 파는 성이 염이고 이름이 파이다. 목은 성이 이이고 이름이 목이다. 두 사람은 모두 조나라 장군이다. 네 사람은 모두 (전국 시대의) 명장이었다.)」

* 「名」이 빠져 있다.

(150) 用軍最精

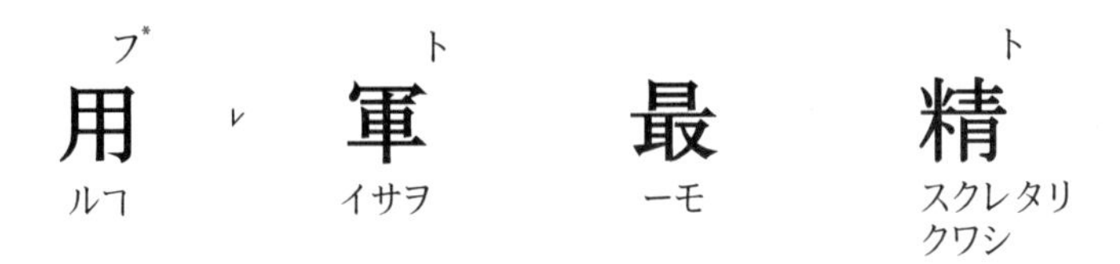

* 「用」의 한자음「ヨウ」의「ウ」를「フ」로 적었을 가능성이 있다.

★ 〈B → A → C → D〉의 순서로 번역. 〈AB음독 → ト → BA훈독 → CD음독 → ト → CD훈독〉의 순서로 몬젠요미.

(ヨ)ウ(クン)とい(く)さを(もちゐ)ること (サイセイ)と(もっと)もすぐれたり[くはし]。
군사를 부림에 가장 뛰어났다[정통했다].

[이섬 주석]

「此四人皆善用軍於國, 有功. 天下無不憚之也(이 네 사람은 모두 나라를 위해서 군대를 잘 운용한 공적이 있다. 세상에 그들을 두려워하지 않는 사람이 없었다.)」

(151) 宣威沙漠

* 「沙漠」를 「(と)いふところ」와 같이 보독을 한 것으로 볼 때 가점자는 고유명사로 취급한 것으로 생각된다.

★ 〈B → C → D → A〉의 순서로 번역. 〈AB음독 → ト → B훈독 → CD음독 → ノ+보독 → A훈독〉의 순서로 몬젠요미.

(セン井)といきほひ(を) (サバク)と{いふところに} のぶ。
위세를 사막이라는 곳에 떨쳤다.

[이섬 주석]

「沙漠者邊塞外, 匈奴遠地也. 古之名將, 征*伐四夷, 皆立大功, 威名振於荒落之外也(사막은 국경의 요새 바깥, 흉노족이 거주하는 멀리 떨어진 지역이다. 옛날 명장은 사방의 오랑캐**를 정벌하여 모두 커다란 공적을 세우고 위엄 있는 이름을 변방의 황야까지 떨쳤다.)」

* 「往」의 이체자인 「徃」으로 되어 있다.

** 사이(四夷): 동이(東夷)·서융(西戎)·남만(南蠻)·북적(北狄).

(152) 馳譽丹靑

★ 〈B→C→D→A〉의 순서로 번역. 〈AB음독→ト→B훈독→CD음독→ノ→CD훈독→A훈독〉의 순서로 몬젠요미.

(チヨと)ほまれを (タンセイ)の爲に (は)す。
명예를 그림[단청]에 떨쳤다.

[이섬 주석]

「譽名譽也. 丹靑畵也. 古之名將有功, 皆是圖畵形容, 留名萬古. 如前漢武帝, 作麒麟閣, 以畵功臣, 後漢明帝, 圖二十八將於南宮雲臺, 唐郭子儀, 圖形凌煙閣者是也(예는 명예이다. 단청은 그림이다. 옛날에 명장이 공적을 세우면 모두 그 형상을 그림으로 그려 두고 그 이름이 영원히 남게 했다. 전한의 무제가 기린각을 지어서 공신의 초상을 그려 걸어둔 것이라든지, 후한의 명제가 남궁의 운대에 28명의 장군을 그려둔 것이라든지, 당나라 곽자의의 형상이 능연각에 그려지게 된 것과 같은 것이다.)」

➡ 명예를 그림으로 전했다[그림에 그려 남겼다].

(153) 九州禹跡

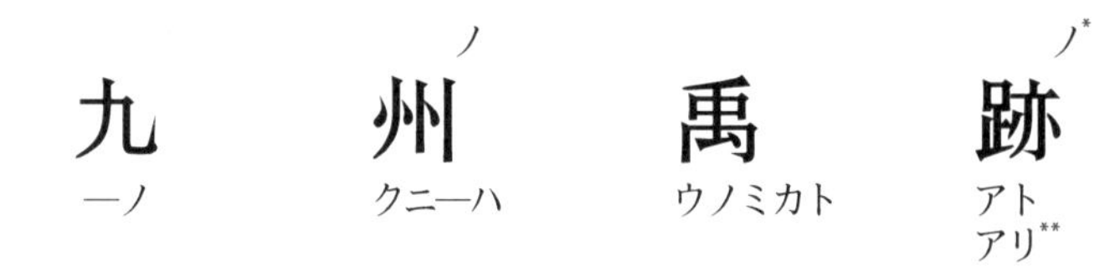

* 술어에 걸리는 것으로 파악하면「ト」가 가점되어야 한다.

** 공간상의 문제로 두 행으로 기입하였으나 이어서 읽는 것이 옳다.

★ 기본유형. 〈A → B → C → D〉의 순서로 번역. 〈AB음독 → ノ → AB훈독 → CD음독 → ト → CD훈독〉의 순서로 몬젠요미. (154)구도 동일.

(キウシウ)の(ここのつ)のくにぐには (ウセキ)とうのみかど(の)あとあり。

아홉 개의 지역에는 우왕의 자취가 있다.

[이섬 주석]

「夏禹王平水土, 分天下爲九州. 一冀州, 二兗州, 三青州, 四徐州, 五揚州, 六荊州, 七豫州, 八梁州, 九雍州. 此九州之地, 皆夏禹王之蹤跡也(하나라 우왕은 치수 공사를 하고 국토를 정리하여 전국을 9주로 나누었다. 첫째 기주, 둘째 연주, 셋째 청주, 넷째 서주, 다섯째 양주, 여섯째 형주, 일곱째 예주, 여덟째 양주, 아홉째 옹주이다. 이 9주의 영토는 하나라 우임금의 자취이다.)」

➡ 구주는 우왕의 자취이다.

(154) 百郡秦幷

百	음합부	郡	秦	幷
		グン* / キンノ		ト
モヽノ		コヲリ	クニ―**	アワセタリ

* 「郡」의 한음은 「クン」이고 오음은 「グン」이다.

** 「秦」은 국명 고유명사이다. 그러나 「くにぐに」라고 일반명사로 훈독하였다.

(ハク)クンのもものこほり (シンヘイ)とくにぐにあはせたり。

백 개 고을을 나라들이 아울렀다.

[이섬 주석]

「秦始皇姓嬴*名政. 居關西, 治關東. 有六國, 各自霸王. 始皇十二年, 有楚臣李斯, 背楚而事秦…李斯召天下才智人, 設計以重賞之. 於是納王翦, 爲倂六國, 歸秦. 天下一統, 始皇然後分天下爲百郡也(진나라 시황제는 성이 영이고 이름이 정이다. 관서에 있으면서 관동을 다스렸다. (관동에는) 여섯 나라가 있어 각자 패왕으로 자처했다. 시황제 12년에 초나라 출신 이사가 초나라를 배반하고 진나라를 섬겼다. … 이사는 천하에서 지모가 뛰어난 자를 모집해서 계책을 세워 실행하게 한 뒤 그들에게 크게 포상했다. 이때 왕전을 받아들여 그로 하여금 6국을 병합하여 진나라에 귀속하도록 했다. 천하가 통일이 되고 시황제는 그 이후에 천하를 나누어 백군으로 편성했다.)」

➡ 백군은 진나라가 합병하였다.

* 「羸」로 되어 있다.

纂圖附音集註千字文下

(155) 岳宗恒岱

* 「恒」의 한음 「コウ」의 「ウ」를 「フ」로 적은 것일까?

** 上野本과 音決은 「嶽」으로 되어 있다. 谷村本은 동대본과 동일하다.

*** 어순지시부호 「ニ」가 필요한 자리이다.

**** 「恒」이 「泰」인 사본이 있다. 송(宋)나라 3대 황제 진종(眞宗, 968- 1022, 재위 998-1022)의 휘(諱)인 「恒」의 피한 것이다. 「恒」과 「岱」는 각각 '항산'과 '대산'을 가리키는 고유명사인데 「やま」라고 훈독을 하였다.

***** 어순지시부호 「一」가 필요한 자리이다.

★ 〈A→C→D→B〉의 순서로 번역. 〈AB음독→ト→A훈독→CD 음독→ノ→CD훈독→B훈독〉의 순서로 몬젠요미.

(ガクソウ)とやま[をか](は) (コ)ウタイのやまを たっとぶ。
산[언덕]은 산[항산과 대산]을 으뜸으로 여긴다.

[이섬 주석]

「岳者五岳也. 宗者尊也. 恒者北岳恒山, 在岱州也. 五岳之中, 惟恒岳獨尊. 其山在北而南面, 喻人君面南治化(악은 오악을 가리킨다. 종은 높이 여긴다는 뜻이다. 항은 북악 항산이고 대주에 있다. 오악 중 항산을 오로지 높이 친다. 그 산은 북쪽에 있고 남향인데, 군주가 남면하고서 나라를 다스리고 백성을 교화시키는 것에 비유한 것이다.)」

➡ 오악 중에서는 항산(과 대산)을 높이 여긴다.

(156) 禪主云亭

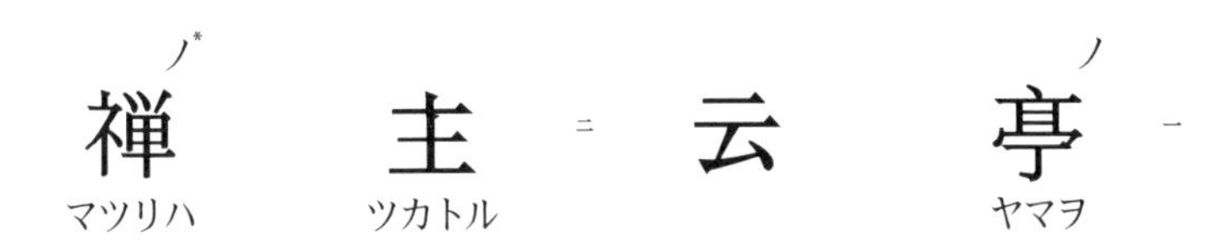

* 「主」에 적힐 것이 앞쪽에 적힌 것으로 보인다. 명사에 걸리는 것으로 파악하여 「ノ」를 기입한 것으로 판단된다. 동일한 구문인 (155)구의 해당 위치에는 「ト」가 가점되어 있다.

★ 〈A→C→D→B〉의 순서로 번역. 〈A음독→ノ→A훈독→CD음독→ノ→CD훈독→B훈독〉의 순서로 몬젠요미.

(セン)のまつりは (ウンテイ)のやまを つか(さ)どる。
제사는 산[운운산과 정정산]에서 지낸다.

[이섬 주석]

「云亭山名. 前漢郊祀志曰, 古者封*泰山, 禪梁父, 所記十二家. 昔無懷氏**封泰山禪云亭(운·정은 산의 이름이다. 전한의 교사지에 이르기를, '옛날에 태산에서 봉제사[하늘제사]를 지내고 양보에서 선제사[토지신제사]를 지낸 것으로 열두 제왕이 기록되어 있다. 옛날에 무회씨는 태산에서 봉제사를 지내고 운정에서 선제사를 지냈다'고 하였다.)」

➡ 선제사는 운운산과 정정산에서 지냈다.

* 「對」로 되어 있다.
** 「代」로 되어 있다.

(157) 雁門紫塞

ノ		シ	サイノ
雁	門*	紫	塞**
ヤマ		ムラサテ***ノ	ソコナリ

* 「雁文」은 '안문산'을 나타내는 고유명사이다. 그런데 「やま」라고 훈독하였다.

** 「紫塞」는 대산에 있는 요새를 나타내는 고유명사이다. 그런데 명사구로 훈독하고 있다.

*** 「キ」의 잘못이다.

★ (157)구에서 (162)구까지 기본유형. 〈AB음독 → ノ 혹은 ト → AB훈독 → CD음독 → ノ 혹은 ト → CD훈독〉의 순서로 몬젠요미.

(ガンモン)のやま　シサイのむらさきのそこなり。
산은 보랏빛 요새이다.

[이섬 주석]

「岱山高峻, 鳥飛不越. 惟在一缺門, 雁來往向此缺中. 過人號曰雁門山…紫*者岱山, 有紫壇城, 城傍有紫塞. 草生紫色, 故曰紫塞(대산은 높고 험준하기 때문에 새가 날아서 넘어갈 수 없다. 단지 한 곳에만 산이 꺼진 곳이 있는데 기러기들이 그곳으로 드나들었다. 지나는 사람들이 이름하여 말하기를 안문산이라고 하였다. … 자새는, 대산에 자단성이 있고 성 옆에 자새가 있다. (그곳에서) 나는 풀이 자주색이기 때문에 자새라고 한 것이다.)」

➡ 안문산과 자새(가 있다).

* 谷村本에는 「紫塞」로 되어 있다.

(158) 鷄田赤城

鷄田ノ赤城ノ
サハニハ　ミヤコアリ*

* 「鷄田」과 「赤城」은 고유명사인데 각각 「サハ」, 「ミヤコ」와 같이 일반명사로 훈독하였다.

(ケイテン)のさはには　(セキセイ)のみやこあり。
못에는 도읍이 있다.

[이섬 주석]

「鷄田澤名. 在城西傍. 黃河*千里無草生. 時人號曰, 砂磧千里無水草也. 赤城在霍河山北晉安郡也. 又云雍州東**二百里有赤水. 周時故關是也(계전은 연못의 이름이다. 성의 서쪽에 있다. 황하 천 리는 풀이 자라지 않는다. 당시 사람들이 일러 말하기를, "강의 여울 천 리에 물풀이 없구나!"라고 했다. 적성은 곽하산의 북쪽 진안군에 있다. 또는 옹주 동쪽 2백 리쯤에 있는 적수라고도 한다. 주나라 시대의 오래된 관문이 그것이다.)」

➡ 계전과 적성(이 있다).

* 「何」로 되어 있다.

** 「方」이 「東」과 「二」 사이 우측에 적혀 있다. 삽입한 것일 가능성이 있다.

(159) 昆池碣石

	ノ		ケツ		
昆	池		碣*	음합부	石
	イケ			タテイシ**	

* 「碣」이 옳다.

** 「昆池」와 「碣石」는 고유명사인데 일반명사로 훈독하였다.

(コンチ)のいけ　ケツ(セキの)たていし。

연못, 돌로 된 표식.

[이섬 주석]

「長安城西有昆明池. 漢武帝時, 南夷有昆明國. 城地方三百里, 居水之中, 能水戰. 武帝每伐之不得. 乃設計, 據長安城西二十里, 穿一池. 方四十里池, 水滿中, 造船於上, 教水戰. 遂破彼國, 置爲昆明州. 便號其池, 曰昆明池. 碣石海畔山名. 秦始皇遊天下, 行至碣石山. 遂登山望海, 見三山. 問左右曰, 此名何山. 徐福曰, 此三山名蓬萊方丈瀛州. 有石堂方圓千丈, 可坐萬人. 其人皆服仙藥, 長生不死(장안성 서쪽에 곤명지가 있다. 한나라 무제 때 남쪽 이민족 가운데 곤명국이 있었다. 그들의 성은 사방 3백리나 되는 데다 물 가운데 있었고 수전에 능했다. 무제는 매번 정벌하려고 했지만 뜻을 이루지 못했다. 그래서 방책을 세워 장안성 서쪽 20리쯤에 연못을 하나 팠다. 사방 40리인 연못으로 그 속에 물을 가득 채우고 배를 건조해서 수전을 훈련했다. 마침내 그 나라를 격파하고 그곳에 곤명주를 설치했다. 그런 까닭으로 그 못에 이름붙이기를 곤명지라고 했던 것이다. 갈석은 해변에 있는 산 이름이다. 진나라 시황제는 전국을 유람하며 가다가 갈석산에 도착했다. 그곳에서 산에 올라 바다를 바라보니 세 개의 산이 눈에 들어왔다. 그는 주위 사람들에게 물어 말하기를, "저것은 무슨 이름의 산인가?"라고 하였다. 서복이 대답하여 말하기를, "이 세 산의 이름은 봉래·방장·영주입니다. 그곳에 있는 마당바위는 둘레가 천 길이 되고 만 명이 앉을 수 있습니다. 그곳 사람들은 모두 선약을 복용하여 장생불사를 누립니다."라고 하였다.)」

➡ 곤명지와 갈석산(이 있다).

(160) 鉅野洞庭

キヨ　ノ

鉅　野　洞　庭

ノニハ　ミツウミアリ*

* 「鉅野」와 「洞庭」은 고유명사인데 각각 「の」, 「みづうみ」와 같이 일반명사로 훈독하였다.

キョ(ヤ)ののには　(トウテイの)みづうみあり。
벌판에는 호수가 있다.

[이섬 주석]

「鉅野者鉅鹿郡之野. 屬魏地. 洞庭者彭蠡澤, 一名洞庭湖.(거야는 거록군의 들판이다. 위나라에 속하는 땅이다. 동정은 팽려택으로 일명 동정호라고 한다.)」

➡ 거야와 동정(이 있다).

(161) 曠遠綿邈

曠 遠(ト) 綿 貌(ハクト)*

トヲク** ハルカナリ

* (174)구에 「貌」가 등장한다. 여기는 의미상 「邈」이 오는 게 옳다. 세주에는 「邈」이라고 되어 있고 上野本과 谷村本에도 「邈」으로 되어 있다.

** 「曠」은 이섬 주석에서 「闊」이라고 주석을 달고 있다. 「とほく」라고 훈독한 것이 적절한지 의문이다. 오히려 「曠遠」을 「はるかなり」라고 읽고 「綿邈」을 「とほし」라고 읽는 것이 맞을 듯하다.

(クヮウエン)ととほく (ベン)バクとはるかなり。

멀고 아득하다.

[이섬 주석]

「曠濶也. 綿邈竝遠也. 言鉅野洞庭, 皆濶遠也(광은 넓게 트인 것이다. 면과 막은 둘 다 멀다라는 뜻이다. 이 구의 의미는, 거야·동정호가 모두 넓고 아득할 만큼 멀다는 것이다.)」

➡ (거야동정이) 넓고 아득하게 멀다.

(162) 岩岫杳冥

岩[*]	岫 (ト)	杳 (ヨウ)	冥
ヱハヲ[**]ノクキハ[***]		ハルカニ ホノカニ	クラシ

[*] 上野本과 音決은 「巖」으로 되어 있다. 谷村本은 동대본과 같다.

[**] 「いはほ」의 잘못이다.

[***] 이섬 주석에 따른다면 「岩」과 「岫」를 각각 '바위산'과 '석굴'로 이해하는 것이 옳으므로 「いはほとくき」라고 훈독하는 것이 타당하다.

(ガムシウ)といはほのくきは　エウ(メイと)はるかに[ほのかに]くらし。
바위 줄기는 아득하고[희미하고] 어둡다.

[이섬 주석]

「山有石曰岩. 山有穴曰岫. 杳者遠也. 冥者冥冥之貌, 望之不見也. 說洞庭君山遠而難辨也(산에 돌이 많은 것을 암이라고 한다. 산에 구멍이 난 것을 수라고 한다. 묘는 멀다는 뜻이다. 명은 깊고 어둑어둑한 모양이어서 보려고 해도 볼 수 없다. 동정호의 군산은 멀어서 식별하기가 어려운 것을 말한다.)」

➡ 바위산과 석굴은 아득하고 어둑어둑하다.

(163) 治本於農

治 ニ음합부 本 ト 於 ナリハイヲ* 農 ニ 一

* 「農」에 가점되어야 할 훈이다. 「於」는 어조사이므로 일본어 번역, 즉 한문훈독에는 특별히 번역되지 않는 글자이다. 이러한 글자를 한문훈독에서는 부독자(不讀字)라고 한다.

★ 〈B→C→D→A〉의 순서로 번역. 〈AB음독→ト→B훈독→CD음독→ノ→CD훈독→A훈독〉의 순서로 몬젠요미. (164)구도 동일.

(チホン)ともと (ヨノウの)なりはひを{に} (をさむ)。
근본을 농사로 다스린다.

[이섬 주석]

「治國之本, 先務於農. 種植稼穡, 則可無饑. 是爲本業. 漢書曰, 農者天下之大本. 晉書曰, 稼穡者國之大本, 不可不急(나라를 다스리는 근본은 먼저 농사에 힘쓰는 것이다. 씨를 심어서 거두면 굶주리지 않는다. 이것을 본업으로 하는 것이다. 한서에 이르기를, '농사는 천하의 근본이다'라고 하였다. 진서에 이르기를, '심고 거두는 일은 나라의 근본이니 서두르지 않을 수 없다'고 하였다.)」

(164) 務玆稼穡

ム*		ノ**			シヨクト***	
務	=	玆	稼		穡	−
ツトム				モノツクリヲ		

* 「務」의 한음은 「ブ」이다.

** 동사 「つとむ」까지 걸리므로 「ト」가 기입되는 것이 옳다. 동일한 구문인 (163)구에는 「ト」가 기입되어 있다.

*** 명사 「ものつくり」에 걸리므로 「ノ」가 옳다.

ブ(シ)と(この) (カ)ショクのものつくりを つとむ。
이 농사에 힘쓴다.

[이섬 주석]

「(163)구 주석에 포함되어 있다.」

➡ 심고 거두는 일에 힘쓴다.

(165) 俶載南畝

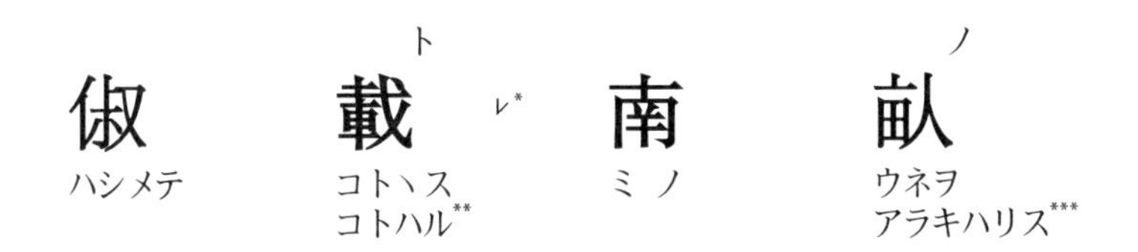

* 「南畝」 사이에 음합부가 기입되어 있다면 「レ」로도 어순지시를 할 수 있지만 그렇지 않으므로 「載」아래에 「ニ」가, 또 「南畝」 아래에 「一」이 기입되어야 한다.

** 지금으로서는 의미를 알 수 없다. 훈독문에 반영하지 않았다.

*** 「載」에 적힐 훈이 뒤쪽에 기입된 것으로 생각된다.

★ 〈A→C→D→B〉의 순서로 번역. 〈AB음독→ト→A훈독→CD음독→ノ→CD훈독→B훈독〉의 순서로 몬젠요미. (166)구도 동일.

(シュクサイ)とはじめて (ダムボ)のみ(なみ)のうねを こととす[あらきはりす]。

비로소 남쪽에 있는 밭두둑을 업으로 삼는다[개간한다].

[이섬 주석]

「俶者始也. 載者事也. 南畝田也. 藝耕耘也. 黍稷粳稻之名. 孟子曰, 后稷敎民稼樹藝五穀(숙은 비로소라는 뜻이다. 재는 일하다라는 뜻이다. 남묘는 밭을 말한다. 예는 씨뿌리고 김매는 것이다. 서직은 기장 종류의 이름이다. 맹자 (등문공상편)에 이르기를, '후직은 백성에게 가색을 가르치고 오곡을 심어서 다스리게 했다'고 하였다.)」

➡ 비로소 남쪽 이랑에서 일하고,

(166) 我藝黍稷

	ケイ		スイト*	シヨクノ
我	藝	レ*	黍	稷
	ウヘタリ		キヒ	ヒヘニ***

* 「黍」의 한음은 「ショ」이다. 「ト」는 불필요하다.

** (165)구와 마찬가지로 「黍稷」 사이에 음합부가 기입되어 있다면 「レ」로도 어순지시를 할 수 있지만 그렇지 않으므로 「藝」아래에 「ニ」가, 또 「黍稷」 아래에 「一」이 기입되어야 한다.

*** 목적격조사 「を」가 와야 한다.

(ガ)ゲイと(われは) ショショクのきびひえを うゑたり。

나는 기장과 피를 심었다.

[이섬 주석]

「(165)구 주석에 포함되어 있다.」

➡ 나는 기장과 피를 심는다.

(167) 稅熟貢新

ゼイ*	シユク		ト
稅	孰	貢**	新
ヲヽチカラ	ミノル时ハ	タテマツル	アヲ***

* 「稅」의 한음은 「セイ」이고 「ゼイ」는 관용음이다.

** 어순지시부호 「㆑」가 필요한 자리이다.

** 「アタラシキヲ」에서 「タラシキ」를 생략하고 「ア」와 「ヲ」를 붙여서 적었다.

★ 동대본은 〈A → B → D → C〉의 순서로 번역하고 있다. 그에 따른 몬젠요미는 〈AB음독 → ト → AB훈독 → CD음독 → ト → DC훈독〉이다. 그러나 이섬 주석에 따르면 〈B → A → D → C〉의 순서로 번역되어야 한다.

セイシュク(と)おほちからみのるときは (コウシン)とあ(たらしき)をたてまつる。
세금은 추수하면 새것으로 바친다.

[이섬 주석]

「古者公田上熟畝稅三升, 中熟畝稅一升. 先貢於君, 將薦宗廟. 故曰貢新也(고대에 공전은 상숙*일 때 1묘당 세금은 3승이고, 중숙일 때 1묘당 1승이다. 먼저 군주에게 헌상해서 그것을 종묘에 바치도록 한다. 그래서 햇것을 공물로 바친다고 한 것이다.)」

➡ 추수한 곡식(의 양)에 (따라) 세금을 매기고 햇것을 공물로 바친다.

* 상숙(上熟): 풍년을 상중하로 나눈 제일 윗단계.

(168) 勸賞黜陟

勸	**	賞	黜	陟
		ト	シユツ*	チヨクト
スメ		タマンモノヲ	シリソキ	ノホル

* 「黜」의 한음은 「チュツ」이다.

** 어순지시부호 「㆑」가 필요한 자리이다.

★ 〈B→A→C→D〉의 순서로 번역. 〈AB음독→ト→BA훈독→CD음독→ト→CD훈독〉의 순서로 몬젠요미.

> (クエンシャウ)とたまんものをす(す)め チュツチョクとしりぞきのぼる。
> 상을 주어 권장하고 내쫓고 올려준다.

[이섬 주석]

「黜者退也. 陟者升也. 勸令百姓農桑依時收種, 須令有功. 天子每年出使巡察, 問其善惡. 若有勸勵百姓農桑人安俗阜, 則賞之官爵也. 若不能勸謂境內不治, 則降官去爵, 黜退之也(출은 내쫓다라는 뜻이다. 척은 올려주다라는 뜻이다. 백성에게 농업과 양잠을 장려하여 때에 맞게 거두고 씨를 뿌리게 하여 공이 있게 해야 한다. 천자는 매년 사자를 보내 순찰을 돌게 하여 그 해의 풍흉을 살핀다. 만약 백성에게 농업과 양잠을 장려하고 지역의 인심이 안정되고 서민의 살림살이가 여유가 있다면 책임자에게 상으로 관직과 작위를 베푼다. 만약 제대로 농사를 권장하지도 않고 관할 지역이 다스려지지 않으면 작위를 몰수해서 물러나게 한다.)」

➡ 상을 주어 권장하고 (공이 없는 이를) 내쫓고 (공이 있는 이를) 승진시킨다.

(169) 孟軻敦素

云人ハ*	トン	ト
孟　軻	敦 **	素
	アツウス	モトヲ スナヲナルコヲ

* 「孟軻」는 인명 고유명사이다. 그러므로 「(と)いふひとは」와 같이 보독하였다.

** 어순지시부호 「㆑」가 필요한 자리이다.

★ 〈A → B → D → C〉의 순서로 번역. 〈AB음독 → ト+보독 → CD음독 → ト → DC훈독〉의 순서로 몬젠요미. (170)구도 동일.

(マウカと){いふひとは} トン(ソ)ともとを[すなほなることを]あつうす。

맹가라고 하는 사람은 바탕을[순수한 것을] 돈독하게 하였다.

[이섬 주석]

「孟子名軻. 爲人敦厚朴素, 人皆敬之(맹자는 이름이 가이다. 사람됨이 돈독하고 소박하여 사람들이 모두 그를 존경하였다.)」

(170) 史魚秉直

史	魚 (云人ハ*)	秉 (ヘイ / トル) **	直 (ト / スナヲナルコヲ / ナヲキヲ)

* 「史魚」는 인명 고유명사이다. 그러므로 「(と)いふひとは」와 같이 보독하였다.

** 어순지시부호 「レ」가 필요한 자리이다.

(シギョと){いふひとは} ヘイ(チョク)とすなほなることを[なほきを]とる。
사어라고 하는 사람은 순수한 것을[바른 것을] 취하였다.

[이섬 주석]

「史魚衛大夫, 爲人忠直. 時有蘧伯玉, 有賢才, 見君無道, 不肯仕. 史魚問之, 伯玉答曰, 邦有道則見, 邦無道則隱. 史魚曰, 我邦有道直如矢, 邦無道直如矢(사어는 위나라 대부로 사람됨이 충직했다. 당시 거백옥이라는 뛰어난 현자가 있었지만 그는 군주가 무도한 것을 보고 벼슬살이를 하려고 하지 않았다. 사어가 물었더니 백옥이 대답하기를, "나라에 도가 있으면 모습을 드러내고 나라에 도가 없으면 모습을 감춥니다."라고 하였다. 사어가 말하기를, "저는 나라에 도가 있을 때도 화살처럼 곧고 나라에 도가 없을 때도 화살처럼 곧습니다."라고 하였다.)」

➡ 사어는 곧은 마음을 지켰다.

(171) 庶幾中庸

シヨ	キト		
庻	幾	中	庸
コイネ	ネカイ*		ツネナリ**

* 「こひねがひ」라고 읽어야 한다. 「コイネ」와 「ネカイ」 양쪽 모두에 「ネ」가 있는데 두 번 적힌 것이다.

** 「中庸」은 사실상 훈독하기는 어렵다. 여기서는 이섬의 주석에 의거하여 「つね」라고 훈독한 것으로 보인다.

★ 〈A → B → C → D〉의 순서로 번역하는 기본유형으로 파악하였다. 이에 따르면 〈AB음독 → ト → AB훈독 → CD음독 → ノ → CD훈독〉의 순서로 몬젠요미를 한다. 그러나 의미상으로는 〈C → D → A → B〉의 순서로 번역하는 것이 바람직해 보인다.

ショキとこひねがひ (チウヨウの)つねなり。
바라여 항상됨[중용]이 있다.

[이섬 주석]

「中庸中常之道. 仲尼曰, 君子之中庸, 小人反中庸(중용은 중정하고 평상적인 도이다. 중니가 말하기를, "군자는 중용에 따라 살고 소인은 중용에 반한다."고 하였다.)」

➡ 중용에 가까우려면,

(172) 勞謙謹勅

勞	음합부	謙 ト	謹	勅 ト
	イタハリ			ツヽシム*

* 이섬의 주석에 따르면 네 글자를 각각의 동사로 훈독해야 하는데, 동대본에서는 두 글자씩 묶어서 이해한 것으로 보인다.

★ 기본유형. 〈A → B → C → D〉의 순서로 번역. 〈AB음독 → ト → AB훈독 → CD음독 → ト → CD훈독〉의 순서로 몬젠요미.

(ラウケム)といたはり (キンチョク)とつつしむ。
위로하고 삼간다.

[이섬 주석]

「勞謙謹勞行謹遜之道. 易曰, 勞謙君子有終吉. 勅者正也. 此言孟軻史魚二人, 庶幾爲中庸勞謙之. 君子能謹愼以自勅正也(노겸은 힘써 일하고 겸손하게 행동하는 것이다. 주역 (겸괘)에 이르기를, '애쓰고 겸손한 군자는 끝에 길함이 있다'고 하였다. 칙은 바로잡다라는 뜻이다. 이 두 구의 의미는, 맹자와 사어 두 사람이 중용의 도를 얻고자 하여 힘쓰고 겸손하게 행동했다. 군자는 능히 삼가며 그것으로써 자신을 바로잡는다는 것이다.)」

➡ 노력하고 겸손하며 삼가고 바로잡는다.

(173) 聆音察理

レイ		ント	ツ		リト
聆	㆑	**音**	**察**		**理**
キイテ		コヘヲ	アキラム	㆑*	コトハリヲ

* 「察」과 「理」 사이에 기입되어야 할 어순지시부호 「㆑」가 가나점 사이에 기입되어 있다.

★ 〈B → A → D → C〉의 순서로 번역. 〈AB음독 → ト → BA훈독 → CD음독 → ト → DC훈독〉의 순서로 몬젠요미. (174)구도 동일하다.

> レイ(イ)ムとこゑをきいて (サ)ツリとことわりをあきらむ。
> 목소리를 듣고 이치를 밝힌다.

[이섬 주석]

「聆聽也. 察審也. 听其音聲, 察其要也(영은 듣다라는 뜻이다. 찰은 살피다라는 뜻이다. 그 소리를 듣고 그 도리의 핵심을 이해하는 것이다.)」

(174) 鑑貌辨色

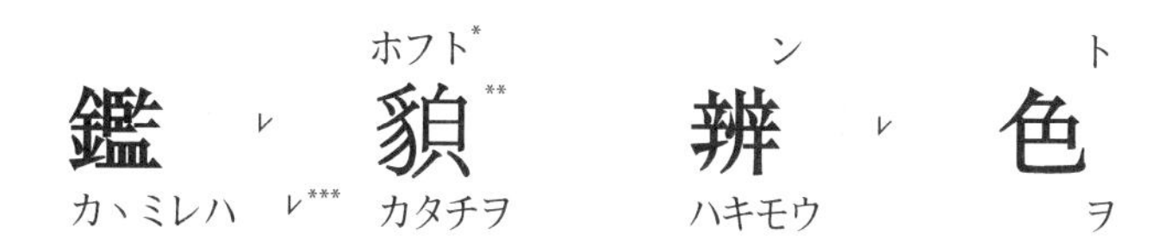

* 「貌」의 한음은 「バウ」이다.

** (161)구에도 이 글자가 적혀 있다.

*** 한자 사이에 어순지시부호 「ㇾ」가 기입되어 있는데 가나점 사이에도 기입되어 있는 것은 가나점 두 개가 붙어서 기입된 것을 나누어주기 위한 것으로 보인다.

(カム)バウとかたちをかがみれば (ヘ)ン(ショク)と(いろ)をわきまふ。

모습을 살펴서 기색을 가려안다.

[이섬 주석]

「鑑者觀也. 觀其容貌, 辨其顏色也(감은 보다라는 뜻이다. 용모를 보고서 그 안색을 헤아린다는 것이다.)」

(175) 貽厥嘉猷

ダイ*		ケツト			ユウト**	
貽	ニ	厥	嘉		猷	ヲ
ノコス		ソノ	ヨキ		ミチヲ	

* 「貽」는 오음·한음 모두 「イ」이다. 「台」의 음에 이끌려 그것의 한자음인 「ダイ」를 기입한 것으로 보인다. 上野本에는 「タイ」와 「イ」가 모두 기입되어 있고 「イ」에 합점이 달려 있다.

** 「よきみちを」라는 명사절에 걸리므로 「ノ」가 바람직하다. 동일한 구문인 (176)구의 해당 위치에는 「ノ」가 가점되어 있다.

★ 〈B→C→D→A〉의 순서로 번역. 〈AB음독→ト→B훈독→CD음독→ノ→CD훈독→A훈독〉의 순서로 몬젠요미. (176)구도 동일.

イクェツとその (カ)イウのよきみちを のこす。

그 좋은 도를 남긴다.

[이섬 주석]

「貽遺也. 厥其也. 嘉善*也. 猷道也. 言君子與人以善道也(이는 남기다라는 뜻이다. 궐은 그것이라는 뜻이다. 가는 좋다라는 뜻이다. 유는 도이다. 이 구의 의미는, 군자가 선도로써 사람과 함께함을 말한다.)」

* 「善」이 삽입되어 있다.

(176) 勉其祇植

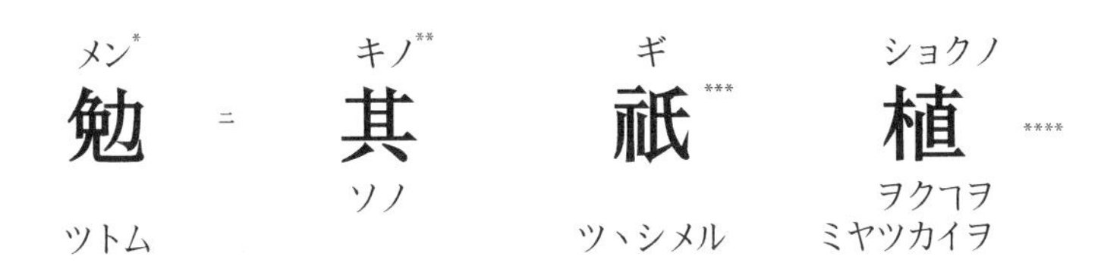

* 「勉」의 한음은 「ベン」이고 오음이 「メン」이다.

** 「勉」의 훈독 「つとむ」까지 걸린다고 본다면 「ト」가 바람직하다. 동일한 구문인 (175)구의 해당 위치에는 「ト」가 가점되어 있다.

*** 上野本의 본문은 「祗(공경할 지)」이고 한자음도 「シ」라고 기입되어 있다. 音決과 谷村本도 그러하다. 그러나 동대본은 「祇(토지의 신 기)」라고 적고 한자음도 「祇」의 한자음「ギ」를 적고 있다. 「祇」의 한음은 「キ」이고 오음은 「ギ」이다.

**** 어순지시부호 「¯」가 필요한 자리이다.

> ベンキとその キショクの(つつしみ)おくことを[つつしめるみやづかひを] つとむ。
> 그 삼가하여 남겨주는 것을[삼가는 관직을] 힘쓴다.

[이섬 주석]

「勉勸也. 祇敬也. 植*置也. 君子之人, 以善道, 相勸勉, 使其敬愼而行置, 夫忠孝之心也(면은 부지런하다라는 뜻이다. 기는 공경하다라는 뜻이다. 식은 두다라는 뜻이다. 군자는 선도로써 권면하여 공경하고 삼가는 자세로 행동하여 충효의 마음을 갖도록 한다.)」

➡ 그 공경과 (충효의 마음을) 남기는 일에 힘써라.

* 「桓」으로 되어 있다.

(177) 省躬譏誡

イ　　キウト　　　　　ト
省 ㇾ 躬 　譏 음합부 誡

★ 〈B → A → C → D〉의 순서로 번역. 〈AB음독 → ト → BA훈독 → CD음독 → ト → CD훈독〉의 순서로 몬젠요미.

(セ)イキウと(みをかへりみ)　(キカイ)と(そしりいましむ)。
몸을 돌아보고 나무라고 경계한다.

[이섬 주석]

「省察也. 躬身也. 譏誡猶警戒也. 君子之人, 勿使不義之事及其身, 常用省察也. 論語曰, 曾子曰, 吾日三省吾身者, 是也(성은 살피다라는 뜻이다. 궁은 몸[자신]이라는 뜻이다. 기계는 경계와 같은 의미이다. 군자는 불의가 자신의 몸에 미치지 않도록 하므로 늘 반성하는 것이다. 논어 (학이편)에 이르기를, '증자가 말하기를, "나는 매일 세 차례 나 자신을 반성한다."' 고 한 것이, 이것이다.)」

(178) 寵增抗極

テウ	ソウト			キヨクト
寵	增	抗	음합부	極
イツクシミ アハレミ	マス時ンハ セハ	タカフリ		キワマル

★ 기본유형. 〈A→B→C→D〉의 순서로 번역. 〈AB음독→ト→AB훈독→CD음독→ト→CD훈독〉의 순서로 몬젠요미.

> チョウソウといつくしみ[あはれみ]ますときんば[(ま)せば] (カウ)キョクとたかぶりきはまる。
> 사랑함이[가엾게 여김]이 더하면 오만함이 극에 달한다.

[이섬 주석]

「抗高也. 小人得寵, 高極不知止足. 特勢凌人, 則必招恥辱…此殆辱近恥之謂也(항은 뽐내다라는 뜻이다. 소인은 총애를 받으면 뽐내는 상태가 지나쳐서 만족해야 하는 정도를 모른다. 세력을 부려서 주위 사람을 능멸하면 반드시 치욕을 부르게 된다. … 이와 같은 것을 '태욕근치'라고 하는 것이다.)」

➡ 총애가 더하면 뽐냄이 극에 달한다.

(179) 殆辱近耻

	クト			チト
殆	辱	近	レ	耻
		チシ		
ホトン*	ハツカシメラル时ハ			ハチニ

* 「殆」을 여기서는 '거의'라는 의미로 훈독하였는데 '위태로움'이라고 이해하는 것이 바람직해 보인다.

★ 〈A→B→D→C〉의 순서로 번역. 〈AB음독→ㅏ→AB훈독→CD음독→ㅏ→DC훈독〉의 순서로 몬젠요미.

(タイジョ)クとほとん(ど)はづかしめらる(る)ときは (キン)チとはぢにち(か)し。
거의 치욕을 당하면 부끄러움에 가깝다.

[이섬 주석]

「(178)구 주석에 포함되어 있다.」

➡ 위태로움과 욕됨이 부끄러움에 가깝고,

(180) 林皐幸卽

林　皐(云人ハ*)(**)　幸(ミ キシ***)　卽(ト)(ツク)

* 「林皐」는 인명 고유명사이다. 해당 한자를 음독한 후에 「(と)いふひと」와 같이 보독을 하였다.
** 上野本의 본문은 「睾」으로 되어 있다. 「睾」과 「皐」두 글자 모두 오음·한음 「かう」이다.
*** 여기서 「幸」은 '다행히'라는 의미이므로 「み(ゆ)きし」라는 훈독은 적절하지 않다.

★ 〈AB → C → D〉의 순서로 번역. 〈AB음독 → ト + 보독 → CD음독 → ト → CD훈독〉의 순서로 몬젠요미.

(リムカウと){いふひとは} (カウショク)とみ(ゆ)きしつく。
임고라는 사람은 나아가 이르렀다.

[이섬 주석]

「林皐爲趙相, 生九子, 皆賢. 國人號爲九德之父, 十德之門. 趙王聞嫉之欲殺. 乃出勅曰, 欲幸諸園, 擇其樹木菓繁者伐之. 子謂父曰, 趙王欲伐*其樹木菓繁者. 林皐曰, 趙王欲殺我父子也. 木子繁尙猶殺之, 何況人乎. 父子乃相携入白雲*山, 終身不出. 王聞之嘆曰, 賢臣是林皐父子也(임고는 조나라 재상이고 아홉 명의 자식을 낳았는데 모두 어질었다. 나라 사람들이 일컬어, '구덕의 아버지와 십덕의 가문'이라고 하였다. 조나라 왕이 그 소식을 듣고 질투하여 죽이고자 하였다. 그래서 칙령을 내려 말하기를,

'여러 정원을 돌아보려고 하니 수목 가운데 열매가 많이 달린 것은 베어 내라' 고 하였다. 자식들이 아버지에게 묻기를, "조나라 왕이 수목 가운에 열매가 많은 것을 베라고 하는데 왜 그런 것일까요?"라고 하였다. 임고가 말하기를, "조나라 왕은 우리 부자를 죽이려고 하는 것이다. 나무에 열매가 많은 것을 베라고 하는데 하물며 사람의 경우는 말할 것도 없다."고 하였다. 부자는 이에 손을 잡고 백운산으로 들어가서 죽을 때까지 나오지 않았다. 왕은 그것을 듣고 탄식하며 말하기를, "현신이란 바로 저 임고 부자였구나!"라고 하였다.)」

➡ 임고는 다행히 나아갔다.

* 「代」로 되어 있다.

** 「雪」로 되어 있다.

(181) 兩疏見機

フ リノ　ト云人ハ*　ト
兩　疎　見 レ 機
ル　ヲコリヲ

* 「兩疎」는 한나라 대부 '소광'과 그의 아들 '소수'를 말한다. 따라서 인명 고유명사의 경우처럼 「疎」 뒤에 「いふひと」와 같이 보독을 한 것을 알 수 있다.

★ 〈A → B → D → C〉의 순서로 번역. 〈A훈독 → B음독 → ト+보독 → CD음독 → ト → DC훈독〉의 순서로 몬젠요미.

{ふ(た)りの}(ソ)と{いふひとは} (ケンキ)とおこりを(み)る。
두 명의 소라고 하는 사람은 낌새를 보았다.

[이섬 주석]

「漢時疎廣爲大傳, 子疎受爲小傳. 廣謂受曰, 吾聞知足, 不殆可以長久. 受曰, 子聞功成名遂身退, 天之道也. 父子遂謝病, 解印綬, 掛冠組於東都門上. 天子賜金三十斤, 太子賜五十斤. 公卿教人設餞於都門外, 送車百乘. 旣歸鄕里, 乃散金與鄕黨宗族*. 人嘆曰, 賢哉, 二大夫也(한나라 때 소광은 대부가 되고 아들 소수는 소부가 되었다. 광이 수에게 일러 말하기를, "내가 듣건대 만족할 줄 알면 위험해지지 않고 오래 편안하다."고 하였다. 수도 말하기를, "제가 듣기로 공을 이루고 이름을 이루면 물러나는 것이 하늘의 도라고 합니다."라고 하였다. 그래서 부자는 병을 핑계로 인수[도장 끈]을 풀어놓고 관을 동도문[장안 도성의 동문] 위에 걸어 두었다[사직했다]. 천자는 황금 30근을 하사했고 태자는 50근을 하사했다. 공경과 친구들이 동도문 밖에서 송별 잔치를 열었는데, 전송 나온 사람들의 수레가 100대나 되었다. (두 사람은) 고향으로 돌아가서 황금을 고향 사람과 친족들에게 나누어 주었다. 사람들이 감탄하여 말하기를, "어질구나, 두 대부는!"이라고 하였다.)」

➡ 양소[소광과 소수]는 기미를 보고

* 「於」로 되어 있다.

(182) 解組誰逼

		ト				ヒツ*ト
解	レ음합부	組		誰	음합부	逼
テ		クミヲ		タ カ		セメン

* 「逼」의 한음은 「ヒョク」이고 오음은 「ヒキ·ヒチ·ヒツ」이다.

★ 〈B → A → C → D〉의 순서로 번역. 〈AB음독 → ト → BA훈독 → CD음독 → ト → CD훈독〉의 순서로 몬젠요미.

(カイソ)とくみを(とき)て (スイ)ヒョクとた(れ)かせめん。
인끈을 풀고 (물러난 것을) 누가 나무라겠는가!

[이섬 주석]

「(181)구 주석에 포함되어 있다.」

(183) 索居閑處

索 ニ	居 ト	閑	処 ー
アラケ モトメ	ヲル*	シナル	ト ロニ

* 「索居」는 '고즈넉하게 거처한다'는 의미이다. 동대본의 훈독이 적절한 것인지 의심스럽다.

★ 〈C → D → A → B〉의 순서로 번역. 〈CD음독 → ノ → CD훈독 → AB음독 → ト → AB훈독〉의 순서로 몬젠요미.

> (カンショの)し(づか)なると(こ)ろに (サクキョ)とあらけ[もとめ]をる。
> 조용한 곳에 흩어져[구하여] 거한다.

[이섬 주석]

「索居猶所居肅索也. 兩疎既解組而歸, 卽索居閑處. 言無事也(삭거는 사는 곳이 고즈넉하다는 뜻이다. 두 소씨[소광과 소수]는 이미 끈을 풀어놓고 돌아가서 한가로운 곳에서 고즈넉하게 살았다. 이 구의 의미는, 해야 할 일이 없다는 것이다.)」

➡ 한가로운 곳에 고즈넉하게 거처한다.

(184) 沈默寂寥

沈 음합부 默(ト) 寂 寥(ト)

フカク モタシ シツカナリ*

* 뒤에 어순지시부호「レ」같은 것이 적혀 있으나 불필요하다.

★ 기본유형. 〈A→B→C→D〉의 순서로 번역. 〈AB음독→ト→AB훈독→CD음독→ト→CD훈독〉의 순서로 몬젠요미.

(チムボク)とふかくもだし (セキレウ)としづかなり。

깊이 침묵하며 고요하다.

[이섬 주석]

「沈深也. 默無言也. 寂寥靜也. 言索居閑居之時, 意味如此也(침은 깊다라는 뜻이다. 묵은 말이 없다는 뜻이다. 적료는 고요하다라는 뜻이다. 이 구의 의미는, 한가로운 곳에 고즈넉하게 살 때의 맛이 이와 같다는 것이다.)」

(185) 求古尋論

* 「論」은 「尋」의 목적어인데 '논하다'라는 동사로 훈독한 것은 잘못이다. 〈B → A → D → C〉의 순서로 번역되는 것이 바람직하다.

★ 〈B → A → C → D〉의 순서로 번역. 〈AB음독 → ト → BA훈독 → CD음독 → ト → DC훈독〉의 순서로 몬젠요미. (186)구도 동일.

(キウコ)とふ(るき)を(もと)む (シムロン)と(たづ)ねあらそふ[ろんず]。
옛 것을 구하고 묻고 논한다.

[이섬 주석]

「隱居無事, 則搜求往古賢人議論. 志慮肅散, 自樂逍遙也(은거하여 해야 할 일이 없어지면 옛 현인들의 의론을 찾아 구한다. 기분이 후련하고 맺힌 것이 없어 저절로 한가로이 노니는 것을 즐기게 된다.)」

➡ 옛것을 찾고 (현인의) 논의를 묻는다.

(186) 散慮逍遙

散[*]	慮 ト	逍	遙 ト
カ[**]キラカニメ	ヲモンハカリヲ		タノシム[***]

* 어순지시부호「ㆁ」가 필요한 자리이다.

** 「ア」의 잘못이다. 즉「散」을「あきらかにして」라고 읽었다. 그러나 여기서의「散」은 '분명하게 하다'라는 의미가 아니라 '마음을 풀다'라는 의미로 쓰였으므로 적절하지 않다.

*** 「逍遙」는 두 글자가 하나의 단어로 기능하므로「たのしむ」라는 한 단어로 훈독한 것은 바람직하다. 그러나 의미상 적절한지는 의문이다.

> (サンリョ)とおもんぱかりをあきらかにして　(セウエウ)とたのしむ。
>
> 사려를 분명히 하고 즐긴다.

[이섬 주석]

「(185)구 주석에 포함되어 있다.」

➡ 생각을 흩어버리고 한가로이 노닌다.

(187) 欣奏累遣

ン	ト	ルイ	イト
欣	奏	累	遣
ヨロコヒ	イタレハ	ワヅライヽタル**	

* 이본(異本) 주기로 「遣」가 기입되어 있으나 「遣」이 맞다. 한자음도 「遣」의 한자음 「イ」가 기입되어 있으나 잘못이다. 上野本, 谷村本 모두 「遣」이다.

** 「遣」을 「イタル」라고 읽은 것은 적절하지 않고 '물러간다, 떠난다'의 의미로 훈독해야 한다.

★ 기본유형. 〈A→B→C→D〉의 순서로 번역. 〈AB음독→ト→AB훈독→CD음독→ト→CD훈독〉의 순서로 몬젠요미. (188), (189)구도 동일.

(キ)ン(ソウ)とよろこびいたれば　ルイ(ケン)とわづらひいたる。

기쁨이 이르면 걱정이 이른다.

[이섬 주석]

「欣歡皆喜樂也. 戚哀也. 謝去也, 招來也. 言哀去則樂生也(흔과 환은 모두 기쁘고 즐겁다라는 뜻이다. 척은 슬프다라는 뜻이다. 사는 가버리다, 초는 오다라는 뜻이다. 이 두 구의 의미는, 슬픔이 가면 즐거움이 생긴다는 것을 말한다.)」

➡ 기쁨이 오면 근심은 물러간다.

(188) 戚謝歡招

戚*	謝	歡	招
ウレイ カナシミ	ト サル时ハ サク	ヨヒ	ト キタル

* (205)구에 「戚」이 등장한다. 여기서는 의미상 「慼」이 와야 한다. 上野本과 音決은 「慼」이다. 谷村本은 동대본과 같다.

(セキシャ)とうれひさるときは[かなしみさく(ときは)] (クヮンセウ)とよ(ろこ)びきたる。

걱정이 떠날 때는[슬픔이 없어지면] 기쁨이 다다른다.

[이섬 주석]

「(187)구 주석에 포함되어 있다.」

➡ 슬픔이 사라지면 즐거움이 찾아온다

(189) 蕖荷的皪

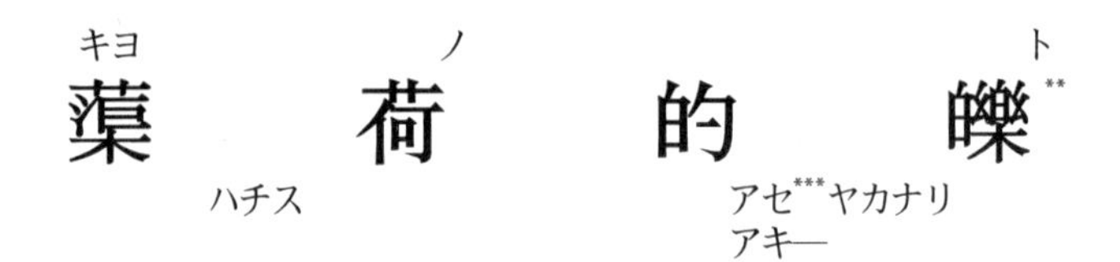

* 上野本과 音決은「渠」이다. 谷村本은 동대본과 같다.

** 이본(異本) 주기로「歴」이 기입되어 있다. 上野本, 音決, 谷村本의 본문은「歴」이다.

***「サ」의 잘못이다.

キョ(カ)のはちす　(テキレキ)とあざやかなり[あき(らかなり)]。
연꽃은 선명하다[확연하다].

[이섬 주석]

「蕖芙蕖蓮花也. 荷葉也. 的皪鮮潔之貌也(거는 부거·연화[연꽃]이다. 하는 잎이다. 적력은 뚜렷하고 깨끗한 모양이다.)」

➡ 연꽃잎이 산뜻하다.

(190) 園莽抽條

★ 〈A → B → D → C〉의 순서로 번역. 〈AB음독 → ノ → AB훈독 → CD음독 → ト → DC훈독〉의 순서로 몬젠요미.

(エンバウ)のそののくさ (チウテウ)とえだを(ぬき)んで(たり)。
동산의 풀은 가지를 뻗친다.

[이섬 주석]

「莽草也. 抽長也. 園中草莽生枝條也(망은 풀이다. 추는 자라다라는 뜻이다. 동산에 풀들이 뻗치며 자라는 것이다.)」

(191) 枇杷晩翠

枇 음합부 杷 晩 음합부 翠

コノミハ* ク ミトリ ト

* 「枇杷」는 과실을 가리키는 것은 맞지만 「晩翠」와의 관계에서 볼 때 여기서는 나무 전체를 가리킨다고 보아야 할 것이다.

★ 기본유형. 〈A → B → C → D〉의 순서로 번역. 〈AB음독 → ノ → AB훈독 → CD음독 → ト → CD훈독〉의 순서로 몬젠요미. (192)구에서 (195)구도 동일.

(ヒハの)このみは (バンスイ)と(おそ)くみどり(なり)。
나무열매[비파 열매]는 늦도록 푸르다.

[이섬 주석]

「枇杷菓名也. 其葉耐寒不凋. 故曰晩翠也(비파는 과일 이름이다. 그 잎은 추위를 견뎌내서 떨어지지 않는다. 그래서 만취[늦게까지 푸르다]라고 한 것이다.)」

➡ 비파는 (그 잎이) 늦도록 푸르다.

(192) 梧桐早凋

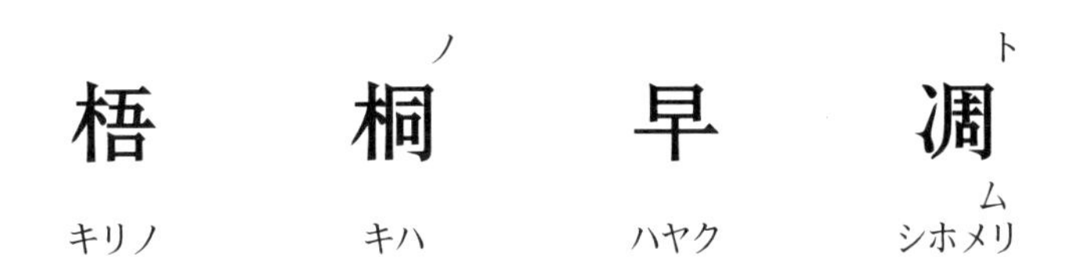

(ゴトウ)のきりのきは (サウテウ)とはやく(しぼ)む[しぼめり]。

오동나무는 빨리 시든다.

[이섬 주석]

「梧桐木名. 其葉凋落獨早. 淮南子曰, 梧桐一葉落, 而天下知秋也(오동은 나무 이름이다. 그 잎이 떨어지는 것은 홀로 빠르다. 회남자에 이르기를, '오동나무 한 잎이 떨어지면 세상은 가을이 온 줄 안다'고 하였다.」

➡ 오동나무는 (가을에) 일찍 잎이 떨어진다.

(193) 陳根委翳

	ノ	イ	ヱイト
陳	**根**	**委**	**翳**
フルキ	ネハ	ハ*タカマル シホミ	カクル

* 「ワ」의 잘못이다. 「ワ」로 시작하는 동사의 「ワ」를 「ハ」로 적은 예가 다른 구에서도 확인 된다.

(チンコン)のふるきねは　ヰエイとわだかまる[しぼみかくる]。
오래된 뿌리는 엉킨다[시들고 스러진다].

[이섬 주석]

「陳舊也. 樹木之根既久, 皆委翳盤生於地(진은 오래되다라는 뜻이다. 나무뿌리가 오래 되면 모두 시들어서 땅바닥을 뒤덮고 다시 땅에서 새로 나는 것과 엉키게 된다.)」

(194) 落葉飄颻

(ラクエフ)のおちばは　(ヘウエウ)とひるがへる。

낙엽은 나부낀다.

[이섬 주석]

「木葉凋落, 隨風飄颻, 若舞也(나무의 잎이 떨어질 때 바람에 따라 나부끼는 것이 마치 춤추는 것과 같다.)」

(195) 遊鵾獨運

コンノ			
遊	鵾*	独	運
ヲウ	トリ**	リ	メクツテ

* 「鵾」에 「鯤」이라는 이본(異本) 주기가 달려 있다.

** 「遊鵾」을 「ヲウトリ」 즉 「おほとり」로 훈독하여 「遊」는 읽지 않은 셈이다.

(イウ)コンのおほとり　(トクウンとひと)りめぐって、

큰새가 혼자 돌아다니며,

[이섬 주석]

「霄天也, 絳者紅也. 鵾者大魚, 化爲鵬鳥者也. 莊子曰, 北溟有魚, 其名曰鵾, 化而爲鳥. 其名曰鵬. 搏扶搖而上, 則九萬里. 其翼若垂天之雲. 此言鵾化飛, 搏於天上也(소는 하늘이고 강은 붉다는 뜻이다. 곤은 큰 물고기가 변해서 붕조가 된 것이다. 장자 (소요유)에 이르기를, '북명에 물고기가 있었는데 그 이름을 곤이라 불렀다. 변해서 새가 되었다. 그 이름을 붕이라 불렀다. 회오리바람에 날갯짓을 하며 위로 오르면 9만리를 갔다. 그 날개가 하늘에 드리운 구름과 같았다' 고 하였다. 이 두 구의 의미는, 곤이 변신하고 날아올라 천상으로 날갯짓을 해 간다는 것을 말한다.)」

➡ 노니는 곤어는 홀로 돌아다니다가,

(196) 凌摩絳霄

凌=摩ト絳霄ノ一

シノキ ナデ* ヲウソラヲ**

* 짝수구이므로「なづ」와 같이 종지형이 오는 것이 옳은데 연용형이 기입되어 있다.

** 「絳」은 붉다는 뜻이고「霄」는 하늘이라는 뜻이다.「絳霄」는 두 글자를 합쳐서「ヲウソラ」즉「おほぞら」라고 훈독하여「絳」에 대해서는 훈독하지 않았다.

★ 〈C→D→A→B〉의 순서로 번역. 〈CD음독→ノ→CD훈독→AB음독→ト→AB훈독〉의 순서로 몬젠요미.

(カウセウ)のおほぞらを (リョウバ)としのぎなで、

창공을 넘고 어루만지고,

[이섬 주석]

「(195)구 주석에 포함되어 있다.」

➡ (붕새가 되어) 붉은 하늘에 솟구쳐 다다른다.

(197) 耽讀翫市

タン		ト			ト
耽	음합부	読	翫	ㇾ	市
フケリ		ヨム时ハ*	モテアソフ		イチニ

* 이섬 주석에서 보는 바와 같이 조건절로 읽을 만한 근거가 없다. 오히려 AB를 CD의 원인으로 파악하는 것이 옳다.

★ 〈A→B→D→C〉의 순서로 번역. 〈AB음독→ト→AB훈독→CD음독→ト→DC훈독〉의 순서로 몬젠요미. (199)구도 동일.

> タム(トク)とふけりよむときは (グヮンシ)といちにもてあそぶ。
> 빠져서 읽을 때는 시장에서 책을 가지고 논다.

[이섬 주석]

「耽愛慕也. 漢時王充家貧, 無書讀. 每於洛陽市, 閱所賣書, 一見更誦得不忘. 故曰翫市則常寓目於書囊箱筺之間也(탐은 아끼고 사모하는 것이다. 한나라 때 왕충은 집이 가난해서 읽을 책이 없었다. 늘 낙양의 시장에 가서 파는 책을 읽었고 한 번 보기만 하면 곧 외워서 잊어버리지 않았다. 그래서 '시장에서 노닐 때 늘 책의 주머니나 상자에 눈을 붙들어 맸다'고 한 것이다.)」

➡ 책 읽기를 즐겨서 시장에서 (책에) 빠져 읽고,

(198) 寓目囊箱

★ 〈B → C → D → A〉의 순서로 번역. 〈AB음독 → ト → B훈독 → CD음독 → ノ → CD훈독 → A훈독〉의 순서로 몬젠요미. (200)구도 동일.

(グボクと)めを (ダウシャウ)のふくろ·はこまでに よす。
눈을 주머니, 상자에 붙인다.

[이섬 주석]

「(197)구 주석에 포함되어 있다.」

➡ 눈을 (책을 넣은) 자루나 상자에 붙인다[떼지 못한다].

(199) 易輶攸畏

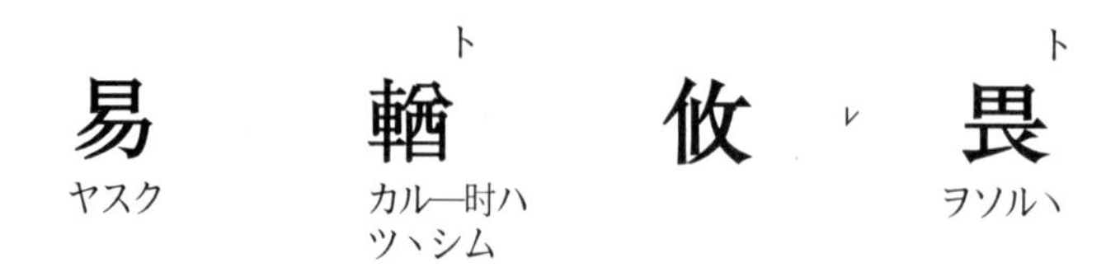

(イイウ)とやすくかるがる(しき)ときは[つつしむ(ときは)] (イウヰ)とおそるるところなり。

쉽고 가벼울 때는[삼갈 때는] 두려워해야 하는 바이다.

[이섬 주석]

「易者簡略也. 輶者愼也. 攸者所也. 言君子有所畏愼也, 言不妄出, 每屬耳於垣墻之外. 恐悲禍及於己身也(이는 간략하다라는 뜻이다. 유는 삼가다라는 뜻이다. 유는 장소이다. 이 구의 의미는, 군자가 두려워하고 조심해야 하는 바가 있어서 경솔하게 말하지 말고 늘 담 밖(의 동태)에 귀를 기울이라는 것이다. 슬픈 일이나 재앙이 자신에게 닥치지 않도록 두려워하는 것이다.)」

➡ 삼감을 가벼이 하는 것은 두려워해야 하는 바이니,

(200) 屬耳垣墻

* 의미상 명령형으로 훈독하는 것이 바람직하다.

(ショクジとみみ)を (エンシャウ)のかき[かきに]·かべに つく。

귀를 담장[벽]·벽에 붙인다.

[이섬 주석]

「(199)구 주석에 포함되어 있다.」

➡ 귀를 담장에 붙여(서 주의를 기울여)라.

(201) 具膳飡飯

キウ[*]		ト				
具	[**]	膳	飡	㆑	飯
ソナヘテ		アツモノヲ[***]	クライ		イヽヲ

[*] 「具」의 한음은 「ク」이다.

[**] 「㆑」가 생략되었다.

[***] 「膳」은 '음식'을 가리키므로 「あつもの」라고 읽은 것은 의미를 좁힌 것이다.

★ 〈B → A → D → C〉의 순서로 번역. 〈AB음독 → ト → BA훈독 → CD음독 → ト → DC훈독〉의 순서로 몬젠요미. (202)구도 동일.

ク(セン)とあつものをそなへて (サンハンと)いひをくらひ、
국을 갖추어서 밥을 먹고,

[이섬 주석]

「具備也. 膳飯食也. 言飯食惟在於適口充腸, 一飯一飽而已. 雖多亦奚以爲也(구는 갖추다라는 뜻이다. 선은 음식이다. 이 두 구의 의미는, 식사는 단지 입에 맞아 배부르면 되고 한 가지 식사로 배부르면 된다는 것이다. (요리의 수가) 많다고 하더라도 어디에 쓰겠는가?)」

➡ 음식을 갖추어 밥을 먹는 것은,

(202) 適口充腸

適	ㇾ 음합부	口	充	음합부	腸 ト
カナイ		クチニ	ミツ	ㇾ*	ハラニ

* 한자 사이에 있어야 할 「ㇾ」가 가나점 사이에 기입되어 있다.

** 「適」이 「ゆく·かなう」의 의미일 때는 한음이 「セキ」, 오음이 「シャク」, 관용음이 「テキ」이다.

(セキコウと)くちにかなひ　(シウチャウ)とはらにみつ。

입에 맞고 배가 찬다.

[이섬 주석]

「(201)구 주석에 포함되어 있다.」

➡ 입에 맞고 배를 채우면 족하다.

(203) 飽飫烹宰

	ヨウ*ト		ホウ カフ**		ノ
飽	飫	***	烹	宰	****
アク时ハ アキヌル	アマモ*****		ヨキモノ******	ヲサク*******	

* 「飫」의 한음은 「ヨ」이다.

** 「烹」의 한음은 「ハウ」이다. 「カウ」라고 읽은 것은 「烹」의 윗부분인 「亨」의 한자음을 유추해서 기입한 것으로 보인다.

*** 「ニ」가 생략되어 있다.

**** 「ー」이 생략되어 있다.

***** 「アマシ」의 잘못으로 생각된다. 「飽飫」는 두 글자로서 '배부르다'라는 의미로 쓰였으므로 동대본에서 두 글자를 나누어 읽은 것은 잘못이다.

****** 「烹」은 '삶은 고기'를 의미하므로 「よきもの」라고 훈독한 것은 적절치 않다.

******* 「ヲサヘ」의 잘못이다.

★ 〈A→C→D→B〉의 순서로 번역. 〈AB음독→ト→A훈독→CD음독→ノ→CD훈독→B훈독〉의 순서로 몬젠요미. (204)구도 동일.

(ハウ)ヨとあくときは[あきぬる(ときは)] ハウ(サイ)のよきものをさへあまし、
배부를 때는 좋은 것조차 남기고,

[이섬 주석]

「烹煮也. 宰割也. 烹宰多而食之, 已飽則饜飫, 不能更食也(팽은 익힌 것이다. 재는 썬 것이다. 요리가 많이 있어도 먹어서 이미 배가 부르다면 질려서 더 이상 먹을 수 없는 것이다.)」

➡ 배부르면 삶은 고기도 먹기 싫고,

(204) 飢厭糟糠

飢	厭	糟	糠
ユレバ*	エント イタウ** ニ	カウ***	ノ ヌカヲ ー

* 「うう」의 활용형이므로 「ううれば」가 맞다.

** 「イトフ」의 잘못이다. 이섬 주석에 따르면 이 구문은 문말을 「いとはんや」와 같이 반어법으로 종지하는 것이 옳다. 동대본에서 종지형을 사용하여 단정으로 문말을 맺은 것은 이 구의 의미를 정확하게 반영하고 있지 못하다고 할 수 있다.

*** 「カス」의 잘못일 것이다.

(キ)エムと(う)うれば　(サウカウ)のかす·ぬかをいとふ。

굶주리면 겨와 지게미를 싫어한다.

[이섬 주석]

「飢儉之人, 以食由恐不飢(가난해서 굶주린 사람은 (지게미와 쌀겨를) 먹더라도 배불리 먹지 못할까 걱정한다.)」

➡ 배고프면 거친 식사라도 꺼리겠는가.

(205) 親戚故舊

親 戚ノ 故 舊ノ
シキ ヤカラ フキ トモ

* 「親戚」은 '친척'이라는 의미이므로 「したしきやから」와 같이 두 단어로 분리하여 훈독하는 것은 적절하지 않다. 몬젠요미를 위해 훈으로 읽으려다보니 각 한자를 분리하여 훈독한 것으로 생각된다.

★ 기본유형. 〈A→B→C→D〉의 순서로 번역. 〈AB음독→ノ→AB훈독→CD음독→ノ→CD훈독〉의 순서로 몬젠요미.

(シンセキ)のし(たし)きやから (コキウ)のふ(る)きとも、
친근한 무리와 오랜 친구,

[이섬 주석]

「至親曰親, 傍親曰戚. 兄弟曰親, 姑姨曰戚. 從前知識曰故舊. 雖經富貴貧賤, 不可忘親戚故舊也(가장 가까운 친족을 친이라고 하고, 방계의 친족을 척이라고 한다. 형제는 친이고 고모와 이모는 척이라고 한다. 옛날부터 알고 지내는 사이를 고구라고 한다. 자신이 부귀할 때나 가난할 때나 그런 친척과 친구를 잊지 않는다.)」

➡ 친척과 오랜 친구(를 대접할 때에는),

(206) 老少異糧

★ 〈A → B → D → C〉의 순서로 번역. 〈AB음독 → ト → AB훈독 → CD음독 → ト → DC훈독〉의 순서로 몬젠요미.

(ラウセウ)とおい(たるも)[おいも]わ(かき)も (イリャウ)とかてをことに(す)。
늙은 자도 어린 자도 양식을 달리한다.

[이섬 주석]

「老者食精細, 少者食麤粝(나이 든 사람은 곱게 빻은 쌀을 먹고 젊은 사람은 거친 현미를 먹는다.)」

➡ 노인과 젊은이는 음식을 달리해야 한다.

(207) 妾御紡績

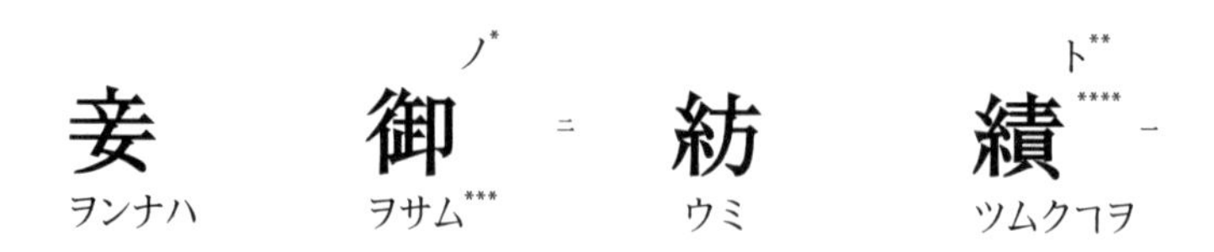

* 「妾」의 훈인 「をんな」라는 명사에 걸리므로 「ノ」를 기입한 것으로 보인다.

** CD에 해당하는 「紡績」의 훈이 명사구이므로 「ノ」가 기입되는 것이 옳다. 그런데 「ト」가 기입된 것은 B의 훈독인 「をさむ」를 의식한 것일 가능성이 있다. (208)구에서도 동일한 부분에 「ト」가 기입되어 있다.

*** 「妾御」는 '여성'을 가리키는 말이다. 그런데 上野本, 音決, 谷村本도 모두 「御」를 동사로 읽었다.

**** 上野本, 谷村本은 「績紡」으로 되어 있다.

★ 〈A→C→D→B〉의 순서로 번역. 〈AB음독→ノ→A훈독→CD음독→ト→CD훈독→B훈독〉의 순서로 몬젠요미.

> (セフギョ)のをんなは　(ハウセキ)とうみつむぐことを　をさむ。
> 여자는 잇고 짜는 것을 맡는다.

[이섬 주석]

「婦人以紡績爲功也(부인은 실 잣는 일로써 공을 삼는다.)」

➡ 처첩은 실을 잣고,

(208) 侍巾帷房

シ			ト*	
侍	巾	=	帷	房	−
ハンヘル时ハ	ノゴフ		カタヒラ	ユカヲ**

* (207)구의 경우와 마찬가지로 CD에 해당하는 「帷房」이 명사이므로 「ノ」가 기입되는 것이 옳다. 그런데 「ト」가 기입된 것은 B의 훈독인 「のごふ」를 의식한 것일 가능성이 있다.

** 아래 이섬 주석의 번역에서 보는 바와 같이 동대본의 훈독은 이 구의 의미를 정확하게 반영하지 못하고 있다.

★ 〈A → C → D → B〉의 순서로 번역. 〈AB음독 → ト → A훈독 → CD음독 → ト → CD훈독 → B훈독〉의 순서로 몬젠요미.

シ(キンと)はんべるときは (ヰハウ)とかたびら·ゆかを のごふ。
모실 때는 장막, 바닥을 닦는다.

[이섬 주석]

「婦人奉夫, 執巾櫛之禮. 帷帳, 房室也(부인이 남편을 모실 때는 수건과 빗을 드는 예절을 차린다. 유는 장막, 방은 거실이다.)」

➡ 수건과 빗을 들고 장막 친 방에서 남편의 시중을 든다.

(209) 紈扇圓潔

クワン		ノ		ト
紈	음합부	扇	圓*	潔**
カトリノ		アフキハ	マロク	イヨシ

* 上野本의 본문은 「員」이다.

** (41)구 「女慕貞潔」에 이미 「潔」이 쓰였다.

★ (213)구까지 기본유형. 〈A → B → C → D〉의 순서로 번역. 〈AB음독 → ノ 혹은 ト → AB훈독 → CD음독 → ノ 혹은 ト → CD훈독〉의 순서로 몬젠요미.

クヮン(セン)のかとりのあふぎは　(エンケツ)とまろくい(さぎ)よし。
명주로 된 부채는 둥글고 깨끗하다.

[이섬 주석]

「齊地出紈素. 可以爲扇. 文選班婕妤詩, 新裂齊紈素, 皎潔如霜雪. 裁爲合歡扇, 圓圓似明月矣(제나라에서 환소를 생산한다. 그것으로 부채를 만들 수 있다. 문선에 실린 반첩여의 시 (원가행)에 '새로 제나라의 명주를 자르니 희고 깨끗하여 서리와 눈이 내린 것 같네. 이걸 마름질하여 합환선을 만드니 둥글둥글하여 저 밝은 보름달과 같네'라고 하였다.)」

➡ 흰 깁으로 만든 부채는 둥글고 깨끗하며,

(210) 銀燭煒煌

ノ		ト
銀	燭	煒	煌
シロキ	トモシヒ	テレリ カヽヤク	

(ギンショク)のしろきともしび　(クヰクヮウ)とてれり[かがやく]。

은빛 촛불이 빛난다.

[이섬 주석]

「煒煌言燭光也. 晉書傳咸燭賦曰, 揚丹輝之煒煒, 熾朱焰之煌煌也(위황은 촛대의 빛이다. 진서에 실린 부함의 촉의 부에서 말하기를, '반짝반짝 빛나는 붉은 빛을 들어 붉은 불빛이 번쩍번쩍 빛난다'고 하였다.)」

(211) 晝眠夕寐

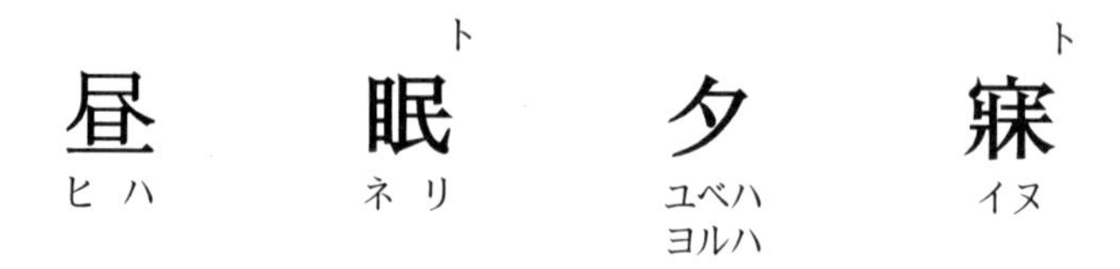

(チウベン)とひ(る)はね(む)り (セキビ)とゆ(ふ)べは[よるは]いぬ。
낮에는 자고 저녁[밤]에는 잔다.

[이섬 주석]

「邊韶字孝先, 敎授弟子, 嘗晝臥. 弟子嘲之曰, 邊孝先腹便便, 懶讀書, 但欲眠. 韶答曰, 邊爲姓孝先爲字. 腹便便, 五經笥. 臥與周公通夢, 坐與孔子同意. 師之可嘲, 出何典記. 弟子不能答也(변소는 자가 효선인데 일찍이 제자들을 가르치다가 낮잠을 잔 일이 있었다. 제자들이 이 일을 비웃으며 말하기를, "변효선은 뒤룩뒤룩 뱃살만 찌고 책 읽기에는 게으르고 잠만 자려고 한다."고 하였다. 소가 답하여 말하기를, "변이 성이고 효선을 자로 한다. 뒤룩뒤룩한 배에는 오경*이 들어 있네. 누워서는 주공과 꿈에서 통하고 앉아서는 공자와 뜻을 같이 하네. 이런 나를 스승으로 삼으면서 비웃음거리로 삼아도 좋다는 것은 어디에 근거한 것인가?"라고 하였다. 제자들은 답할 말이 없었다.)」

* 오경(五經): 역경(易經)·서경(書經)·시경(詩經)·예기(禮記)·춘추(春秋).

(212) 籃筍象床

籃	筍	象	床
タカンナ タカムシロ		キザ[**]ノ	ユカ

[*] 上野本과 音決은「藍」이다. 谷村本은 동대본과 같다.

[**] 탁점이 기입되어 있으나「きさ」가 옳다.

(ラムシュンの)たかんな[たかむしろ]　(シャウサウの)きさのゆか。

죽순[대로 짠 자리], 상아로 만든 침상.

[이섬 주석]

「藍笋竹[*]也. 珍美可食也. 楚獻象牙牀於孟嘗君也(남순은 대나무이다. 진귀한 맛이 있어서 먹을 수 있다. 초나라에서 상아로 만든 침대를 맹상군에게 바쳤다.)」

➡ 대나무 자리와 상아로 꾸민 침상이 있다.

[*] 「廾」으로 되어 있다.

(213) 絃歌酒讌

絃	歌(ト)	酒	醼(ント)*
コトヒキ	ウタフ	タノシム サカモリス	

* 上野本의 본문은 「讌」이고 난하에 「醼」이라는 이본주기가 적혀 있다. 音決은 「宴」, 谷村本은 「醼」이다.

(ケンカ)とことひきうたふ。 (シウエ)ンとたのしむ[さかもりす]。
거문고를 뜯고 노래를 부른다. 즐긴다[주연(酒宴)을 연다].

[이섬 주석]

「飮醼之時, 以絃歌而取樂(주연을 할 때 현악기를 연주하고 노래를 불러서 즐거움을 취한다.)」

(214) 接杯擧觴

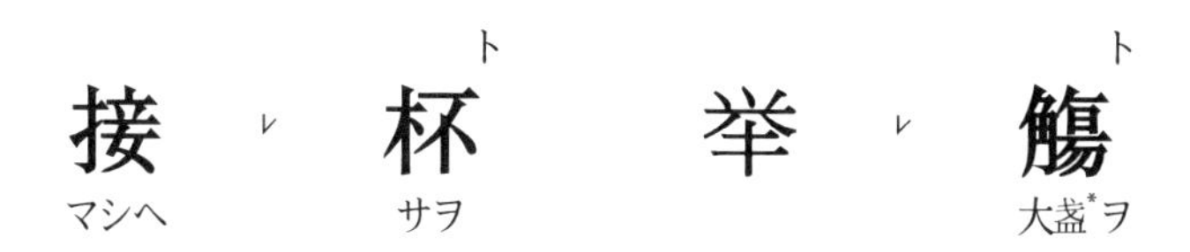

* 가나점이 올 자리에 「大盞」이라고 한자로 적혀 있다. 아래 훈독문에서는 이 두 글자를 훈으로 읽어서 「おほさかづき」라고 하였다.

★ 〈B → A → D → C〉의 순서로 번역. 〈AB음독 → ト → BA훈독 → CD음독 → ト → DC훈독〉의 순서로 몬젠요미. (215)구도 동일.

(セフハイ)とさ(かづき)をまじへ (キョシャウ)とおほさかづきを(あぐ)。

잔을 권하고 큰 잔을 든다.

[이섭 주석]

「杯觴竝酒器. 飮醼之時, 擧杯遞相勸酬也(배와 상은 모두 술잔이다. 주연을 할 때 잔을 들어서 서로 술을 권한다.)」

➡ 술잔을 받고 잔을 든다.

(215) 矯手頓足

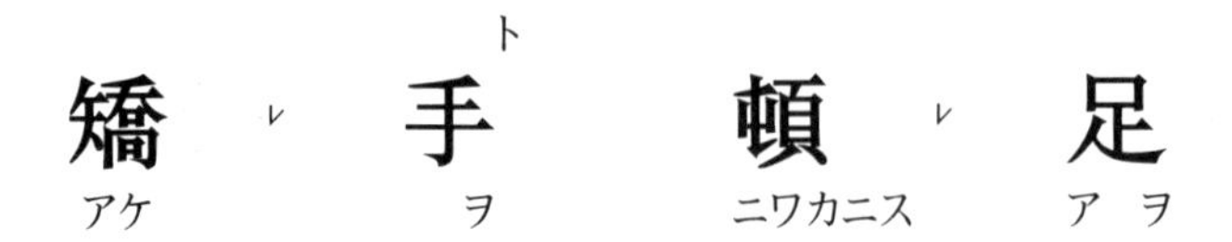

(ケウシウ)と(て)をあげ　(トンショクと)あ(し)をにはかにす。

손을 들고 발을 구른다.

[이섬 주석]

「擧手動足之貌也(손을 들고 발을 구르는 모양이다.)」

(216) 悅豫且康

	ト	シヤ	ト
悅	豫	且	康
ヨロコヒ	タノシム ミ	カツ	ヤスシ

★ (216)구에서 (218)구 기본유형. 〈AB음독→ノ 혹은 ト→AB훈독→CD음독→ノ 혹은 ト→CD훈독〉의 순서로 몬젠요미.

(エツヨ)とよろこびたのしむ。[(たのし)み、] シャ(カウ)とかつやすし。
기뻐하고 즐긴다. 또한 편안하다.

[이섬 주석]

「悅樂豫和也. 康安也. 飮醼之時, 和悅如此也(열은 즐겁다는 뜻이고, 예는 온화하다는 뜻이다. 강은 편안하다는 뜻이다. 주연을 할 때 조화롭고 즐거운 것이 이와 같다는 것이다.)」

➡ 즐겁고 조화로우며 또한 편안하다.

(217) 嫡後嗣續

テキ 嫡 ハシメノコ	後 ノチノコ*	嗣 ツキ	ト 續

* 「嫡後」는 '적장자'라는 의미이므로 하나의 단어로 읽는 것이 옳다. 그러나 동대본에서는 두 글자를 따로따로 훈독하여 본래 의미에서 벗어나게 되었다. 音決도 谷村本도 동대본과 같이 훈독하였다.

テキ(コウの)はじめのこ·のちのこ　(シショク)とつぎ(つぐ)。
장남과 차남이 (부모의 뒤를) 잇고 잇는다.

[이섬 주석]

「嫡長子也. 後者承父母之後. 嗣者繼. 嗣續者相續不絕也(적은 장자이다. 후는 부모의 뒤를 이어받는 것이다. 사는 잇는 것이다. 사속은 상속하여 끊어지지 않는 것이다.)」

➡ 적장자가 부모의 뒤를 이어받고 후사를 잇는다.

(218) 祭祀蒸嘗

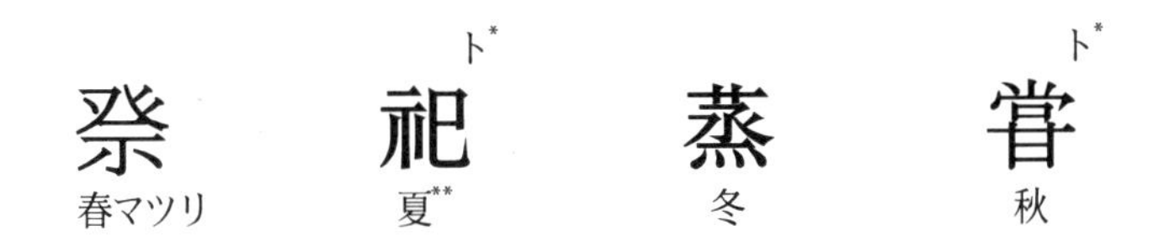

* 명사구에 이어지므로「ノ」가 가점되어야 한다.

** 「祭祀」는 '제사지내다'라는 의미이므로 동대본의 훈독은 맞지 않다.

(セイシ)のはるまつり·なつ(まつり)　(ショウシャウ)のふゆ(まつり)·あき(まつり)。

봄 제사, 여름 제사, 겨울 제사, 가을 제사.

[이섬 주석]

「四時祭祀先祖. 禴祠蒸嘗, 四時之祭名. 春禴求其生, 夏祀*祈其長, 秋嘗賀其熟, 冬蒸報其恩矣(사계절마다 선조에게 제사를 지낸다. 약·사·증·상은 사계절에 지내는 제사의 이름이다. 봄의 약제사는 작물의 싹이 돋는 것을 바라고, 여름의 사제사는 그 성장을 빌고, 가을의 상제사는 그것이 익는 것을 바라고, 겨울의 증제사는 그 은혜에 보답하는 것이다.)」

➡ 증과 상 등의 제사를 지낸다.

* 「祠」로 되어 있다.

(219) 稽顙再拜

稽	レ	顙	再	拜
ツヽシミ*		ソウ / ヒタイヲ	ヲカム	

* 「稽」는 '바닥에 대다'라는 의미이다. 「つつしむ」는 해당 의미에 적합하다고 하기는 어렵지만 가까운 어휘를 선택한 것으로 생각된다.

★ 〈B → A → C → D〉의 순서로 번역. 〈AB음독 → ト → BA훈독 → CD음독 → ト → CD훈독〉의 순서로 몬젠요미.

(ケイ)サウ(と)ひたひをつつしみ (サイハイとふたたび)をがむ。
이마를 조아려서 거듭 절한다.

[이섬 주석]

「稽顙者頭至地也(계상은 머리를 바닥에 닿게 하는 것이다.)」

➡ 이마를 바닥에 대며 거듭 절하고,

(220) 悚懼恐惶

シヤウ*	ト		ト
悚	懼	恐	惶
ヲ キ	ヲソレ		ヲノハク

* 「悚」의 한음은 「ショウ」, 오음은 「シュ」이다.

★ (220구)에서 (222)구 기본유형. 〈AB음독 → ノ 혹은 ト → AB훈독 → CD음독 → ノ 혹은 ト → CD훈독〉의 순서로 몬젠요미.

ショウ(ク)とを(のの)きおそれ (キョウクヮウ)とをののく。
두려워하고 겁내고 두려워한다.

[이섬 주석]

「悚懼恐惶肅敬之貌. 言祭祀之時, 致敬如此(송구공황은 엄숙하고 공손한 모양이다. 이 두 구의 의미는, 제사를 지낼 때 경의를 표하는 것이 이와 같다는 것이다.)」

➡ 엄숙하고 공손해야 한다.

(221) 牋牒簡要

セン 牋 	ノ 牒 フンタ*	 簡 	 要 フンタ**

* 「ふんだ」와「ふだ」는「ふみいた」의 음이 변화한 형태이다. 「ふみいた 〉ふんだ 〉ふだ」

** 「簡要」는 두 글자가 한 단어로 기능하는 융합합성어이며 '간략하다'는 의미이므로 동대본의 훈독은 잘못되었다.

セン(テフ)のふんだ (カンエウの)ふんだ。

편지 편지.

[이섬 주석]

「牋牒启表之類. 爲文則須簡要(전과 첩은 계표[편지와 상소]의 한 종류이다. 문장을 쓸 때는 간략하게 써야 한다.)」

➡ 편지와 문서는 간략하게 요점을 적고,

(222) 顧答審詳

顧 カヘリミ 荅 コトウ** 음합부* 審 詳ト ツマヒラカナリ

* 「審詳」사이에 올 음합부가 잘못 기입되어 있다.

** 「コタフ」의 잘못이다.

(コタフと)かへりみこたふ。 (シムシャウ)とつまびらかなり。

되돌아보고 답한다. 상세하다.

[이섬 주석]

「答之則由詳審(답을 할 때에는 자세하게 말해야 한다.)」

➡ 답할 때는 자세하게 해야 한다.

(223) 骸垢想浴

骸	음합부	垢 ト		想	*	浴
ミニアカヅク时ハ				ヲ　フ		ユアヒンコヲ

* 「ㄴ」가 필요한 자리이다.

★ 〈A → B → D → C〉의 순서로 번역. 〈AB음독 → ト → AB훈독 → CD음독 → ト → DC훈독〉의 순서로 몬젠요미.

> (カイコウ)とみにあかづくときは　(シャウヨクと)ゆあびんことをお(も)ふ。
> 몸에 때가 끼었을 때는 목욕하고자 한다.

[이섬 주석]

「骸者身也. 垢者塵挨也. 言身體爲塵垢, 所汚必思想沐浴, 使淸淨也(해는 몸이라는 뜻이다. 구는 때라는 뜻이다. 이 구의 의미는, 몸에 먼지가 끼면 반드시 목욕을 해서 깨끗하게 한다는 것이다.)」

(224) 執熱願涼

ウ*		ト				
執	㆑	熱	願	㆑음합부	涼
テハ		アツキヲ	ネ イ		スヽシキヲ

* 「執」의 한음은 「シフ」이다.

★ 〈B → A → D → C〉의 순서로 번역. 〈AB음독 → ト → BA훈독 → CD음독 → ト → DC훈독〉의 순서로 몬젠요미.

> (シ)フ(ゼツ)とあつきを(とり)ては (ゲンリャウと)すずしきをね(が)ひ、
> 뜨거운 것을 잡고는 시원한 것을 원하고,

[이섬 주석]

「身居執熱, 忽願其涼. 此人情之所皆然也(몸이 뜨거운 것과 가까이 있으면 빨리 시원해지고 싶어 한다. 이것은 인정상 모두 그러하다.)」

(225) 驢騾犢特

ロ*	ラ		ノ
驢	騾	犢	特
ウサキ	ムマ	ウシコ	

* 「驢」의 한음은「リョ」이다.

★ (225), (226)구 기본유형. 〈A→B→C→D〉의 순서로 번역. 〈AB 음독→ノ 혹은 ト→AB훈독→CD음독→ノ 혹은 ト→CD훈독〉의 순서로 몬젠요미.

リョラ(の)うさぎむま　(トクトク)のうしこ、
당나귀와 송아지,

[이섬 주석]

「驢騾馬之類也, 犢特牛之類也(여라는 말 종류이고, 독특은 소 종류이다.)」

(226) 駭躍超驤

	ヤクト		ト
駭	躍	超	驤
ハネヲトリ ヲトリ		ワシリ ワシル	ハシル

(カイ)ヤクとはねをどり[をどり] (テウシャウ)とわしりはしる[わしる]。

날뛰고 뛰고 뛴다.

[이섬 주석]

「駭躍超驤者奔走跳擲之貌. 言人之難禁制者亦然也(해약초양은 몹시 바쁘게 돌아다니고 놀라서 뛰어다니는 모양이다. 이 구의 의미는, 사람이 제지하려고 해도 제지하기 어렵다는 것이다.)」

➡ 놀라서 뛰고 뛰어오르고 달린다.

(227) 誅斬賊盜

★ 〈C → D → A → B〉의 순서로 번역. 〈CD음독 → ノ → CD훈독 → AB음독 → ト → AB훈독〉의 순서로 몬젠요미. (228)구도 동일.

(ソクタウ)のぬすびとを (チウサム)ところしきる。

도적을 죽이고 베어 죽인다.

[이섬 주석]

「賊盜叛亡皆其罪之不可赦者. 故賊盜者必誅斬之(적도반망은 모두 그 죄를 용서할 수 없는 경우이다. 따라서 (사람을) 다치게 하거나 (물건을) 훔치는 경우 반드시 그 죄를 물어 베어 죽인다.)」

(228) 捕獲叛亡

クワクト			ト*
捕	獲	叛	亡
トラヘ	ヱタリ	ソムキニクルモノヲ	

* 「そむきにぐるもの」라는 명사구에 걸린다고 보면「ノ」인 것이 옳다.

(ハンバウ)のそむきにぐるものを (ホ)クヮクととらへえたり。

배반하고 도망가는 자를 포획하였다.

[이섬 주석]

「叛亡者必捕獲之. 所以懲惡勸善也(배반하거나 도망간 경우 반드시 붙잡는다. 악행을 징계하고 선행을 권장하는 까닭이다.)」

(229) 布射遼丸

ト云人*	ト	ト云人	ト
布	射	遼	丸
	ユミイル		タマトル 手タマトル

* 「布」와 「遼」는 각각 인명 고유명사이다. 「(と)いふひと」와 같이 보독을 하였다.

★ 〈A음독 → ト + 보독 → B음독 → ト → B훈독 → C음독 → ト + 보독 → D음독 → ト → D훈독〉과 같이 훈독하였다. (232)구까지 동일.

(ホ)と{いふひと(は)} (シャ)とゆみいる (レウ)と{いふひと(は)} (クヮン)とたまとる[てだまとる]。
포[여포]라고 하는 사람은 화살을 쏘고, 요[의료]라고 하는 사람은 구슬을 쥔다.

[이섬 주석]

「布者姓呂名布. 善騎馬左右射之. 百步懸楊葉射之, 而發百中箭不虛發也… 丸者鈴也. 遼者姓宜名遼. 能弄九鈴, 八個常在空中, 一個在手. 楚與宋戰, 楚王大敗. 宜遼披胸受刃, 於軍前弄鈴. 一軍竝停戰看之. 楚王遂得免難也(포는 성이 여이고 이름이 포이다. 말을 타고 좌우로 화살을 잘 쏘았다. 백 걸음 떨어진 곳에 걸려 있는 버드나무 잎을 쏘면 백발백중이어서 화살을 하나도 헛되이 하지 않았다. … 환은 방울이다. 요는 성이 의이고 이름이 요이다. 아홉 개의 방울을 마음대로 가지고 놀 때 여덟 개는 늘 공중에 있고 하나만 손에 있었다. 초나라와 송나라가 싸웠을 때 초나라

왕이 대패했다. 의료는 가슴을 풀어헤치고 칼날을 마주하면서 송나라 군대 코앞에서 방울 묘기를 부렸다. 온 군대가 모두 다 싸움을 멈추고 그것을 구경했다. (이 틈을 타서) 초나라 왕은 어려움을 벗어날 수 있었다.)」

➡ 여포의 활쏘기, 의료의 방울굴리기.

云人ハ*	ト	ハ*	ト
嵇	**琴**	**阮**	**嘯**
	コトヒキ		ウソフク

* 「嵇」와 「阮」은 각각 인명 고유명사이다. 「(と)いふひと」와 같이 보독을 한 것으로 보인다.

(ケイと){いふひとは} (キム)とことひき (グエンと){(いふひと)は} (セウ)とうそぶく。

혜[혜강]라고 하는 사람은 거문고를 켜고, 완[완적]이라고 하는 사람은 휘파람을 분다.

[이섬 주석]

「晉時嵇康字叔夜. 向北山, 從道士孫登學琴. 經三年, 孫登不教之曰, 汝有逸群之才. 必當戮于市. 嵇康遂別去, 孫登乃乘雲昇天…天子令康北面受命教宮人曲, 康不肯教. 魏武帝聽佞臣言, 殺康於市, 猶抱琴而死也. 阮籍字嗣宗, 晉時人. 爲步兵校尉, 好酒每以鹿車, 載酒而行時, 復取飮之. 善嘯感得鳳凰飛下, 百鳥皆來, 壓得楊枝皆折(진나라 때 혜강은 자가 숙야이다. 북산에서 도사 손등으로부터 금을 배웠다. 3년이 지나서 손등은 그에게 가르치기를 그만두며 말하기를, "자네는 뛰어난 재주가 있다. 필시 시장에서 죽게 될 것이다."라고 하였다. 혜강은 마침내 떠났고 손등은 구름을 타고 하늘로 올라갔다. … 천자는 혜강을 북면하게 하고 명령을 내려 궁정 사람들에게 악곡을 가르치도록 했지만 혜강은 가르치려고 하지 않았다. 위나라 무제는 간신의 의견을 받아들여서 혜강을 시장에서 죽였는데 혜강은 금을 끌어안고 죽었다. 완적은 자가 사종이고 진나라 때 사람이다. 보병교위가 되었고 술을 좋아해서 늘 녹거[작은 수레]에 술을 싣고 다니면서 도중에 몇 번이고 술을 꺼내 마셨다. 휘파람을 잘 불었는데 이것에 감명해서 봉황이 내려앉았고 모든 새들도 함께 와서 버드나무 가지가 무게에 못 이겨 꺾여 버렸다.)」

➡ 혜강의 금, 완적의 휘파람.

(231) 恬筆倫紙

テント云人ハ*		ハ*	
恬	**筆**	**倫**	**紙**
	フデツクリ		カミスリ ツクル

* 「恬」과 「倫」은 각각 인명 고유명사이다. 「(と)いふひと」와 같이 보독을 한 것으로 보인다.

★ 한문구조는 (229), (230)구와 같지만 B와 D 우측에 가점이 없는 것으로 볼 때 B와 D를 음독하지 않은 것으로 보인다. 즉 〈A음독→ㅏ+보독→B훈독→C음독→ㅏ+보독→D훈독〉과 같이 읽은 것으로 생각된다. (232)구도 동일하다.

テムと{いふひとは} ふでつくり (リンと){(いふひと)は} かみすり、[(かみ)つくる。]

염[몽염]이란 사람은 붓을 만들고, 윤[채륜]이란 사람은 종이를 만들고,

[이섬 주석]

「蒙恬是秦始皇時將軍. 領兵六十萬, 築長城. 以兎毛縛筆書字*, 用以傳天下. 蔡倫漢時人, 爲將作太監. 擣布衣以造紙, 以代繒帛, 至今傳之也(몽염은 진시황제 때 장군이다. 60만 군사를 이끌고 상성을 쌓았다. 토끼털을 묶어서 붓을 만들어 글씨를 썼는데 그것이 세상에 널리 전해졌다. 채륜은 한나라 때 사람으로 장작태감이 되었다. 삼베옷 조각을 빻아서 종이를 만들어 그것으로 비단을 대신하게 하였고 오늘날에 이르기까지

전해지고 있다.)」

➡ 몽염은 붓을 만들고 채륜은 종이를 만들고,

* 「守」라고 되어 있다.

(232) 鈞巧任釣

ト云人ハ*		ト云人*	
鈞	巧	任	釣
	タクミ		ツリス

* 「鈞」과 「任」은 각각 인명 고유명사이다. 「(と)いふひと」와 같이 보독을 하였다.

(クォン)と{いふひとは} たくみ (ジム)と{いふひと(は)} つりす。
균[마균]이란 사람은 재주가 있고, 임[임공자]이란 사람은 낚시를 한다.

[이섬 주석]

「姓馬名鈞. 武帝時造指南車, 至今傳之. 刻木爲人, 衣以五綵…任公善釣. 於東海中, 釣得一魚長十里. 引得, 海水泛, 驚得神人走出. 蒼悟之地, 三年厭魚肉. 人飡美之珍也(성은 마이고 이름은 균이다. (위나라) 무제 때 지남거[나침반을 부착한 수레]를 만들었는데 오늘날에도 전해지고 있다. 나무를 깎아 인형을 만들어 오채[다섯 색깔의 명주 천]로 옷을 입혔다.… 임공은 낚시를 잘했다. 동쪽 바다에서 길이가 10리나 되는 물고기를 낚았다. 끌어올리니 바닷물이 크게 출렁였고 놀란 신인이 뛰쳐나왔다. 창오 지역은 3년 동안 어육을 물리도록 먹었다. 사람들은 먹어 보고서 그것을 맛있고 진귀한 것으로 여겼다.)」

➡ 마균은 기술이 뛰어났고, 임공자는 낚시를 잘했다.

(233) 釋紛利俗

* 「利」는 '이롭게하다'라는 의미이므로 「やしなふ」라는 동대본의 훈독은 적절하지 않다.

★ 〈B → A → D → C〉의 순서로 번역. 〈AB음독 → ト → BA훈독 → CD음독 → ト → DC훈독〉의 순서로 몬젠요미.

セキ(フン)とみだれたるをとき (リショク)とたみをやしなふ。
어지러운 것을 풀고 백성을 보살핀다.

[이섬 주석]

「釋者解也. 紛者亂也. 利者與人便利也. 如州縣得人能政, 善治解亂除煩利益民俗, 竝皆佳妙之事(석은 풀다라는 뜻이다. 분은 혼란하다라는 뜻이다. 이는 사람을 이롭게 한다는 뜻이다. 주·현(의 장관)이 (믿고 쓸 만한) 사람을 얻어서 정치를 맡겨 안정을 도모하고 혼란을 해결하고 번거로운 것을 없애 백성에게 이익을 줄 수 있다면 모두 아름답고 멋진 일인 것과 같다.)」

➡ 어지러운 것을 풀어서 세상을 이롭게 하니,

(234) 竝皆佳妙

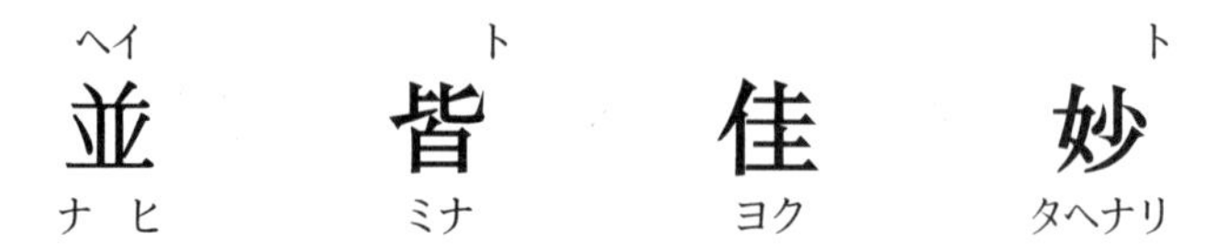

ヘイ
ト
ト
並
皆
佳
妙
ナ ヒ
ミナ
ヨク
タヘナリ

★ 기본유형. 〈A→B→C→D〉의 순서로 번역. 〈AB음독→ト→AB훈독→CD음독→ト→CD훈독〉의 순서로 몬젠요미. (236)구도 동일.

ヘイ(カイ)とな(ら)び(に)みな (カベウ)とよくたへなり。

아울러 모두 좋고 묘하다.

[이섬 주석]

「(233)구 주석에 포함되어 있다.」

➡ 아울러 모두 아름답고 좋다.

(235) 毛施淑姿

ト云人*		シハ*		ノ
毛	음합부	施	淑	姿
			ヨキ	スカタ

* 「毛」와 「施」는 인명 고유명사이며 「(と)いふひと」와 같이 보독을 한 것으로 보인다.

★ 〈A음독 → ト+보독 → B음독 → ト+보독 → CD음독 → ノ → CD훈독〉과 같이 읽었다.

(ボウ)と{いふひと}·シ(と){(いふひと)は} (シクシ)のよきすがた。
모[모장]라는 사람, 시[서시]라는 사람은 아름다운 모습이다.

[이섬 주석]

「毛者吳之美女, 名咤女也. 容貌端正, 傾國無比也. 施者是西施, 越女也. 端正無雙. 每心痛發, 向門捧心, 皺眉而立姿貌愈媚, 看者擁門…淑善也. 姿媚也. 言二女美貌也(모는 오나라 미녀인데 이름이 타녀이다. 용모가 단정하여 아름다움이 나라 안에 비길 데가 없었다. 시는 서시인데 월나라 여인이다. 단정한 아름다움은 비길 데가 없었다. 가슴에 통증이 생기면 문가에서 가슴을 손으로 받치며 미간을 찌푸리고 서 있는 모습이 한층 더 예뻐서 보는 이가 문 앞에 모여들 정도였다. … 숙은 좋다는 뜻이다. 자는 아양 떠는 것[요염한 모양]이다. 이 구는, 두 여인의 미모를 말하였다.)」

➡ 모장과 서시는 아름다운 자태로

(236) 工嚬姸笑

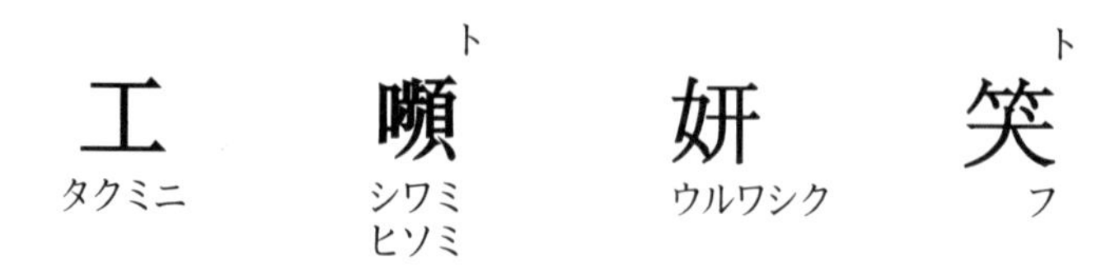

(コウヒン)とたくみにしわみ[ひそみ] (ゲンセウ)とうるはしく(わら)ふ。

교묘하게 찡그리고 아름답게 웃는다.

[이섬 주석]

「工者巧也. 嚬者皺眉也. 是美人之妖媚, 姸者美麗也. 言此二女美貌, 能作千態萬狀, 嚬時旣好, 笑時尤更美也(공은 교묘하다는 뜻이다. 빈은 미간을 찌푸리다라는 뜻이다. 이것은 미인이 아름답게 아양 떠는 것을 말한다. 연은 곱다는 뜻이다. 이 구의 의미는, 두 여인의 미모가 천태만상, 갖가지 모양을 띠는데 얼굴을 찌푸려도 아름답고 웃으면 한결 더 예쁘다는 것이다.)」

(237) 年矢每催

ノ			ト
秊	矢	每	催
トシノ	ヤ ネ*	ツ ニ	モヨヲス

* 「ネ」는 「每」에 가점된 「ツ」와 「ニ」 사이에 적혀야 할 것을 잘못 적은 것으로 보인다.

★ (237)구에서 (240)구 기본유형. 〈AB음독 → ノ → AB훈독 → CD음독 → ト → CD훈독〉의 순서로 몬젠요미.

> (ネンシ)のとしのや　(バイサイ)とつ(ね)にもよほす。
> 해[세월]의 화살[시간]은 언제나 (사람들을) 재촉한다.

[이섬 주석]

「矢者箭也. 日月迅速流, 年如箭, 催人易老也(시는 화살이다. 세월(이 가는 것)이 빨라서 해가 가는 것이 화살과 같아 사람을 재촉하고 늙기가 쉽다는 것이다.)」

(238) 曦暉晃耀

曦	暉ノ	晃*	耀ト**
日光	月光	アキラカナリ ホカ	

* 上野本은「朗」으로 되어 있다. 또한「晃」혹은「晄」이라고 된 본문도 있는데 이는 송(宋)나라 태조(太祖. 927-976. 재위 960-976) 조현랑(趙玄朗)의 휘(諱)를 피한 것이다. 音決과 谷村本은「晃」이다. 谷村本에는「郎」이라는 이본주기가 적혀 있다.

** 上野本의 본문은「曜」이다.

(キクヰ)のひのひかり·つきのひかり (クヮウエウ)とあきらかなり[ほが(らかなり)]。
햇빛과 달빛이 확연하다[빛난다].

[이섬 주석]

「曦者日之光. 暉者月之光. 晃耀卽光明也. 日月推遷, 照臨下土, 流光易邁也(희는 햇빛이다. 휘는 달빛이다. 황요는 빛이 밝은 것이다. 해와 달이 차례차례 바뀌면서 아래 세상을 비추고 빛을 뿜어내고서 곧바로 지나가 버린다.)」

(239) 璇璣懸斡

璇　　璣(ノ)　　遷**　　斡(アツ*ト)

* 「斡」이 '돌다'라는 의미일 때 한음은 「ワツ」이고 관용음이 「アツ」이다.

** 上野本과 音決의 본문은 「懸」이다. 동대본에서 「遷」으로 쓴 것은 송(宋)나라 태조(927-976. 재위 960-976) 조현량(趙玄朗)의 「玄」과 같은 음인 「懸」을 피하고자 한 것이다. 谷村本도 동대본과 마찬가지로 「遷」이다.

★ 가점이 부족하여 어떻게 훈독하였는지는 알 수 없다. 谷村本에서는 「セン(キの)たまのうつはもの[ほしのたま]　センアツとうつりめぐり」와 같이 읽었다.

(センキ)の(？？？)　(セン)ワツと(？？？)
？？？

[이섬 주석]

「琁者美玉也. 璣衡也. 乃王者正天文器, 可運轉者. 故曰遷斡. 尙書云, 在琁璣玉衡, 以齊七政, 璇以美玉, 爲之七政者, 日月五星是也(선은 아름다운 옥이다. 기는 형이다. 왕이 천문을 바로잡는 기구이고 운전하게 할 수 있는 것이다. 그래서 천알이라고 한다. 상서 (순전편)에 이르기를, '선기옥형을 보고서 칠정을 가지런하게 한다'고 하였다. 기는 아름다운 옥으로 만든 것이고 칠정은 해와 달, 그리고 오성*이다.)」

➡ 선기옥형은 매달려 돌고,

* 오성(五星): 목성·화성·금성·수성·토성.

(240) 晦魄環照

晦	魄 ノ	環	照 ト
ツコモリ	ツイタチ	メクリ	テラス

(クヮイハク)のつごもり·ついたち (クヮンセウ)とめぐりてらす。

그믐달과 초승달이 돌아가며 비춘다.

[이섬 주석]

「晦者月之三十日也. 言其月盡, 晦暗也. 月之初生曰魄. 月爲陰精, 故曰魄. 每月晦魄, 常推移如循環而行以照耀也(회는 (음력으로) 한 달의 서른 번째 날이다. 그것은 한 달이 끝나고 (달이) 캄캄하게 되는 것을 말한다. 달이 보이기 시작하는 것을 백이라고 한다. 달은 음의 정기이기 때문에 백이라고 한다. 달마다 회와 백이 늘 서로 바뀌며 순환하는 것처럼 교대하면서 빛난다.)」

➡ 그믐달과 초승달이 번갈아 비춘다.

(241) 指薪修祐

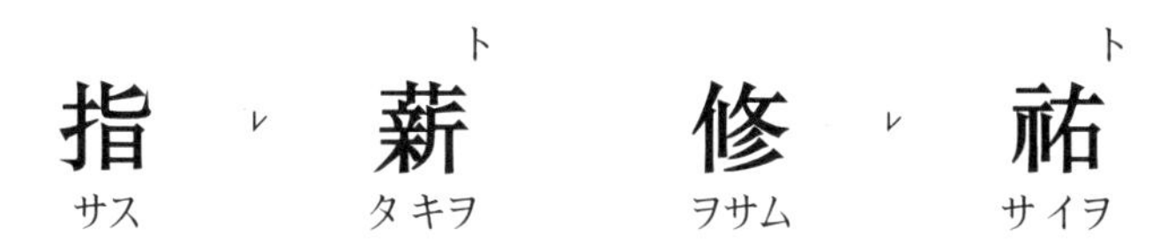

★ 〈B→A→D→C〉의 순서로 번역. 〈AB음독→ㅏ→BA훈독→CD음독→ㅏ→DC훈독〉의 순서로 몬젠요미. (243)구도 동일.

(シシン)とた(き)ぎをさす (シウイウ)とさ(いは)ひををさむ。
땔나무를 가리킨다. 복을 닦는다.

[이섬 주석]

「喩如薪傳火. 火則不滅. 人能修福行善, 則福不絕, 永長安吉. 若不能修福, 則凶害生也(비유하자면 땔감이 불을 전하는 것과 같다. (땔감이 바뀌더라도) 불은 소멸하지 않는다.* 사람이 복을 제대로 몸에 익혀서 선을 행할 수 있으면 복이 끝나지 않고 길이 편안하게 행복을 누린다. 만약 복을 제대로 몸에 익히지 못하면 불길한 일이 생긴다.)」

➡ '指窮於爲薪'의 고사를 생각하여 복을 닦으면

* 장자(莊子) 양생주(養生主)에 「指窮於爲薪, 火傳也, 不知其盡也((타 없어지는 섶에) 손가락으로 섶나무를 밀어 넣으면 불씨가 전해져서 그 다하는 것을 알지 못한다.)」라고 한데서 온 것이다.

(242) 永綏吉邵

	ズイト*		ト
永	綏	吉	邵
ク	ヤスク	ヨク	ウルハシ

* 「綏」의 한음은 「スイ」이다.

★ 기본유형. 〈A → B → C → D〉의 순서로 번역. 〈AB음독 → ト → AB훈독 → CD음독 → ト → CD훈독〉의 순서로 몬젠요미.

(エイ)スイと(なが)くやすく (キツセウ)とよくうるはし。

길이 편안하고 좋고 아름답다.

[이섬 주석]

「(241)구 주석에 포함되어 있다.」

➡ 길이 편안해지고 복될 것이다.

(243) 矩步引領

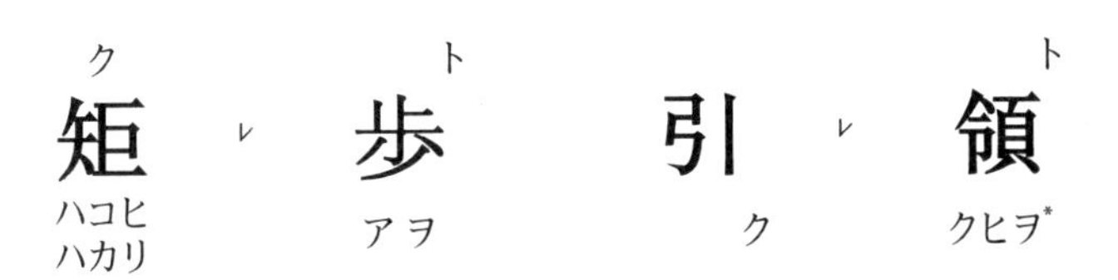

* 「引領」은 '턱을 똑바로 든다'는 의미이지만 훈독상으로는 그 의미를 반영하기 어려우므로 상용훈으로 훈독한 것으로 보인다.

ク(ホ)とあ(ゆみ)をはこび[はかり] (インレイ)とくびを(ひ)く。

걸음을 옮기고[재고] 고개를 당긴다.

[이섬 주석]

「行步必中規矩. 動則有法度也. 引領擧頭也(걸을 때는 반드시 규격에 맞게 걷는다. 움직일 때에도 예법이 있다. 인령은 고개를 (똑바로) 드는 것이다.)」

➡ 걸음을 규격에 맞추어 걷고 고개를 든다.

(244) 俯仰廊廟

俯 ニ음합부	仰 ト	廊	廟 ー
フシ	アヲク	ヤシロヲ*	

* 이섬의 주석에 따르면 동대본의 훈독문은 이 구의 의미와 합치하지 않는다. 한자를 축자적으로 훈독한 것으로 보인다.

★ 〈C → D → A → B〉의 순서로 번역. 〈CD음독 → ノ → CD훈독 → AB음독 → ト → AB훈독〉의 순서로 몬젠요미.

(ラウベウの)やしろを (フギャウ)とふしあふぐ。
사당을 (머리를) 숙이고 우러른다.

[이섬 주석]

「俯仰之間, 常如在廊廟. 廊廟者天子之宮也(부앙의 사이*에도 늘 낭묘에 있을 때처럼 하라. 낭묘는 천자의 궁전이다.)」

➡ 짧은 시간일지라도 궁중에 있는 것처럼 주의하여 행동하라.

* 고개를 숙이고 드는 짧은 시간.

(245) 東帶矜莊

ト	ケフ	ソウト
束	帯	矜	莊
ヨソ*ヲイ		ツヽシム ヲコソ	サカン也

* 「ソ」와「ヲ」 사이에 글자 하나를 지운 듯한 흔적이 있다.

★ 기본유형. ⟨A → B → C → D⟩의 순서로 번역. ⟨AB음독 → ト → AB훈독 → CD음독 → ト → CD훈독⟩의 순서로 몬젠요미. (246)구도 동일.

(ソクタイ)とよそほひ キョウサウとつつしむ[おごそ(かに)さかんなり]。
(조정에서는) 의복을 갖추고 삼간다[위엄 있게 성대하다].

[이섬 주석]

「論語曰, 東帶立於朝, 可使與賓客言也. 人之東帶衣冠, 既正則必矜重尊嚴. 儼然人望而畏之(논어 (공야장편)에 이르기를, '예복을 차려입고 조정에서 빈객을 접대하는 것이 뛰어나다'고 하였다. 사람이 예복을 차려입고 의관을 쓴 모양이 단정하다면 반드시 정중하고 엄숙할 것이다. 엄숙하다면 사람들이 그를 멀리서 보고서도 두려워한다.)」

➡ 띠를 묶고 (조정에) 있을 때에는 단정하고 엄숙하게 한다.

(246) 徘徊瞻眺

徘	徊 (ト)	瞻	음합부	眺
タチ	モトヲリ		ミノソ メクラシミル	

(ハイクヮイ)とたちもとほり　(セムテウと)みのぞ(む)[めぐらしみる]。
배회하고 위를 올려다본다[주위를 돌아본다].

[이섬 주석]

「徘徊者折旋之禮, 瞻眺者觀望之貌也(배회는 절선의 예이고 첨조는 가까운 곳과 먼 곳을 바라보는 것이다.)」

➡ 배회하며 가까이 보고 멀리 본다.

(247) 孤陋寡聞

孤	陋ト	寡 レ	聞ト
イヤシキ时ハ		スクナシ	キヽ

★ 〈A→B→D→C〉의 순서로 번역. 〈AB음독→ト→AB훈독→CD음독→ト→DC훈독〉의 순서로 몬젠요미.

(コロウ)といやしきときは (クヮブン)ときゝすくなし。
고루하면 듣는 것이 적다.

[이섬 주석]

「禮記曰, 獨學而無友, 則孤陋寡聞. 此言孤而且陋, 則聞事必寡, 雖愚蒙之人, 皆來誚責之也(예기 (학기편)에 이르기를, '혼자 배우고 친구가 없으면 고루하고 과문하다'고 하였다. 이 두 구의 의미는, 고루하면 반드시 듣는 것이 적어서 어리석고 무지한 사람까지도 모두 그를 꾸짖고 나무란다는 것이다.)」

(248) 愚蒙等誚

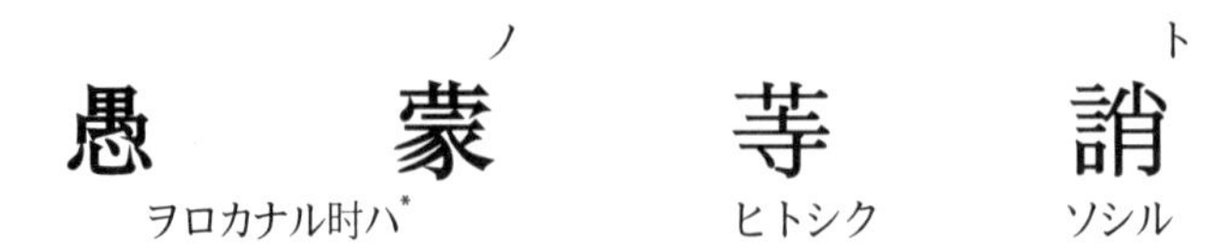

ノ
ト
愚 蒙 等 誚
ヲロカナル时ハ*
ヒトシク
ソシル

* 「愚蒙」은 이섬의 주석에 따르면 '어리석고 무지한 사람까지도'라는 의미이므로 가정표현이 사용될 이유가 없다. 이 구에 대해서 '어리석고 무지한 자와 똑같이 꾸짖음을 받는다'와 같이 해석한 예도 있다.

★ 기본유형. 〈A→B→C→D〉의 순서로 번역. 〈AB음독→ノ→AB훈독→CD음독→ト→CD훈독〉의 순서로 몬젠요미.

(グモウ)のおろかなるときは (トウセウ)とひとしくそしる。
어리석으면 똑같이 꾸짖는다.

[이섬 주석]

「(247)구 주석에 포함되어 있다.」

➡ 어리석고 무지한 사람까지도 모두 (고루과문한 자를) 꾸짖는다.

ユフハ　ノ　ト
謂 ニ 語 助 ー 者
*

* 「謂」 좌측에 무언가 적혀 있는데 판독할 수 없다.

★ 통상의 한문훈독 방식으로 읽은 것으로 보인다.

(ことば)の(たすけ)といふは、
말을 돕는 것이란 것은

[이섬 주석]

「昔梁武帝使侍中周興嗣次韻, 少兩句, 以語助, 足之也. 晉武帝承魏之後, 始在路州城. 大夫鍾繇造得此文, 上天子. 帝愛不離其手. 晉被宋文帝逐移向丹陽*避難. 其千字文在車中, 路逢雨車漏, 濕千字文. 行至丹陽, 藏書篋中. 治天下, 得十五帝共一百五十年. 被宋文皇劉裕承位治天下, 開晉帝書庫中, 見此千字文, 雨亂損失其次第, 使右將軍王羲之次韻, 不得. 宋帝治凡六十年. 齊承位, 治丹陽, 亦無人次得. 齊七帝治三十年, 梁帝承位, 乃命周興嗣次韻, 得千字文也(옛날 양나라 무제가 시중 주흥사에게 (이 천자문의) 운이 맞도록 정돈하게 하였을 때 두 구가 부족하였으므로 조자로 채운 것이다. 진나라 무제가 위나라의 뒤를 이어 (천하를 얻은) 초기에 노주성에 있었다. 대부 종요는 이 글[천자문]을 지어서 천자께 헌상했다. 천자는 이것을 소중히 여겨 손에게 놓지 않았다. 진나라(의 천자)는 송나라 문

제에게 쫓겨 단양으로 옮겨 난을 피했다. 그 천자문은 수레 안에 있었고 도중에 비를 만나서 수레가 비에 젖었으므로 천자문도 젖어 버렸다. 여정을 계속하여 단양에 이르러 책 상자에 넣어 두었다. 진나라가 천하를 다스린 것은 열 다섯 천자이고 모두 150년이었다. 송나라 문황 유유가 보위를 이어 천하를 다스리게 되었을 때, 진나라 천자의 서고를 열어 이 천자문을 보니 비로 인해 망가지고 순서가 엉망이었으므로 우장군 왕희지에게 운을 맞추게 하였는데 완성하지 못했다. 송나라 천자가 천하를 다스린 것은 약 60년이었다. 제나라가 (그 뒤를) 이었을 때 단양에서 다스렸는데 역시 운을 제대로 맞춘 사람이 없었다. 제나라 일곱 천자가 30년을 다스린 후 양나라 무제가 보위를 이었을 때, 비로소 주흥사에게 운이 맞도록 문장을 정돈하도록 명하여 천자문이 완성된 것이다.)」**

➡ 어조사라고 하는 것은,

* 해당 위치에 다른 텍스트에는 없는 한 글자가 더 적혀 있다.

** (250)구 주석 뒤쪽에 위치한다. 전반은 (249)구에 대한 설명이지만 「晉武帝承魏之後」 이후는 천자문 성립에 관한 내용을 적고 있다.

(250) 焉哉乎也

焉　　哉 음합부 乎　　也

★ 정확히 어떻게 읽었는지는 알 수 없으나 음합부가 있는 것으로 볼 때 각 글자를 음독한 것으로 생각된다. 音決과 谷村本에서도 음독으로만 읽었다.

(エン·サイ·コ·ヤ)。
언재호야이다.

[이섬 주석]

「焉哉乎也四字雖曰語助, 然焉者反說也, 哉者歎也, 乎者嗟也, 也者絶辭也(언·재·호·야 네 글자는 조사라고 하더라도 언은 반어(에 쓰이고), 재는 감탄, 호는 한탄, 야는 글을 끝마치는 조사이다.)」

일본 천자문 훈점본의 해독과 번역

-동경대학 국어연구실 소장 『주천자문』을 대상으로-

뒤표지

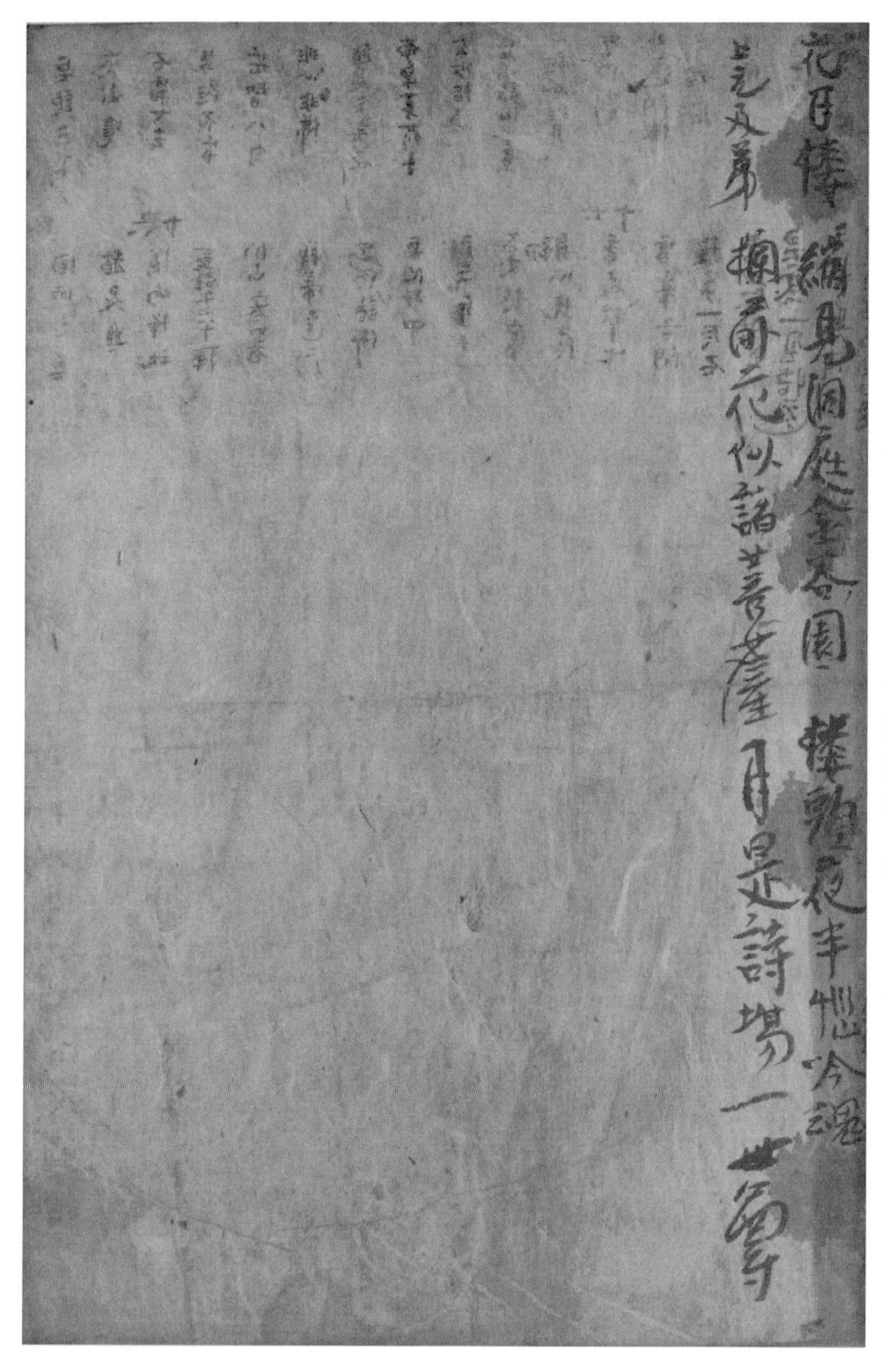

뒤표지 안쪽

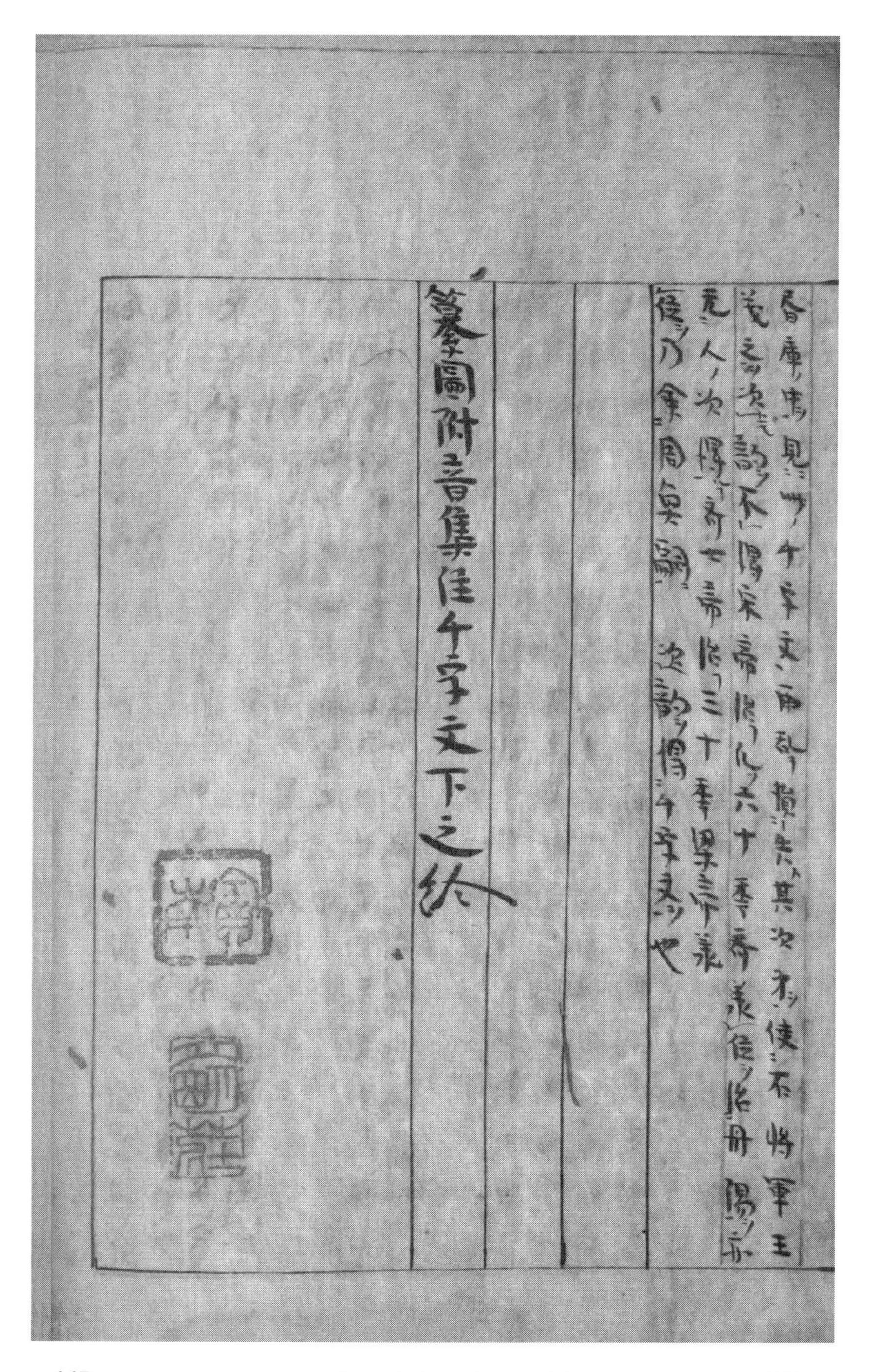
纂圖附音集注千字文下之終

鄙陋〻〻者
天ノ之盲也
東帶矜莊徘徊瞻眺 論語曰東帶立於朝可使與賓
客言也人之東帶衣冠託正則
必矜莊嚴儀容人望而畏之徘徊
者旋之行瞻眺者觀望之貌也
孤陋寡聞愚蒙等誚 禮記曰獨學而无友則孤陋而寡
聞也言孤而無隨則聞見少寡
愚蒙之人皆來請責之也
謂語助者焉哉乎也 焉哉乎也四字並是語助然焉
者送語也哉者歎也乎者嗟也
也者絶語也 昔梁武帝使周興嗣次韻而句
此語助足之也晉武帝義熙之後在縣大夫
鍾繇造撰此文上天子帝愛不離其手晉代末文帝
逸移向丹陽縣雖其千字文在車中隨遣前車
偏得千字文於丹陽藏香箱中天下得十五帝
共一百五十年梁文皇別裕義信化天下開皇帝

年矢每催 [illegible]

羲暉朗曜 [illegible]

璇璣懸斡 [illegible]

晦魄環照 [illegible]

指薪修祐 永綏吉劭 [illegible]

矩步引領 俯仰廊廟 [illegible]

43B

善釣於東海作釣得一魚長十里引得海水沸騰驚得
神人走奔萬據之地無不厭其肉人念其義之深也
釋紛利俗竝皆佳妙 釋者解也紛者亂也利者安人便利如及勝得人能致善惡解
亂除煩利也蓋民俗是皆佳妙之意前任爲江畏太守叶善適除民開民之備集築堤防開田三百頃百姓
皆得其利又妙之塞莊五修之謠皆是利民也
毛施淑姿 毛者嬙之美女也施者吒女也容貌若正儀無匹施者是西施越女也謂其元無
心爲顰蹙自以捧心顰眉而立其姿貌愈媚者言西施人以捧心顰眉而家有丁醜婦亦學之而效顰詐以爲捧心
之見者見掩面唾之斷善也姿者媚也言一嬋美貌也
工顰姸笑 工者巧也顰者顰眉也是美人之欲媚妍笑者美麗也言女美貌能作千態萬狀
顰時頗姸笑時尤美美也

從上有人間從之

見畫曰何見之康曰夜來有八分鬼來主人進館

自試之築壞獻我廳新每夜有鬼宿者疑之見者

館鄰不是從殺人頭主人許從到處理郎封主人

爲本郎太守殺之康屬後一鬼明日伯通使人掃里見

八鬼殺骨遂到進館試爲楽處之理換晉帝時伯通

果爲太守康爲中散大夫天子令康北面受年教

人與康不肯教魏武帝鍾會臣言殺康於市獨抱琴

而死也阮籍字嗣宗晉時人爲步兵校尉好酒每以

康東載酒而行時傍取飲之善嘯感得鳳

八聲下百鳥皆來聽得鶴林皆折

恬筆倫紙蒙恬是秦始皇時請軍領五六十万築長

城以兎毛爲筆用以傳天下蔡倫後

時人爲諸作太簡[illegible]以代傳帛至今付之也

鈞巧任釣姓馬名鈞魏帝時造指南車至今傳之刻

木爲人[illegible]自舞上人元[illegible]能

而巧奏[illegible]造車一乘九轂上著[illegible]行十

里[illegible]奏成郡奏殺成[illegible]人其工巧如此

乾健是也元善長
亨嘉會之利義
之和之貞之事之幹

嵇琴阮嘯晉時嵇康字叔夜向北山從道士孫登學
琴經三年孫登不教之曰汝有逸群之才
少意識乎吏嵇康遂別去孫登乃乘雲昇天康向亭
行至會稽之王伯通家宿伯通遣得一館來得三年每
夜有人宿者不免至天明便死亙見此是遂當用命不
許人宿嵇康暫借館門前宿至一更之後康取琴彈
至二更時見有八十个鬼從後館中出向康前之嫌呪曰
乾元亨利貞呪三遍乃向鬼曰王伯通遣得此館成
來三年無夜有人宿者不然是你八个鬼殺人鬼曰
我不是殺人鬼我是舜時音樂官兄弟八人號曰伶
倫為舜受讒度之讒枉殺我兄弟此無理主人王
伯通造館不知向我上築墻壓我惱我見有人宿者
出聲告之恐見我等自怖而死不是我等殺之今
願先生去主人説取我等骸骨出外別處埋之願來奉對
主人為本郡太守今當提先生一廣陵曲天下妙絶
康問之大悦遂把琴與鬼鬼教康一遍便彈至夜深
王伯通向館來聞琴音義罷乃披衣起聽聞琴音
深怪之乃問康康答曰主人館中殺人鬼我今見之

執熱願涼 身[illegible]熱[illegible]其[illegible]涼[illegible]人情之所當然也

驢騾犢特 駭躍超驤 驢騾馬之類也 犢特牛之類也

駭躍超驤者 奔走跳[illegible]之[illegible]

人之難禁[illegible]

[illegible]者[illegible]笑也

誅斬賊盜 捕獲叛亡 賊盜叛亡 皆是罪之不可赦者

誅斬賊盜者[illegible] 叛[illegible]者[illegible]

捕獲之[illegible]

懲惡勸善也

布射遼丸 布者 姓呂名布 善騎射 左右射之 百發百中 不虛發也

[illegible]

[illegible]

[illegible]

[illegible]也

春祭…秋嘗冬蒸
論約也祠詞也蒸象之

嫡後嗣續 嫡長子也 後者兼父母之後
嗣者繼嗣續者相續不絶也

祭祀蒸嘗 四時祭祀先祖謂之論祠蒸嘗 春
論衣其生以衣祠於其長秋嘗冬蒸

穀其
見矣

稽顙再拜悚懼恐惶 稽顙者頭至地也悚懼恐惶者
敬之息言祭祀之時致敬然

牋牒簡要顧答審詳 牋牒啓表之類焉簡要
顧答之則思詳審孔子子諸弟子

登於吾山之上四觀有歎日吾死矣三後誰能治天
下乎子路答日正朝一日天下百姓皆用碓鶏祀

唯去祀門大家用十ケ小家用五ケ鳥言天下更元
鶏活也明日鶏鳴如詠夫子不能自治一身何慮天

下更元人從也孔子日吾言
倉卒自從其祭後生可畏也

骸垢想浴 骸者身也垢者塵埃也言身躰
塵垢積侵身想休浴使清潔也

供尭母赤眘白倉之賤相謂也孝子也嘗放之更乎
米五斗牛一歸以令供母賤曰無持有孝子相乘不
過其壇也
妾御紡績 婦人以紡績爲功也昔姜詩至孝養母母好食江水魚生更膾記毎江六七里取水
供母不止風穿令其妻取水忽一日來遅詩責之遂去
令姃其妻不去寄在隣家紡績得錢買更作膾湛清隣
母謂奉於詩母見毎日遠膾怪問隣母
新婦在我家中紡績得錢毎日買魚作膾請送來
妻聞之悔詩母曰妻孝婦也遂迎更歸母忽舍前一
池水出味如江水毎日出一雙魚作膾以養母也
侍巾帷房 婦人奉其夫執巾櫛之礼惟帳暮室也鮑宣
家貧常就少君讀書少君見宣貧乃以女
嫁之宣之讓妻曰君家富貴之家嬌習花麗今來乎
貧賤何敢當之妻曰大人見君有賢德故以妾配君
少君將巾櫛以奉
婦道何敢辞也

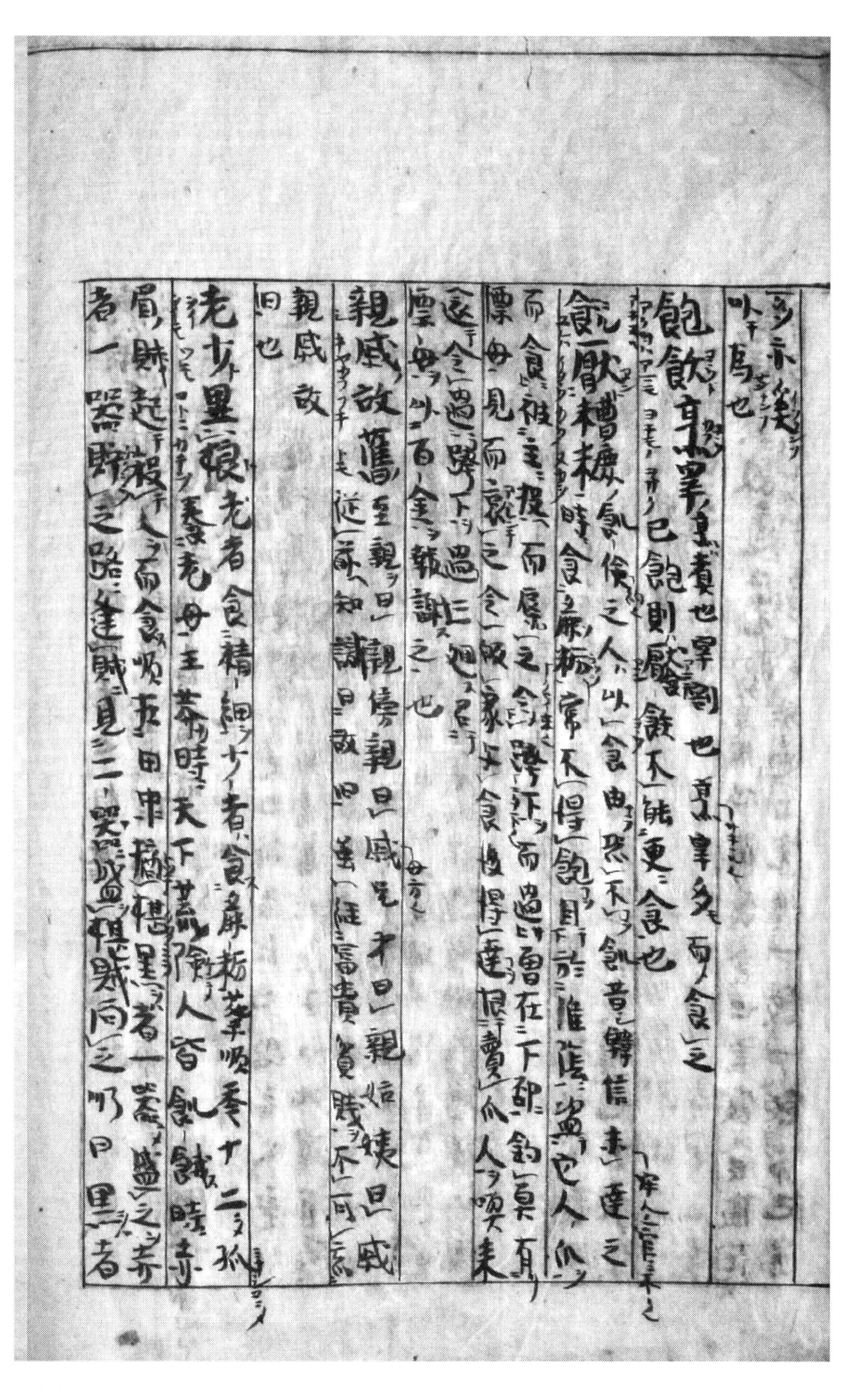

陳根委翳陳旧也樹木之根謂

久皆委翳蟠生於地

落葉飄颻年葉凋落隨風

飄颻若棄也

遊鵾獨運凌摩絳霄霄天也絳者紅也鵾者大魚化

為鵬鳥者也莊子曰北溟有魚

其名曰鵾化而為鳥其名曰鵬摶扶搖而上則九万

里其翼若垂天之雲此言鵾化飛摶於天上之

耽讀翫市寓目囊箱耽愛翫也昔王充家貧無書

讀每於洛陽市閲所賣書一見

更誦得不忘故曰翫市則

常寓目於囊箱之間也　輕ノ易ノ久乃

易輶攸畏屬耳垣牆易者簡畧也輶者傾也攸者所

也言君子直道所畏慎也言不妄

聽每屬耳於垣牆之

外恐悲禍及於己身也

具膳飡飯適口充腸具備也膳飯食也言飯食雖在

於適口充腸一飯一飽而已崇

於長久 受曰 子聞功成名遂身退天之道也 又子遂
謝病解印綬 掛冠組於東都門上 天子賜金二十斤
太子贈五十斤 公卿故人設錢於都門外 送車百餘
既歸鄉里 乃散金與鄉黨宗族 人嘆曰 賢哉二大夫也
索居閑處 沉默寂寥 索居猶言散居 事索也 而隱跡 謂解
組而歸 卽索居閑處 言無事也
沉 深也 默 無一言也 寂寥 靜也 言
索居閑居之時 意味如也
求古尋論 散慮逍遙 謂居無言則 披抽古賢人之議
論 志慮散 自是逍遙也
欣奏累遣 慼謝歡招 欣歡皆喜也 招來也 言哀去則喜生也 慼哀也 謝去也
渠荷的歷 蕖 芙蕖蓮花也 荷 葉也
的歷 鮮 明之貌也
園莽抽條 莽 草也 抽 長也 枇杷晚翠 枇杷 果名也 其葉耐寒
草木茶生 枝條也 春至凋 故曰晚翠也
梧桐早凋 梧桐 木名 其葉凋落獨早 雁而下
梧桐一葉落而天下知秋也

最大舍得龍食之遂取一顆顧冶子擧劔向前曰昔
大王遊東海彼蛟竜銜大王船渡伯言棄大王馬臣走
出岸殺之大王之命臣功高大舍得桃又取一顆食之
公孫捷下得一桃食之捨劔向前曰大王昔在楚戰彼
囲百万衆奔走無路臣援劔扶之餘石蕩石實斬殺楚之
立敗走救之得大王臣功最大不得桃食遂援劔自刎而
死陳開強顧冶子等云我等二人功未而得桃食羞
恥見上各援劔自刎而死須臾之間不用寸兵足殺
三人自死於殿下
士之殆辱近恥之謂也
林皐幸卽 林皐者趙栢生九子皆賢國人号為九能又十德之門趙王聞之欲殺乃布勅
曰欲盡諸處伐其樹木葉盤者代之之謂又曰趙王
欲代其樹木葉盤者林皐曰趙王欲殺我父子也我
子盤尚猶殺之何況人乎父子乃相携入白雪山
終身不出王聞之嘆曰賢臣是林皐父子也
兩疏見機解組誰逼 漢時疏廣為大傅子疏受為小
傅廣謂受曰吾聞知足不辱知止不殆而

寵增抗極殆辱近恥抗高也小人ハ得寵高極シテ不知止
恥起得勢遠人則必招恥辱昔齊
景公有捷士三人陳開疆顧冶子公孫捷皆於國有
功景公寵之三人侍勢无上下之礼晏子入朝
三人在闕下博戲見晏嬰不起晏子曰君三人何无
上下之礼三人曰我等於國有功是君小人我何起
乎晏子怒景公曰臣聞君臣之礼雖有勇有遠國之患
臣雖入朝陳開疆顧冶子公孫捷等在闕下博戲見
臣不起无上下之礼公曰三人惡調何公曰寡人欲以憂有
然三人非力之所殺晏子曰臣謀ヲ許不用十兵ノ戈ヲ
令此ノ三人自死公曰何計也晏子曰大王賜三顆美桃
置殿上召此三人表示功ノ輕重此桃三顆寡人一顆
餘ノ二顆ハ賜三人各論陳功ノ高者得一顆餘ノ不得必
有ニ死者公依奏遂取三顆桃ヲ詔三人曰此ノ國之
此桃三顆是義寡人食一顆餘ノ二顆与卿三人命
說有大功者取一顆食之不得分陳開疆氣勃自言
昔臣從大王遊橋逢虎臣鋒大王奔走无路臣
彎弓射虎斬殺无救大王得安又生其功是臣功

曰諸侯並至唯衛侯不來王請元親明日会君伐之

兒白人謂管仲與鄭桓公入闈衛姬是桓公入來亭

知欲伐衛侯善遂脫簪珥解佩下殿再拜頓首大王

捨衛侯之罪桓公曰寡人與衛無事也夫人

何以知伐衛侯夫人曰妾看君有三色喜樂之色以見

色悅釋而閑色是兵革之色以訝到想君之色可以伐衛

侯桓公遂捨遣衛侯下作明日管仲入朝迎見桓公謂

捨衛侯罪桓公曰寡人元言易行以知管仲曰臣見

大王之言微而動色有郎知捨衛侯之罪桓公曰

内有衛夫人外有臣管仲何憂國之事也

貽厥嘉猷 貽遺也厥其也嘉善也猷道

也言君子之人以善道遺也

勉其祗植 勉勸也祗敬也植置也君子之人以善道

相勸勉使其敬順而存置其忠孝之心也

省躬譏誡 省察也躬身也譏誡猶警誡也君子之人

每日使不忘之意及其身常用省察也論語

曰曾子曰吾日三省

吾身省是也

以氣彈琴者 笑曰太青 昨指下之声知人之意所謂
驗聲審理也 昔孔子領諸弟子至楚國 為楚國不破
調弦回至曠野之中 孔子謂諸弟子曰 為吾得吾
取一杯水飲之 才子曰 四面不見有水 孔子令子路負
東北上有一水 請子路曰 汝往彼處取水來 子路行
至水邊 便見大虫 子路拔得虫腰 斬得虫尾藏於懷
中 取得水來與孔子 乃謂孔子曰 天下有人能捕殺
得大虫否 孔子曰 然能捕殺得大虫 迎殺虫之人有
三等 上智之人 先便殺其頭 中智之人 取其腰下
智之人 殺其尾 子路羞 不敢見其東尾 遂走向草中
取下大石 藏於懷中 欲打孔子 向孔子曰 天下有人
捕殺得人否 孔子曰 然能捕殺得人 若殺人 有三
等 上智之人 殺人用言許 中智之人 用筆 下智之人
懷中著石頭 且待其息 不可與子路 着是之也 遂棄
之 仍告孔子曰 聖智如何 孔子曰 吾
非聖非智 善察其言 又能察其理也
鑑獨諱色 鑑者觀也 觀其容貌 識其顏色也 昔齊桓
公會諸侯莫至 唯衛侯不至 桓公謂管仲

乏便香迴報衛君急令宰於堂中乃責彌子瑕曰汝

食桃餘半予寡人一不忠違寡人之勅乘寡人之車

二不忠不進用蘧伯玉為中郎相是三不忠孔子

曰賢哉史魚死後尚能諫其君之過也

庶幾中庸勞謙謹勅 中庸中者中庸之道仲尼曰君子之中庸小人反中庸謹言行

謹述之道易曰勞謙君子有終吉勅者正也忠言盡

勅史魚二人庶幾為中庸勞謙之君子能謹慎以自

勅正也孔子出行過於道逢老來九十參避車

而行顏回問曰只問老來過車何須避車乎曰

吾行廉絶讓退之行亦

下向要卑當然也

聆音察理 聆聽也察審也聽其音言察其心意也音理

蔡邕字伯喈遊学皈家隣人便設食食畢

坐上先有一人彈琴眼視其樹上蟬鳴下有一螳

螂逆後捕之其彈琴者恐螳螂捕蟬心念殺之其琴

音有殺音邕聽琴音有殺意還歸言主人曰為君意

欲殺邕進食閉得何憚便迴邕曰見琴中有殺意是

造十二篇ト云テ軻之孟子ト云ナリ
識君子ニ於テ軻モ云ウ

孟軻敦素 孟子名軻爲人敦朴素人皆敬之母三
遷擇其善隣以教其成從十二篇大彼造
以賢君子讓其善言軻自有時出而前戯見東家殺
猪乃問家母謂之曰東家殺猪討肉与汝要軻問
講乃出去母其實戯之笑亦悔出此言恐兒後長成亦
怪我言之不固遂於自東家買肉与軻要其言不失信也
史魚秉直 史魚衛大夫爲人忠直時有遽伯玉有賢
才見君无道不肯仕史魚向之伯玉令日
邦有道則見邦无道則隱史魚日我邦有道直邦无道直矢
邦无道直也矢史魚每諫衛君進之伯玉衛君不用每
之史魚日子瑕之不得帳一草先食一半与衛君食
之史魚日子瑕无上下之礼先食疎餘与大王君
日子瑕孝也衛君進得一桒東君勅日有人桒之
書軻子瑕私桒時家道毋史魚日子瑕盗命私桒大
王之桒衛君又日子瑕孝也不借聽命桒車肴毋後
史魚病重語家人日吾死之後勿葬我堂中歛我
於側屋我生子瑕不善遠伯玉是賢人我不能諌君
而用之是我過史魚死乃其屍屋之中衛君使人弔

曰后稷教民稼樹藝五穀若帝嚳之妃姜嫄出行播
見一人脚跡長六尺姜嫄以足履之不滿大拇指便
覺有娠乃生一人恥其無父又棄於道路令牛羊踐之
而牛羊見避過又逐於山谷令虎狼飢食之乃
有大鳥來乳之不見死又逐之寒氷之上欲其凍死乃
有凡鳥以翼覆之姜嫄見之育異乃怪異之因名曰
棄教天下百姓播種五穀知四時生長秋収冬藏
者見其有功而置社稷之當今後人祭之也
稅熟貢新 言公田上藝計稅三非中藝計稅一外先熟於君獻於皇廟故曰貢新也
勸賞黜陟 黜者退也陟者外也勸令百姓農桑依時收種須令有功天子無与出使巡察向其
善惡若有勤厲百姓農桑人家給足則賞之官爵以也
若不能勸課農内不悩則降官去爵黜退之也後侯
吾奉爲中牟令韓一虫不入一境前官无徳每被大虫傷
人曰奉劉使其虎負子渡河而去侯帝聞之故令爲弘
農太守賜黃金五百
作シハ勸賞之也

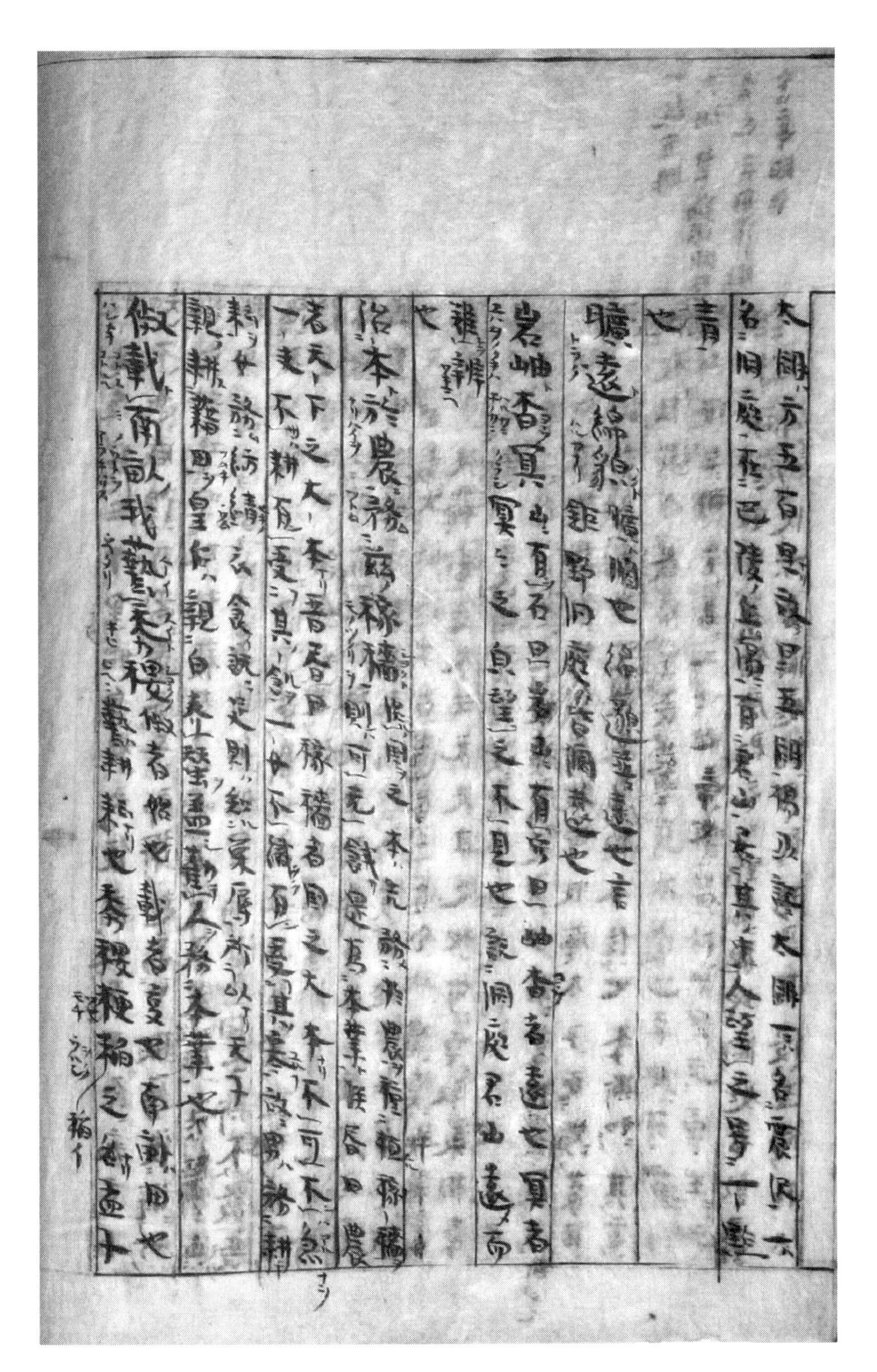

一說五湖
大湖 楚 謝陽湖 甚
青草 丹陽 周
…湖 其

蛇竜魚長三十里始皇發之便病至平原病重自
知不起達咸陽乃留遺書與即詔趙高曰朕死後詔所
書向北境喚取扶蘇太子立為天子葬於驪山
趙高收得書行至沙丘始皇崩丞相李斯不發喪
恐天下亂乃用温涼車載始皇每日上食如常唯有
親近臣四十餘人知之行數日始皇衛有臭氣李斯
恐餘人知死亂乃取鮑魚鮮載車後使人口鼻詔
鮑魚作之也行數日趙高啓胡亥曰陛下有二兄
伴大扶蘇最大昨陛下由遺書與臣令北境喚扶蘇欲
為天子扶蘇立之太子王元尺寸之地可喚取丞相李
斯來亭章此胡亥便喚得李斯來謂斯曰陛下已
崩遣書與趙高令立扶蘇為天子必用蒙恬為相斯之
意如何不如詐作始皇書殺扶蘇太子更斬蒙恬
死之胡亥為天子宜下共宰相本位也李斯如其言
詐殺扶蘇乃發始皇喪葬驪山便立胡亥為二世之帝也
鉅野洞庭 鉅野者鉅鹿郡之大野為魏地洞庭者彭蠡
沢之名洞庭湖周圍五百里其長五湖是云

山有紫壇城傍有紫塞
草生紫色故曰紫塞
鷄田赤城鷄田澤名在城西傍黄河千里元草生時
人号曰砂磧千里元水草也赤城在霍州
山北晋安郡也又云雍州東二
百里有赤水周時故周是也
昆池碣石長安城西有昆明池漢武帝時南夷有昆
明國城地方三百里居水之中能水戦武
帝每伐之不得乃作設計於長安城西二十里穿一池
方四十里池水備中造船於上教水戦遂破彼國置
為昆明國便号其池曰昆明池碣石臨海山名李始
皇遊天下行到碣石山遂登山望海見三山向東在
曰此是何山侍人徐福曰此三山名蓬莱方丈瀛州有石
台高知千丈可坐千人其人皆服仙薬長生不死始
皇曰誰能去取仙薬徐福曰臣能往取但用童
男童女各五百人同往可得仙薬始皇勅求索得童男
童女五百人与徐福去遂期不返始皇怪遅使人看
之徐福語使曰蛟竜所苦始皇遂造大網捕之得大

十二代王名也无懷代
十二代中

纂圖附音集註千字文下

嶽宗恒岱 嶽者五嶽也宗者尊也恒者北嶽恒山在北
岱泰山也五嶽之中惟恒嶽獨尊其山在北
而南向喩人君
面南御代
禪主云亭 云亭山名前漢郊祀志曰古者封泰山禪
云云亭東文所記十二家昔无懷代封泰山禪云云
亭注鄭氏曰无懷代古之王者在伏羲前云云在梁
父東山名也晋灼曰云亭山在鉅平縣故城東北下
百云云亭也
禪音善
雁門紫塞 代山高峻鳥飛不越惟有一缺門雁來往
向此缺中過人号曰雁門山雁多過
彼雁鳥投而食之缺中過皆相待而相随口中銜蘆一枚
然後過缺中鷹見蘆懼之不敢提之古詩曰銜蘆過
代山嶺有亘望登向代山石南有登水二水並流入門
急時奔急緩時奔緩相應而流故曰死灾水紫者代

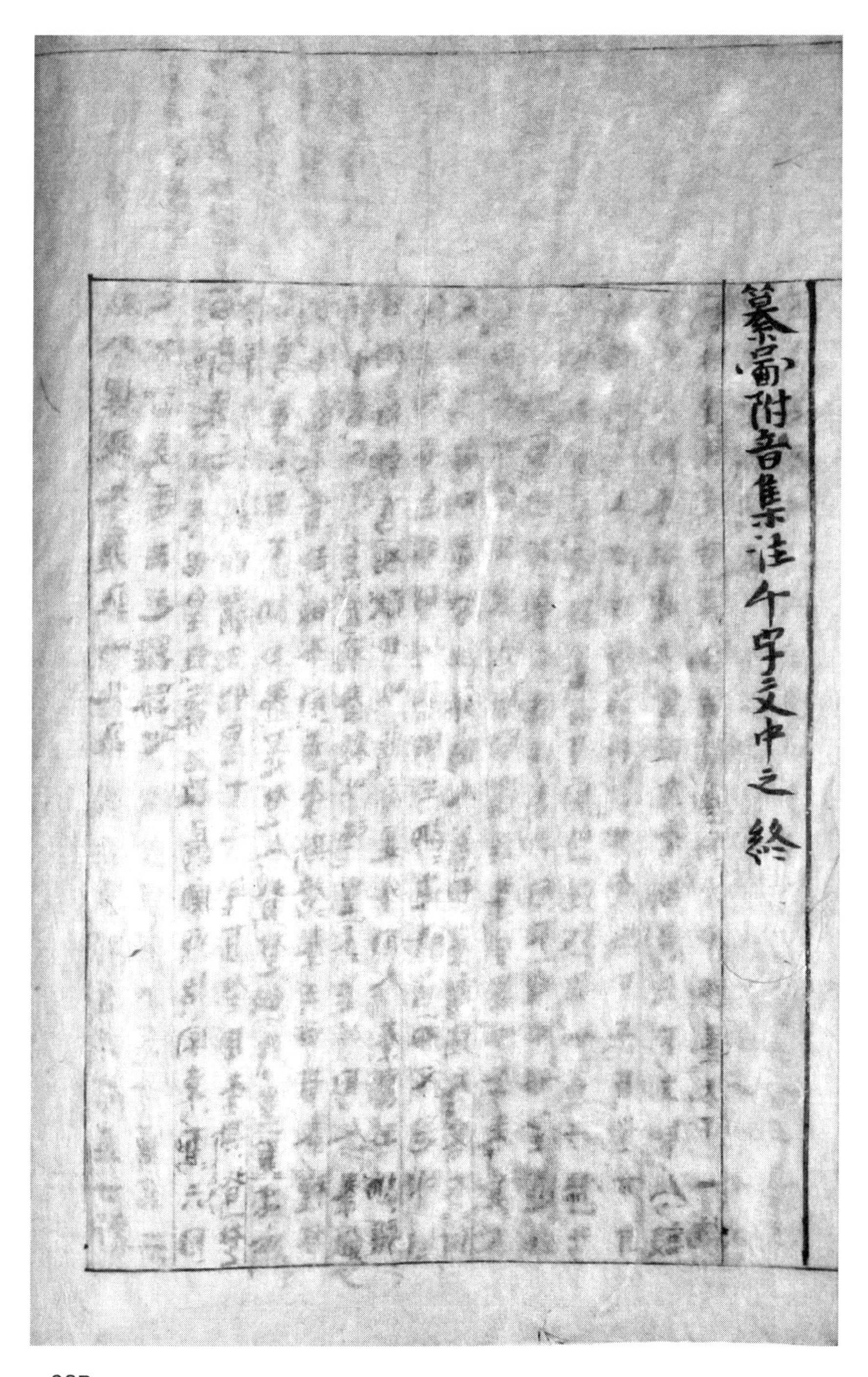
纂圖附音集注千字文中之終

32B

及八界及九雍及卅九及
之地皆支秦王之蹤跡也
百郡秦并　秦始皇姓嬴名政居關西併關東六國
各自霸王始皇十二年有楚臣李斯諫楚
王言又秦至不納曰卑是楚人諫楚既我豈有忠心
於卑遂來秦盡卻既本國書李斯啓秦王曰昔秦穆公
納由余百里奚爲相秦穆以強豈不是外國人乎秦獻
公納商鞅爲相獻公以強亦是外國人秦惠王納張
儀爲相亦是外國人秦昭王納范睢爲相又是外國
人也以前四君皆納外國人爲相秦遂強大富有何
負於秦也今國東六國皆懼於秦臣是以奔秦來定大
王若納臣則大王霸可倚併秦六國不難也始皇遂納
李斯爲客卿李斯奏曰臣聞以強伐弱如萬丹掃
不足爲功秦王曰卿說何計也李斯曰與臣金万斤
卿饒六國秦王遂與金万斤李斯爲天下才智人設
計以重賞之於是納王霸爲併六國既秦天下一流
始皇癸脩分天
下爲百郡也

麒麟閣十一人 霍光 韓增 魏相 趙充國 杜延年 蕭望之 丙吉 張安世 劉德 梁丘賀 蘇武

第

降丕經三年素儀周東至周秦迄焉自皇帝皆王爵功之
功也廉頗爲趙襄王大將伐齊攻魏皆有大功以勇
氣聞於諸侯拜爲上卿李牧有智計謀略爲趙將襄
王時大破匈奴北邊十餘歲匈奴不能近趙邊城

用軍最精 四人皆善用軍於周有功天下名下傳之也 四人所用之事故可見也

宣威沙漠 沙漠者也塞外匈奴遠地也言之名將伐匈奴有大功威名振於荒落之外也
美趙之廉頗李牧無之美稱所以有李廣張騫傳及
于衛青霍去病金日磾趙充國陣陽侯馬援竇憲
無以趙爲有諸葛亮唐有李靖李勣薛仁貴李光弼
郭子儀李最爲善陣戰之徒皆威振而遠播者也

馳譽丹青 譽者名也丹青畫也言之名將有功皆是
口圖畫其形寫畫於下宮前漢武帝作麒麟
閣以畫功臣後漢明帝以二十八將於南
宮雲臺唐太宗以功臣於凌煙閣者是也

九州禹跡 禹王平水土分天下爲九州一冀州二
兗州三青州四徐州五揚州六荊州七豫

牧廉頗龐煖伯趙括趙王乃使趙括代廉頗領兵敵秦
被白起引趙兵於長平一戰而四十万人尽坑殺之射
殺趙括此白起之將功也王翦有智計李斯啓秦王曰
欲併關東六國唯王翦可使王即喚翦至百軍將李
信在側王謂信曰欲併六國且先伐楚卿能去否信
曰臣能去矣臣二十万兵即得王又謂翦曰今欲伐
楚卿能去否翦曰臣能去欲請六十万兵往伐王曰
翦年老矣怯用何寡多人李二十万兵翦因謝病歸王
遂只發二十万兵與信更遣副將蒙恬同去伐楚一
入信被楚兵逆之大破二十万兵並殺秦將秦王聞之
大怒遂自向頻陽喚王翦翦見王來乃詐稱病不起曰
更教李信去王曰已破李信辱國今荊楚王兼發國
中兵馬來伐請卿一往敵之翦曰臣年老因病不能
去則大王自選軍中良將少將者往王謝曰將軍老
成不須更辭寡人翦曰若使臣去須得六十万兵乃
可王曰願將軍計於是翦領兵六十万行到郪陵即
逢楚王兼發國中兵馬來相距於陳翦乃設計交戰
大敗楚兵虜楚王乃得破李便迴兵伐魏王自

苛虐殺ノカライ心ニ
又三千ニ刑法ヲ增シ之
吳ニ吳者又三月每ニ百事
方也韓ニ必ノ鼻ニ除ハ
衣ヲ之 又異人之
人ニ
圖ニ圖ニ看徹屋也
經ニ傷ハ秦ニ之徊庸也
新

踐土會盟 踐土ハ名ナリ屬河北ニ春秋ニ魯ノ僖公
ノ時ニ晉ノ文公ニ會シ諸侯ヲ盟於踐土也
何遵約法 何ハ漢高祖撃ツ秦ヲ之苛虐ヲ乃約法三章只是殺
人傷人及盜抵罪ノ餘皆除之蕭何爲相定
律法遵守
而行之也
韓弊煩刑 韓ハ子名ハ非爲秦相法令煩重連坐之法
韓ハ尚煩刑造其弊詳増加肉刑大辟有鑿顛抽脅
鑊烹之刑始皇東侵刑罰諸父室路圍國盛而天下
大亂山東ノ六國滅之爲王丞相趙高二世自立爲秦
王指鹿爲馬二世使閻楽長成ノ二人殺之
豎趙高王自經傷庸也子嬰殺趙高誅
子嬰降侯王實大約法三章天下服侯
秦法煩重弊極而亂生皆韓非之所致也
起翦頗牧 起姓白名起翦姓王名翦二人爲秦將頗名
姓廉名頗牧姓李名牧二人爲趙將
人皆名將也白起領兵於東境敗趙使廉頗領
西境防秦皆不敢交戰起乃設計自言曰秦兵不

後毋驪姬之難走投於楚〻王以礼待之経十秊晉

獻公死驪姬之子奚齊立驪國大夫李克殺之重耳

周之絳楚餞國楚王謂重耳曰子得返國用之爲王報

何以報寡人重耳曰得返國爲王楚與晉戰我當爲

之三舍以報之重耳既返之爲文公與楚兵于宋戰爲

之三舍以報其恩楚王更戰被文公退兵戰大敗楚

王歎曰重耳爲吾三退以報吾恩

今自更戰大敗寡人之過也

趙魏困横関西爲横地関東爲縦地秦昭王居関而

地強盛関東趙魏等六国皆懼秦共謀伐

新較曰垂棘之璧　兵合縦以攻秦

屈産之乘馬　説匪其懼也

假途滅虢假借也途路也滅伐也虢国名其地与虞

鄰国相連晉獻公欲伐虢須用従虞国過欲

新較曰垂棘之璧借道於虞虞聚虞乃不許大夫荀息令獻公使人齎千

屈産之乘馬金馬乗璧玉与虞公買道過伐之虢虞公許之大夫宮

之奇諫虞公曰不可虞虢遠晉公馬璧辭不可許晉兵伐

虞與虢脣齒相依脣亡齒寒若設晉兵過虢卿人

上兵伐虞台　恐亡敵晉兵過虢兵果伐虞虞之至曰大王寛以至亡国謂之

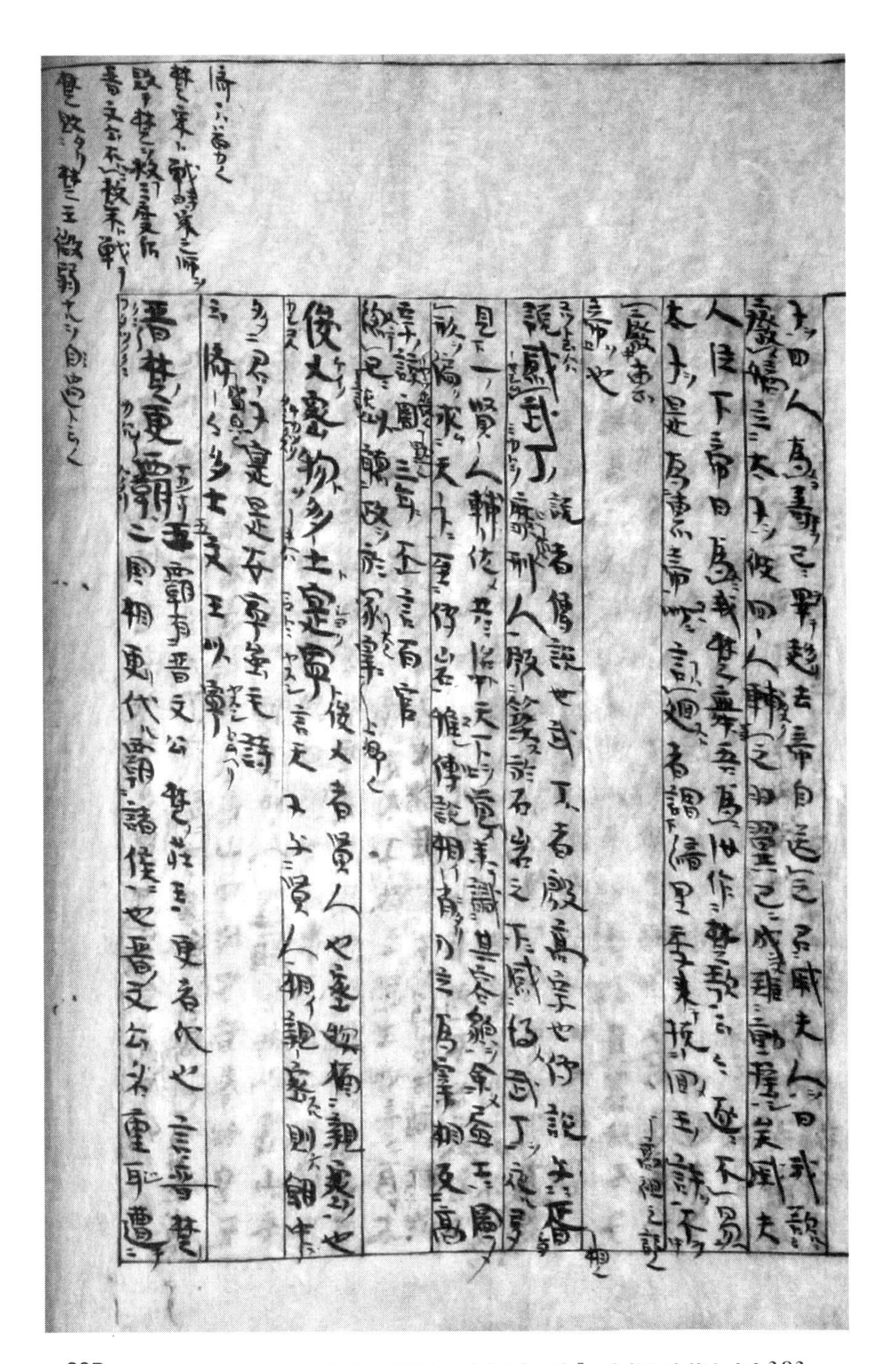

之使其強有傾危者扶持之使其安合尊周桓
公九合諸侯一匡天下民到于今受其賜也

綺廻漢惠 綺者是綺里季商山四皓也昔秦始皇元
道焚書坑儒有四人避難隱於弘農山季
老鬢髮皓白時人号曰四皓一名東園公二名綺里
季三名夏黃公四名角里先生用高祖說立惠帝為
太子又寵戚夫人欲廢先太子改立趙王如意為太
子而戚夫人所生之子也諸臣諫不止和呂后問計於
張良良曰此難以口舌爭也顧上有所不能致者四
人此四人者皆以帝慢侮人故逃匿山中義不為
漢臣然上高帝常高此四人公誠能使金帛令太子為書
卑辭厚禮以迎之若得此四人來之亦一助也於是呂
后令張良說使人迎之四人至偶從群臣置屬太子
侍四人從太子皆年八十餘鬚眉皓白衣冠甚美帝
怪而問之四人各言其姓名帝驚曰吾求公避逃我今
何自從吾兒遊乎四人曰陛下輕士善罵臣等義不受辱今
太子仁孝恭敬愛士故臣等來又問陛下欲廢嫡立庶臣
恐天下差莫不願為太子死者帝曰煩公幸調護太

來周西周有聖人遂西行至磻溪之谷釣魚為周
文王出遊獵過見之問曰此釣誰於何使直釣而何得
異子牙曰取魚食之異王曰老人在此釣年老時曰
今經一載文問曰有何所見息對曰元妻息不臺元妻
息其憂周元王文王曰紂令當王何憂元王子牙曰
得王終是元道之主文王知是賢人令同車行至岐
州封之補體為文王忽見一女子得其所而笑曰我是
東海竜王女嫁與西海竜王為妻公嫁歸歇恩今蘇
東還必有暴風甚雨傷人苗稼今要過此恩思令謹
傷損公傷苗稼是以哭之文王覽其蓋暫子牙是賢
人故為太公位於尊敬文王死子發嗣王之孫太公為
師伐紂為先鋒武王號為尚父得天下封為斉侯
本名至斉見傷里老母行哭夫太公曰前夫是誰
母曰姓姜名子牙本太公因是其也母喜曰可更為夫
妻年八十曰此取一盆水為來母取得水至本太公令傾向
地上即令母稱收取母曰水落入地收之難太公曰
異異一別不更更合萬物皆水逆冒數何其母羞
恨而死於路傍後人嫌之積土於上遂成大陵曰人

馳車譯

錄株爲東有奴者遂取而錄僕之僕以篆錄其功

四十里崇以紅錦步障五十里愷退崇豪日侈風俗

見四條錦步障尺爲錦條之衣服絕端正者其誤

崇室中崇曰此則錦也愷幾竟此四錦各對錦等追前

愷熟而下語崇曰愷等是天

下之學者嘗見此僻義也

策功茂實勒碑刻銘 策主也 前漢司馬相如賦 [illegible]

錄志騰茂 言文茂盛實是文也言之功業

名則刻不傳之不朽也後漢竇憲伐匈奴 [illegible]

然山刻石勒功紀漢之威德令班固作銘

破高闕單于所亲山其

驗碑山勒石紀功也

磻溪伊尹佐時阿衡 尚書傳曰太公望釣磻溪之水

石 王璜剌曰姬受命呂佐之報在齊後果封之

詩齊 磻溪水有太公垂釣之處太公姓姜名子牙

取人生來好學抱性井直遇 [illegible] 夫亂生

谷 [illegible] 遇 [illegible] 天下大亂 [illegible]

時天 [illegible] 時 [illegible] 不遇其事

作誓曰黄河如帯太山如礪国以永存爰及苗裔
何功第一有封爲鄼侯張良爲留侯食邑万戸陳平爲
戸牖侯韓信彭越英布
皆歆封爲諸侯王也
高冠陪輦驅轂振纓天子冠高七寸輦者天子所乗
車也轂者車輪也纓者冠帯也衛
従天下以入曰侍輦則必推其
轂而執振其纓而結就也
世祿侈富車駕肥輕侈者也而晉曰世祿之家鮮克
禮記言其世代貴富驕必奢侈
豪富高車入来肥馬衣軽裘而晉武帝羊
千億奢侈以入乳以蒸豚帝過其家食之味美問之
章以金移北邙山下其富者甚人多也竟如傳姓弟石崇
地作埒布銭遍地時人号曰金銭埒王不羨闘富愷
以石脂泥壁崇以香椒泥壁帝子愷珊瑚一株高四
五尺愷以示崇見之以鉄如意打破愷惜之崇曰天
子庫中唯有此一株賎家有数十株何足惜也崇因遣
使人開庫取得珊瑚三七株勝愷者二十

焚燒却天下經書凡學士並誅斬而埋之自是書籍
焚滅散亂散從聚群儒而論論之
杜稾鍾隸杜操後漢人用善草書魏太尉
鍾繇改十篆書爲隸書行之也
漆書壁經漢景帝詔使人訪嵩山石壁以漆書恐
其字皆隸書石壁作字見在嵩山今有三字
云自漢延至經字也尚書序曰魯恭王壞孔子旧宅
以廣其居於壁中得先人所藏古文虞夏商周之書
及傳論孝經皆科
斗文字也
府羅將相羅列也言府内羅列官將相之宮也漢高
祖共項羽爭天下謂蕭何張良使韓信將兵東方
擊齊王使人説項羽請救項羽使龍且救齊田横
使先兼人之勇不足畏也乎信夫臨水布陣信夜使
人囊沙壅水上流引兵擊龍且詐走龍
且與趁追渡水信決壅囊沙水大至龍且軍大
半不得渡信擊殺龍且虜齊王而敗項羽是殺龍且
大怒項王敗走五年垓下七十二陣信至不利韓

圖寫禽獸畫彩仙靈 言帝王之宮殿樓觀皆圖寫珍
禽異獸及彩色畫於神仙靈異
人物皆寫
美觀也
丙舍傍啓 丙舍者天子宮内別舍也 啓者開也 傍謂開其
門以通正殿曰啓 丙舍者殿前上帶是也
甲帳對楹 楹者是殿中所柱也 漢武帝造帷帳
名甲乙 施殿兩楹之間是也 楹音盈
肆筵設席 肆者陳也設也 筵者天子殿上帝維四邊
設席故曰筵 殿上東西設九筵 各長九尺 南北有
七筵長四丈九尺 天子大朝之日
在於殿上會宴諸侯而設之也
鼓瑟吹笙 天子設筵席以會諸侯於殿上
故用鼓瑟吹笙 伏犧所造 黄帝命素女
鼓瑟音悲不止 故破二十五絃 王子
晉吹笙 笙作凡鳴感鳳凰凡凡翼來之而化云也
升階納陛 天子之階曰陛 九級上扉遠地則堂高
諸侯上殿 於東階先舉右足 於西階先舉左
陞階

邑國曰邑 築都曰城 華夏中國之稱曰中

華又曰中夏 家語曰 裔不謀夏 夷不亂華也 [illegible]

東西二京 東京洛陽是也 西京長安是也 周公作新

邑於東國 洛成王都之 是為東都 後漢

光武亦都之 秦始皇都咸陽 漢高帝伐秦子嬰 先入

關中 與項羽爭天下五年 成帝業 劉敬說都長安 是

為西都 在雍州 唐太宗亦建都于

此 京者大也 師者衆也 故云京師也

背邙面洛 東都洛陽 後背邙山 前面向洛水 伊水

澗水 瀍水 四水合流 入黄河也 邙是墓處

浮渭據涇 渭涇皆水名 長安城有八水 涇渭灃灞

滻澇滈潏 八水皆遶長安城 言京城枕

無所倚依在

渭水上也

宮殿盤鬱 樓觀飛驚 說文 宮者室也 言宮殿樓觀 盤屈鬱茂 [illegible]

然 故曰飛驚

觀言 [illegible]

爾雅曰夏中國有禮
儀之大故稱夏有服
章之美謂之華
文章之華

守眞志滿 眞者道也。天眞自然純一不雜之理。守道之人志存眞一道意充實守誠性无世道

求義想則志自滿足。文中子曰志意脩則驕富貴道義重則輕王公者也

逐物意移 中人之性隨習則改。逐善爲善逐惡爲惡。以心不定逐物意移貪貪之人欲

有限之身求无限之功意者不遠也

堅持雅操 好爵自縻 雅正也。操節也。爵者祿也。縻者係也。人能堅執正節則奴官祿

自然羈縻。易係辭曰我有好爵吾與爾縻之。後漢禰衡家貧爲人傭牧播手報奏詩之雉曰良賤始之詩

吾行篤業熟志節不改長吾而耕勤休息即讀詩之後明達五經教授弟子三百人遂聘爲太傅後封關

內侯諸子姪皆貴顯見之曰我本田家子豈知學問爲貴也 耕

都邑華夏 天子之所居曰都。禮記曰天下有王建都立邑。左傳曰凡邑有宗廟先君之田曰都

居北海之濱 聞文王爲西伯 歸之 及至周 武王 矣

伐紂 叩馬而諫曰 父死不葬 不孝 以臣殺君 不

孝 臣 殺君 不孝 左右欲殺之 太公曰 此賢人也

扶而去之 二人不食周粟 隱首陽山下 食

周粟 食薇而 ... 王摩子難曰 薇亦是周草 遂餓

天使白鹿乳之 伯夷謂叔齊曰 鹿乳飲之 是美 烹食之

之更好之 鹿知其意 更不

不來 二人遂餓死

顛沛匪虧 雖顛沛而少虧 是 慢易反創之

隱惻 君子 ... 之 ... 無虧 損其善行也

性靜情逸 人之性 靜則其情必舒暢逸 ... 孔子 見一老人 身着鹿裘 鼓琴而歌 孔子 情

問之 老人曰 吾姓榮名啓期 文問曰 有何樂乎 對曰

吾樂極多 天生萬物 人爲貴 今得男子之身 最貴 一樂

人爲賤 人生百歲 七十稀 榮壽

九十二 是吾樂矣 孔子曰 賢哉

心動神疲 心遂物 神即疲也

大宰遂過其家祭之當日而沢洽足

造次弗離　造次倉卒也。論語曰造次必於是。中庸曰不可須臾離也。此言造次之間豈不可然也。昔張奉仕後漢縣令。有一婦人手殺其夫以火燒之。云夫被火燒死。夫来告云嫂葬其夫死燒之。張乃取猪兩口殺一口以火燒之。看諸猪口有灰。死猪口中無灰。反遂看死人口中無灰。即知殺夫殺後燒之。詐其婦人果然。下嘉造次之美陽實隱也。

節義廉退　節者操之心。所謂蘇武使匈奴。匈奴之王乃囚之於大窖中絶不飲食。臥齧雪。雪与氈毛共食之不死。後徙於北海上使牧羊。蘇武杖節牧羊十九年。後還漢持節不失。義者至正之理。禮云事季世共其家人食梨熟者自棄奴者采母無人食其梨懷季寃之心。廉者清儉也。孫淋叔管仲鮑身養孤寡言敵乎事人問之曰吾與如此也退者辭讓也。伯夷叔齊兄弟二人讓千乘之國兄弟隱

一鋌八百兩又十兩也
又一鋌化作蛇鋤斷
斷之二人又顧取之
也斷金之交是也
斷金者曰二人同心
其利斷金同心之言
其臭如蘭而斷之

[illegible]乃篤於
手足之義也
交友投分切磨箴規 交友相投分乃爲之交友當用相規也
言同爲善道有不善必箴規
規之箴者如鍼之療病爲言諍但以明友切々然以訓
義相磨而相曰責善明友之道也管寧華歆爲
友在路見金一鋌相讓不取而去見一丁鋤人輒之曰
樹下有金君可取之已鋤爲兩段矣二人見之各持
一段故曰斷金之交
仁慈隱惻 孟子曰惻隱之心仁之端也
造次弗離 [illegible]有一孝婦
有外情一某殺我母訴于太守太守曰必是孝婦必不
殺姑太守不察其情坐以于惡之罪斬之孝婦曰請
是長竿懸以白五尺於上以表我心若冤殺我婦血流
入地若不冤枉則血上幡旋斬孝婦血逆上幡自是
東海三年大旱後于公謂太守曰[illegible]殺孝婦也

六藝者禮樂射御書數
曰女子十年不出姆教婉娩聽從之

外受傳訓 傳師也 訓教也 男子七歲就外受師傳
訓之教訓導以記曰六藝書男子傳也

入奉母儀 女年十歲不出門 母教之婦礼以成
於人也 入受母儀也 是婦音執也

諸姑伯叔 父之姉妹曰姑 父之兄曰伯
父之弟曰叔 諸猶衆也

猶子比兒 兄弟之子猶子也 比己之子 故曰猶子
比兒也 晉太尉郗鑒字道徽高平金郷人以

傳雅善 名亦值永嘉喪乱 在郷里 是窮餒 郷人以鑒
名德傳共飴之 兄子邁外甥周翼並小 常攜之就食

郷人曰 各自飢困 以君賢 欲共相濟 恐不能兼有
鑒於是獨往食 輒含飯著兩頰邊 還吐與二兒

後並存 所謂不
忘親戚者也矣

孔懷兄弟 同氣連枝 孔甚也 懷思也 念也 言甚念
兄弟之義 同受父母之氣 如樹

之有枝相連而生 善就兄弟六人相怜愛 至死
姜肱有兄弟 兄弟未壽 常同食 夜則同眠 被同臥則

秦游十年不達與家嫂見至起妻不下車秦歎曰
丈夫不達妻嫂有輕之乃去投鬼谷先生學睡來刺
以錐刺股不經三年學成任齊爲燕相說三國諸侯
同心願以六國諸侯皆以而與蘇秦佩六[illegible]嫂從家兄
嫂皆遠迎之秦謂嫂曰昔見秦不起今六十里迎我
何也嫂曰今富貴佩六國相印而威名揚天下宗不顧
祖宗是以來迎秦曰我
之榮達是嫂之功也
攝職從政之君子學優說登祿從是則必攝其職事以
行其政令所以任職天下之重不怠勉所學也
都[illegible]游仕[illegible][illegible]則聞督外[illegible]犯盜迫依法行誅據後表
中[illegible]境乃往矣其門曰[illegible]佯死者[illegible][illegible][illegible]督哭臥者
何[illegible]甫道游法令
說公[illegible]元敢犯者
存以甘棠去而益詠毛詩有甘棠篇焉召公也周時
下爲[illegible]以善道照人百姓[illegible]其化[illegible]去官思其德不
伐其樹出言本意存而人已去故歌詠其說者曰

狗監言之楊得意
相如ヲ武帝ニ薦ム

卓王孫聞其名召豐豪急臨邛令奏琴令相如彈
之是時王孫有女卓文君新寡好琴相如以琴心挑
之文君從戶窺見相如心悅而好之是夜走奔相如
同馳成都家徒四壁立後至臨邛市中賣酒文君當
鑪相如親滌器卓王孫恥之杜門不出或人勸王孫
曰相如雖貧其人才足依也王孫不得已分家財与文
君相如曰大丈夫遂題橋歸女覽八子文君與成都寫
人楊得意先是欲效後楊得意爲狗監薦傳於武帝見
進子虛賦帝讀賦善之曰朕獨不得與此人同時哉
得意曰臣邑人司馬相如爲此賦帝驚召見相如
乃後奏上林賦天子以爲郎官
後封爲侍中此榮業所基也

籍甚無竟 竟終也 言聲譽名声籍甚 言籍
之甚盛也人有榮業之基則名声籍甚傳
之後世無有終
竟窮也言畢正

學優登仕 論語曰子而優則仕 仕而優則學 君子
學問說爲則必登仕而享爵祿也昔禮

子之福抗直諫其身益也列向新序曰楚莊王莅政
三年不出不共群臣言亦不出號令入諫曰臣
見有一大鳥止于南山之阜三年不飛不鳴臣請射之
王曰此鳥不飛以長羽翼不鳴以觀群臣之邪是鳥
雖不飛飛必沖天雖不鳴鳴必驚人士慶稽首曰所
願聞也王大悅士慶之問乃拜為令尹授之相印也
篤初誠美慎終宜令篤厚也令善也言然初篤志誠
讓之長則充足謹慎其終令能
惟一誡乃為善也唐書虞世南驗善惡以終此其成令
者也魏徵言大業十斷其寵終則去為足善也
榮業所基基本也人能言行上謹終如始斯為來
業所基本君子以為衆為業以德為基基善
司馬相如長於子虛文母子人牧猪肉藺相如侵
乃改名相如材能有子全每日讓長相如業猪往聽
猪主竟之善生讀日海何故猪者世不飲相如答曰
今以講頌致果遂先生知是賢人乃為說下
讓旨讀十年群書覽偏相如辭吉客遊梁言長子虛賦
後飯成都家貧元以自業于臨邛令相善臨邛富人

明君之量 山人心如川水之清 如鏡 [illegible] 物見矣

之過邀踰九扇之墓 取庫對鼻白矢因人大倉之米
給于百姓者 皆來民物庫 得逃拜焉 上卿所善
諫之名傳之万代
者蘭之馨香也

如松之盛 論語曰 歲寒然後知松栢之後凋也 松之
茂 四時常茂 君子之人守其節操 避於
濁世 如松之經霜雪
不見其改移易其葉也

川流不息 則澄取映 流水焉 川積水焉 則不遠 論曰
如川流不息 則澄取映 澄之水也 逝之斯焉 川之水之斯
焉 則論語曰 孔子在川上歎曰 逝者如斯乎 不舍晝
夜 言其不息也 毛詩曰 [illegible]乎若保則之 靜
川流取其動也
則澄取其靜也

容止若思 言辭安定 孝經云 容止可觀 容止威儀也
禮記云 毋不敬 儼若思 安定辭 君子容
止儀容若有所思 非禮勿動 言辭不妄 發須當安
定 動其是而安言語 明君非禮則勿言 是則日言所者君

然後引入公謂荀息曰子欲諫寡人造臺殺息見公
歛射之乃曰臣不敢諫臣大王好悲歌鼓琴計筭之
臺欲來請見公曰卿知三五幾何答曰大筭之數三
五一十五也十筭三五八也公又問曰昨日一日
見婦人抱一子問年幾許答曰或言二日或言二年
或言二年卿知況何息曰此婦子是臘月三十日生
至正月一日是二日年是二年是二年半又問昨
有一客來說他年紀三百甲子是況何息答曰一年
六甲子五六三十三百甲子是五十年也公曰卿多
智識為寡人撫琴息乃彈鄭衛之音九曲終悲音響
之者復悲惟泣寡婦帰憂慨哀公大感之令歌而和之
荀息唱鄭衛之曲公益增感曰卿更有何能息曰臣
能累十二碁子上更累九个雞子不倒公曰寡人未
見之試為之荀息遂累碁子十二及雞子九个累之
不落公曰乃退席而下曰危哉息曰此未是危更有危
說此者公曰更有何危息曰大王築九層之臺三年
不成役夫百万男女廢作田園空虛百姓走僕國報
啟來伐王社稷之憂此是大危也公曰卿善諫寡人

臨深履薄 毛詩曰 戰戰兢兢 如臨深淵 如履薄冰 言
恐隕墜 不敢安逸之貌 人於富貴 能知戒謹 如臨深淵 如履薄
冰 懼其危 驕奢 然後 乃能長守也
夙興溫凊 毛詩曰 夙興夜寐 無忝爾所生 夙早也 興起
溫凊也 禮記曰 凡爲人子之禮 冬溫而夏凊
昏定而晨省 此言事親 須早起 以盡其力 如周文王
爲世子 雞初鳴 而至寢門外 問安否也 黃香 年七

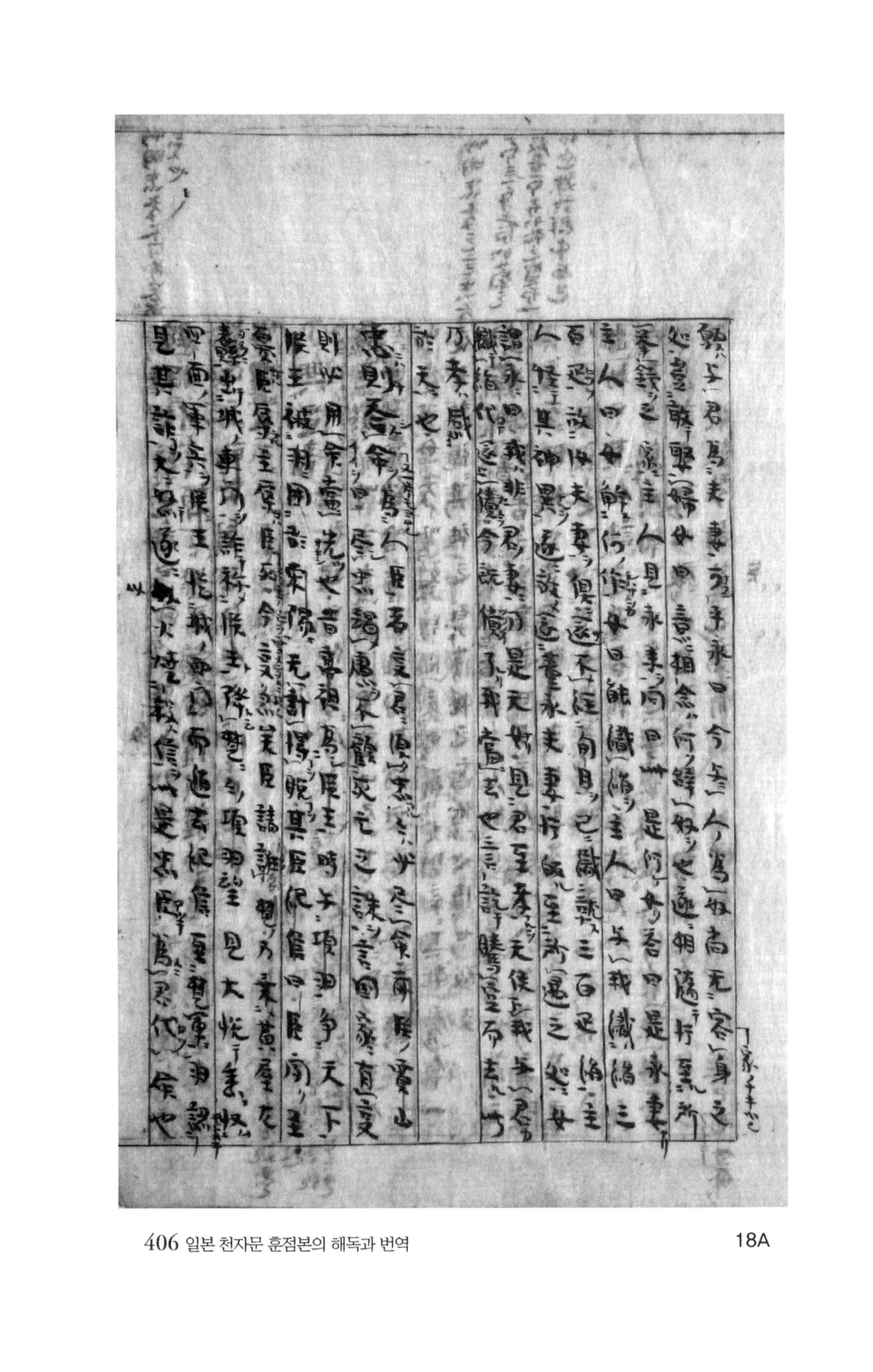

18A

17B

明臣子者皆尽
其心致也言為子
而事其父至君
下臣於君則何以
事父之也孝經云言
親生之膝生云
膝下以養父母曰
是皆聖之教民
敬之道

辭語助辭也

纂圖附音集註千字文中

資父事君曰嚴与敬 孝經曰資於事父以事君而敬同又曰事父孝故忠可移於君
聖人因嚴以教敬以愛移忠之道盡不忠者取
也用也曰者語辭也嚴者尊也凡事父与君皆盡其
尊嚴愛敬之道能以孝愛君則為忠臣敬之歌求忠臣
必於孝子之門昔楚康王見子申明輕王後之不
得忠臣王曰寡人聞忠臣必出孝子之門求得孝子為
軍將必能伐之衣石奏曰臣聞有申明者事父極尽
孝楚王遂使人迎之申明曰我聞孝子不為忠臣今
臣家事父至孝更背父事君遂不去王又召之申明固
辭不往其父謂申明曰汝何不受楚王寵因万代
召汝但去吾必不死明遂辭父去楚王見申明專太
悦拜為驃騎將軍鑄伐白公曰申明是孝子兵
少為忠臣今為將軍伐我我少大敗左右曰傳聚申
明父來我軍中乃申明引兵至白公謂申明曰汝
父己傳在軍中矣汝亦共我和若不和便殺汝父申

饋

也

寸陰是競 嵎子曰辰乎辰乎易來之遲去之速也君子競語是晋書陶侃常語人曰大禹聖者

乃惜寸陰至於衆人當惜分陰逸遊荒醉生無

益於時死無聞於後是自棄也呂化春秋曰齋拜游方

時若耕夫人謂曰君學三十年可貴賤識曰化食

吾不食化寢吾不寢以晝繼夜如此十五年吾不覓

哉遊動乎十五年明達經史天子聞之召

拜為從事故曰寸陰是可惜之謂也

纂圖附音增廣古注千字文上之終

葬地鐘隨三人行詣鐘曰欲得二百貫欲得四世天子

鐘曰四世天子甚貴敢不望也遂遷一地曰此處安葬

必得四世爲天子遂別詣鐘鐘曰行百步勿回顧鐘行

八十步看之見三人化爲白鶴飛上天去即知是仙

人鐘遂於其日葬父感得天地雲霧覆擁鐘墓果

生鐘生堅堅生權權生亮亮生休休生和和生晧爲

四世ヨリ多シ已見付内四代王ト云ヘル

晉所伐降爲歸命侯也

行善福及子孫也

尺璧非寶淮南子曰聖人不貴尺之璧而重寸陰禮

記曰傳者以忠信爲寶賢者以不貪爲寶

故貪夫殉財烈士殉名本紀曰財能害己必須遠之

衆人財貪多名字寔已昔吳王貪其國境欲伐鄰國

繫身已經一年諫之人出令曰有人諫伐鄰者斬之

之人敢言時有舍人勤欲見教兵乃挾彈幸太嗟王曰

卿何笑敢曰臣不笑大王發兵臣笑隣家有一人識

事採桑路逢端正女子遂棄其妻子求之不妻遂逃其

得而回就其妻其妻亦被人領請去矣臣笑其一而

失二也吳王曰卿善諫寡人之過遂收軍息戰吉也

愚亂人生誤計恨不三思禍若及已悔欲何爲天下

君吾無累善身善行不善禍必及身[illegible]不君日

久之嬌奢行不善之[illegible]人[illegible]能[illegible]來[illegible]急[illegible]殺[illegible]

人行一不善也天[illegible]者[illegible]直諫不納殺之

二不善也群臣正朝之日對語[illegible]設[illegible]君臣之

三不善也諸侯王難[illegible]使[illegible]人[illegible]殺[illegible]群臣皆

念[illegible]遠[illegible]取[illegible]四不善也天[illegible]見[illegible]行[illegible]

不善[illegible]之危亂[illegible]

不[illegible]積不足以[illegible]

身之也

福緣善慶[illegible]積善之家必有餘慶[illegible]福[illegible]

積[illegible]水成[illegible]積[illegible]成君子[illegible]水[illegible]三尺非一日之寒[illegible]

之[illegible]非一日之[illegible]積[illegible]之人[illegible]

[illegible]善[illegible]積[illegible]時[illegible]三人[illegible]

美語[illegible]鐘日[illegible]錢[illegible]一[illegible]三人[illegible]

草[illegible]盛[illegible]三人語[illegible]鐘日[illegible]報

鐘日一[illegible]食[illegible]報三人[illegible]以報[illegible]君一

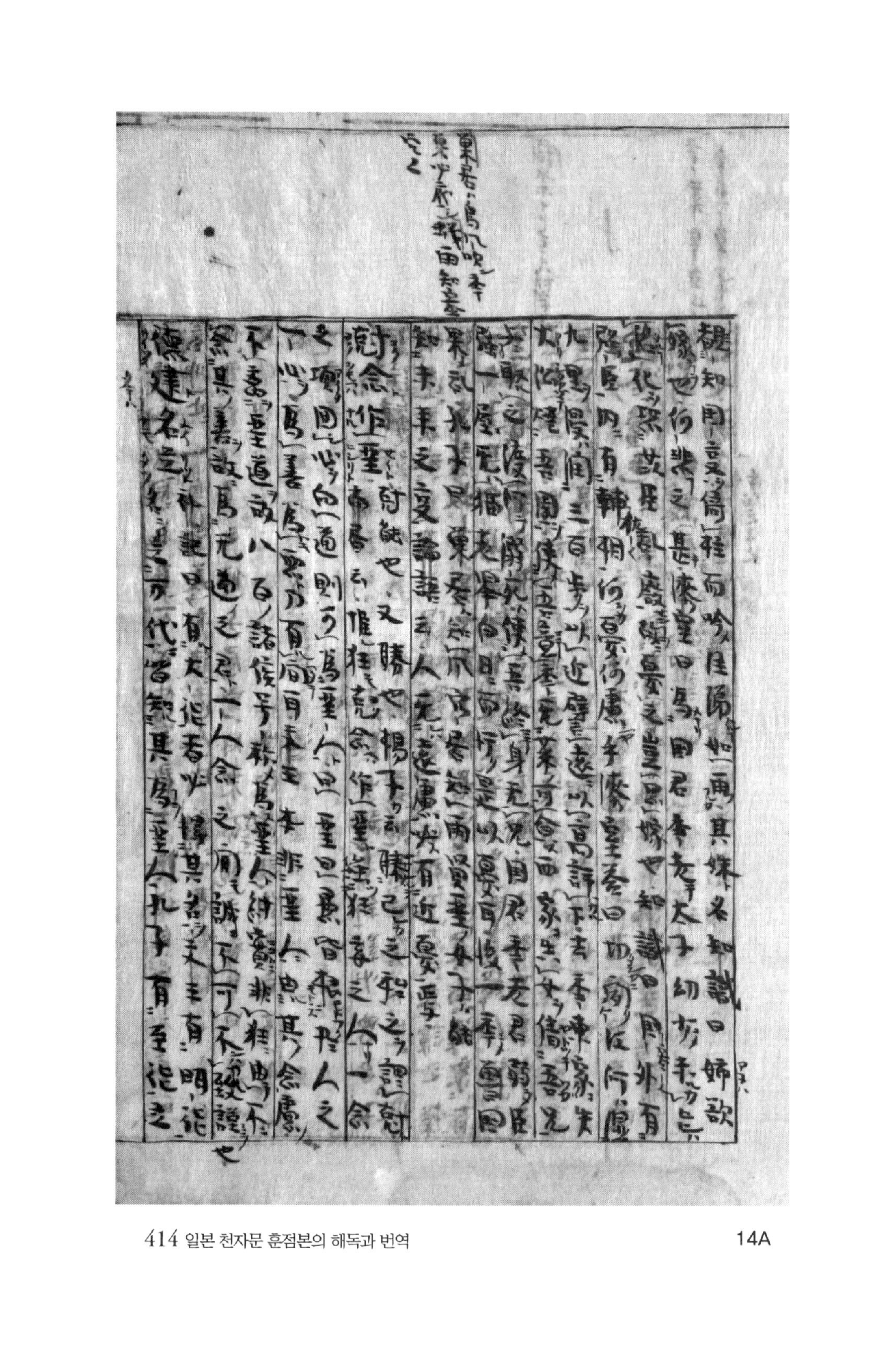

堤笑一乾義富以之

頂之臥池陛之不清攘之不濁其
器深廣難量哉之謂彼似可擬也
墨悲絲染　墨子名翟周時有道之人行見素
絲染從餘色悲之曰人堤笑同於聖修焉
善悪俗染之成黒近黒者不賢近聽香臭近蘭者香
人之善悪當由染又成性義事染諸由而成聖君紂
染書染而成周王近墨者墨也近朱者赤乎善人交
於蓬生麻中不扶自直同乎悪人共居如抱鬼論墻一
人迶也二人
俱傷也
詩讚羔羊　毛詩三百篇讚詠召南之因化是
羔羊之敗抵信容節儉抵直從如羔羊也言
當時士大夫臣群不生類行不何量死義生禮故當
節儉正直羔如羔羊者也羔羊欲求乳跪不違於人飲
乳猶恢旅愧可憐今人龍不若
此禽獸請思辭作羔羊之該也
月景不免之
景行維賢　大丈夫之行如日景遍照天四方皆知之
普魯國賢女有名勝皇秦二十明曈經東

雜 訛

君至九月九日過五百家來相從至九月九日巨卿殺
鷄炊黍來母問之何謂也巨卿曰子元伯期今日
來母曰千里爲期豈能至巨卿曰此人不失信後
重元伯來相違辭母曰我見有千里之期不失信
也巨卿後得病將死母曰見死之後從元伯來與
埋母曰此去千里誰爲作報之日見自說報果死其
夜謹見夢子元伯曰我今死也用君埋我可以速尋屍共
辭別元伯聲淚流憂曰我夢巨卿死也即乘白馬來
來到向母前具巨卿至墓下欲埋之殺人歸推不肯
入墓巨卿人怪之母曰巨卿死時云往元伯來埋之人
數日讓驛報之巨卿自報之須臾從西有一人乘白
馬行哭而來果是元伯下馬伏棺大哭遂慟三匝報
縲引前入墓棺不用多人遂築
入墓此爲信使可覆也
器欲難量 度也言人之器欲識其高遠不可測度
若吳晚郭林宗遊於伊兩壽遠高鳳有器奇才
就彼談論高鳳是林宗來引至宅相對談論須臾林
宗不辭而退歎曰高鳳之三才之器譬千仞之高城萬

古步之才書吃日下筍寫鶴
雲向陰未竟皆才善者也
知過必改 有過能改於子過者用過而不許斯成大凶
患論諫之過則勿憚改誰人無過有過必
改此子曰言善不能從不善不能改是吾憂也昔秦
穆公失驥馬五人盗殺而食之穆公見殺穆公會飲之
乃賜美酒飲此酒可解馬肉之毒恐致食肉者之病
遂放此五人之心就死罪改過自新念報恩後秦
與晉戰此五人不惜命爲先鋒勝大敗晉軍穆公向
曰君是何人不惜軀命答曰臣五人昔盗大王馬殺
而食之又蒙大王賜臣酒飲放臣之命臣改過
後不爲盗今欲報恩見奏軍欲敗臣等五人備命致
敗晉軍以報大王之恩穆公
曰陰德陽報此之謂也
得能莫忘 謂得善念其心切勿忘之李經云中心藏
之何日忘之 子貢過子夏家子夏爲設食
子夏曰賢哉子夏一食之餘有何貴之安能有三
豊子夏顏回之下子夏曰少而學得養而忘是爲丁憂

毀傷之言孝子之法外不為非内能行孝不犯三千
之刑則无毀傷之患苟或犯刑身體髮膚父母
則為不
孝矣
女慕貞絜 慕者思也絜者清也貞作正絜貞者正也女人貞正清絜為本也女未嫁之時出門
必擁蔽其面夜行以燭无燭即不行也昔婦人周齊
要趙妻為妻往之李周郡身交其事誓不再嫁乃
以刀截其鼻以表
不再嫁之心也
男效才良 効者学也才者真也能也良者善也男子
之人用学才真良善為上也漢昭帝召集
天下学士時南陽有張重孝子四夷來至殿前帝見二十
里使而問之曰卿是何人重曰是学士也帝曰卿香
幻女身雖有才学童曰陛下召集学士要論問事著身
者有才学矣者即无才学帝亦問曰卿是何方人
荅曰日南人姓張名重帝驚曰卿是日南人可向北
看日重荅曰於有雲中之郡百姓豈向南看天帝吞喜

八十餘孔拾棄飯於路邊賊欲殺孔食之孔叩頭
家中侍養老母歸來未得食乞命於時飯家老母作
羹孔來就死孔若不來往就家斬首百頭賊遂放去
孔至家儺悅子母作食供說母怪問曰今天下飢荒
如何儺喫孔曰兒在路拾棄飯過賊欲殺兒爲母來
食乞命暫飯前或憂愁母此不食是以強笑向娘好
佳兒今去就死母曰世說賊去何更自詣死孔曰
兒去不去賊來斬家族怨故詣何恨即非爲孝子其弟
傳聞之密自走詣賊所謂賊曰向者欲飯汝作義者
是兒孝養老母年高羸瘦弟肥肉多願代兄
命兄後至賊所謂賊曰孔本詐殺何須殺弟賊見二
人義爲皆不忍殺更與孔米二石還之何以傳養老
母以全孝
敬之道也

豈敢毀傷人生四大之中懷五常之性敬念父母鞠
養之恩不敢毀傷其身體髮膚也孝經云
身體髮膚受之父母不敢毀傷孝之始也孔說云父
母全而生之子全而歸之可謂孝矣皆所以明不敢

動ハ含血類植少木

仲尼云虞氏之恩被動植是也

賴及萬方 毛詩云一人有慶兆民賴之頼被也及至也明王治國万方頼其化遍被及也

蓋此身髮 蓋者語辭孝經云身体髮膚受之父母言人之一身四体皆受父母之氣而生

四大五常 四大者地水火風乃成身地爲骨肉水爲血火爲氣風爲[illegible]四大乃成身也老子云四大者天大地大道大王亦大域中有四大而王處其一此二説不同故兩存之五常者仁義礼智信也毋生殺之謂仁奉動循理之謂義上下之謂礼隱於心之謂智言而必行之謂信人資此五常立身之道也

恭惟鞠養 恭敬也惟思也鞠養也言人當恭敬思念父母養育之恩則爲至孝之人也毛詩云父兮生我母兮鞠我長我育我欲報之德昊天罔極者是也昔有長[illegible]之年孤養老母[illegible]

遐邇壹體率賓歸王

鳴鳳在竹白駒食場

化被草木

9B

愛育黎首 育養也 黎衆也 黒也 謂民之首黒也 如周
文王築靈臺得枯骨取而葬之 百姓從周
八十有餘國 文王見元衣者給帛与之 元食者與飲給
米与之 文王有慈愛之心 百姓殷富 行者讓路 耕者
讓畔 此愛育之義
黎民之功也

臣伏戎羌 戎西羌西夷也 人君明真化天下 感四夷皆
來賓而臣伏也 昔周武王伐紂之時 天子感得
東夷而伐南蠻北狄 皆來臣伏 唯有丁侯一国不降
武王謂太公曰 丁侯一国不來降伏 其國路遠 非人
力之所得如何 太公曰 臣有異計 不用兵力 丁侯
丁侯自來 武王曰 願公説之 太公乃使人畫一人
作丁侯形狀 置殿前 令武王逐日射之 甲乙日射
其頭 丙丁日射其目 戊己日射其耳 庚辛日射其鼻
壬癸日射其口 盡一旬 即使丁侯乃病 果如其言 丁
侯召太史卜之 太史曰 大王此為周武王得天下 可取
事 愛王化 是以為有丁侯曰 何訪得獲 太史曰
駿馬三十疋 表庫寶物 獻周王 下為命 護丁侯依

乘兵伐之集自之為天子
是為武王也
坐朝問道 夫天子生而朝於周向道 音讀文帝舍群臣
皆謂老子九十之謂 問何上公 暁老子之義
帝使人往召之 何上公謂使曰 道尊德貴 不可遙問
乎帝親自往而問之 河上公見天子來居草庵中 生不
起 帝曰 普天之下 莫非王土 率土之濱 莫非王臣 子今
雖有道 猶是朕臣 不能自屈 何乃高乎 要朕尊見
朕不能起 朕能貴之 能賤之 能殺之 能活之 能富貴貧賤
只在須臾 何得寬縱 河上公見帝 此言 跳在地 奉身去
地才丈 而立之 吾於帝曰 吾上不至天 下不居地 不
中不累人 何逍遙自在 奉神 豈受帝賜 帝見此 恐
懼下車 拜謝然後 下來 請老子
道德經 故曰 坐朝問道也矣
垂拱平章 垂衣裳 拱手而坐也 天子垂拱於上 平秩
章明百姓於下 此垂衣之時 天下太平 故
書曰 平章百姓
明是也

是

妲己妖魅轉更倫愛僭惠非一百姓憂害周文王名
昌爲西伯在岐山下恩化人民百姓歸之三分天下
有其二文王崩子武王爲西伯比干箕子是紂庶兄伯
見紂荒淫傲慢不倫因致比干諫之妲己惡見比干
之諫言謂紂曰吾聞上聖之人心有九孔九毛
中聖之人心有七孔七毛下聖之人心有五孔
有二毛只竅作是中聖之人陛下不信剖出看
之紂用其言剖比干之腹果有七孔有七毛比干
死箕子微子懼害而投於周太公謂武王曰紂之至
道尚有三賢人在今比干死箕子微子來投
紂可伐矣武王用太公之言遂興兵行至孟津八百
諸侯不期自來相會入朝歌投得紂殺之從傳
東牛一羊一牢命殺見其姿容端正一笑百媚不
忍殺之經一旬後本說歎曰紂之亡國喪家
由此女不殺之更待何時乃以絞之即變作九尾
狐狸也紂爲行此无道武王伐之得者姓名
焉夏桀无道不恤因政傲慢不念百姓
逆相剥天下將亂湯見其无道共伐桀

焉帝舜垂拱無爲万邦既化在位八十二載生子
商均不肖又禪位于司空伯禹是爲夏后氏三王之祖也
弔民伐罪 尚書曰誅其君而弔其民大悦弔者愍也 謂之義也伐者伐無道之君爲賢集厥紂乃
无道之君也
周發殷湯 周文王第二子姓姬名發是爲武王殷紂
无道不恤国政但以色姿爲樂愛妲己之
言但欲因宴造九重之臺下置酒池傍立糟山召集
國中少男幼女各裸其體令群奔行集飲食罪顕
然牛驅入糟山酒池没溺而死令妲己笑後妲己豈
樓邊見二人冬渡河謂紂曰右行渡水者少生之子
髄備竅寒後渡水者老生之子髄少不耐寒天王下
召斫脛看之遂要斫脛看果如其言後見一懐孕婦人
樹下見方起問妲己曰此婦人腹内是男耶何以
知之曰婦人起先舉右足即知是男大王試割腹看
之乃要婦割看果是男也又无諫者鳴鐘鼓集群臣
諸侯欲爲皇爲有異事紂云無臣異歎令妲己笑紂不知

便耳聾弟逐口啞後貧困父遭天火燒其屋舜因後
東家井中出投諸歷山耕田歲收二百石粟變名易
姓入市糶米見其母賣薪氣矣常倍与薪價兼米錢
私容於米袋中更矣飾向全贊負而歸到家開袋米
中得錢看數度皆如此瞽叟怪而之妻曰市中有一
少年見貧困每爲捨遺信与我薪價叟曰此非是舜
吾舜子乎妻曰舜今在百尺井底以石填之自非聖
人豈能更生乎來日將吾入市看其人相見妻遂扶叟
至市見昨日少年來叟曰爲吾要至報謝其恩妻便
喚得少年至叟前曰君是何人相憐過自老翁不善
兩目失明貧苦亂矣見此相報少年曰我是忠孝之
人見翁貧困時相愍念何必言報叟聞其聲響曰
非吾舜子乎音声相似舜曰是也於是父子相抱悲
哭哀声盡哭通路市人見之莫不傳嘆舜將衣襟拭
父目即開明如本能詠声聚即能語舜拜曰爲不
不孝違於曠野自今已後更不如此父亦大悔曰今
後不敢善惡向吾聖子帝朝人民見舜孝莫不歎
隸因此孝感声聞四海帝之聞其聰明禪位與之是

乃服衣裳 礼記曰、上古未有布絲、衣其羽皮。黄帝時
有神人伯余造衣裳、置州縣、造屋宇也。
推位讓國有虞陶唐 堯舜推讓皆讓也。堯号陶唐氏、讓位
与舜、舜号有虞氏、讓位与禹。堯
即天下五十二載、遭洪水九載、自知元德、生子丹朱
不肖、堯以國禅舜、有孝行、召之妻以二女、大女娥皇
少女女英。舜姓姚、字重華、有孝、母又名瞽叟
更娶後母生象。後母常行悪心、害舜。瞽叟信後妻讒
言、共象弟謀殺舜。舜乃令舜塗屋。舜知其意、遂織大
蓆上屋、父放火焼屋、舜以蓆裹身跳下、舜見不死、擬
使舜井中取里之。時舜隣家知其意、語舜曰、父母令君
陶井、必有悪心、何不避之。舜曰、我若不死、又母不死
舜孝下可逆。父母而走、舜亦不違親之命、乃以錢五
百使舜陶井。舜預作計、向東家井中穿作孔、相通明
日、果令舜陶井。舜將錢五百入井中、父母投下鑪石
見錢一文、歡喜来、有壞意、井深、舜不見、父母
乃於東家井穿孔相通、報父母曰、錢盡也。又
母及弟見井中無錢、遂將石壞之。其父兩目即盲、母

鱗潛羽翔 鱗者魚竜之屬皆潛蔵於水中羽者飛鳥之屬翔者飛也言鳥必飛翔者也

龍師火帝 春秋傳曰大皞代以竜紀故爲竜師而竜 大皞伏犧氏風姓之祖也有竜瑞故
以竜命官炎帝代以火紀故爲火師而火名炎帝
神農氏姓姜有火瑞故以火紀官百官也

鳥官人皇 春秋傳曰少皞摯之立也鳳鳥適至故以鳥名官爲鳥師鳳鳥氏曆正也玄鳥氏司
分者也伯趙氏司至者也青鳥氏司啓者也丹鳥氏
司閉者也祝鳩氏司徒也鴡鳩氏司馬也鳲鳩氏司
空也爽鳩氏司寇也鶻鳩氏司事也上三皇者天皇十
三頭兄弟十人共治天下三万三千載地皇者十
一頭治天下二万載人皇
九頭治天下一万載

始制文字 係辞曰上古結縄而治後世聖人易之以書契縄長一丈二尺軒轅皇帝治天下之
時有神人蒼頡觀鳥獸之跡制書
文字以代結縄至今傳之也
鶻鳩氏春来冬去故司事又敎民者之

中宛轉將絶隋侯憐之救取白水中以神藥

封之陽治遍然入水而去其蛇是海龍王之子一條御

七寸珠來報隋侯隋侯於夜中忽有光明謂言有賊

將火入照後乃驗血而三良久之不見人乃開戸

看之有一蛇子銜珠在戸外作禮曰是何蛇子蛇乃

吐珠語地答曰我是海龍王子曩作蛇身來草中遊

戲偶逢牧牛童子十一忽惡知我而傷害血命將敗死蒙

先生救命傳以神藥封之傷得差以明珠來報先生

恩澤後隋侯將進楚王楚王以作殿上從

夜中常見光明故稱夜光之珠也

菓珍李柰 世說曰潮國高遠縣王豐家出好李子大如鵝卵而熟鑽破核而賣之恐人傳種

種之不生 西涼州出白柰堪爲貢

菓中之味好唯李柰最可貢也矣

菜重芥薑 趙國出芥子可爲醬也蜀出姜薑

言菜食之中唯有芥薑可貢重也

海鹹河淡 鹹者海水味鹹

淡者河水山泉水淡也鹹音可反

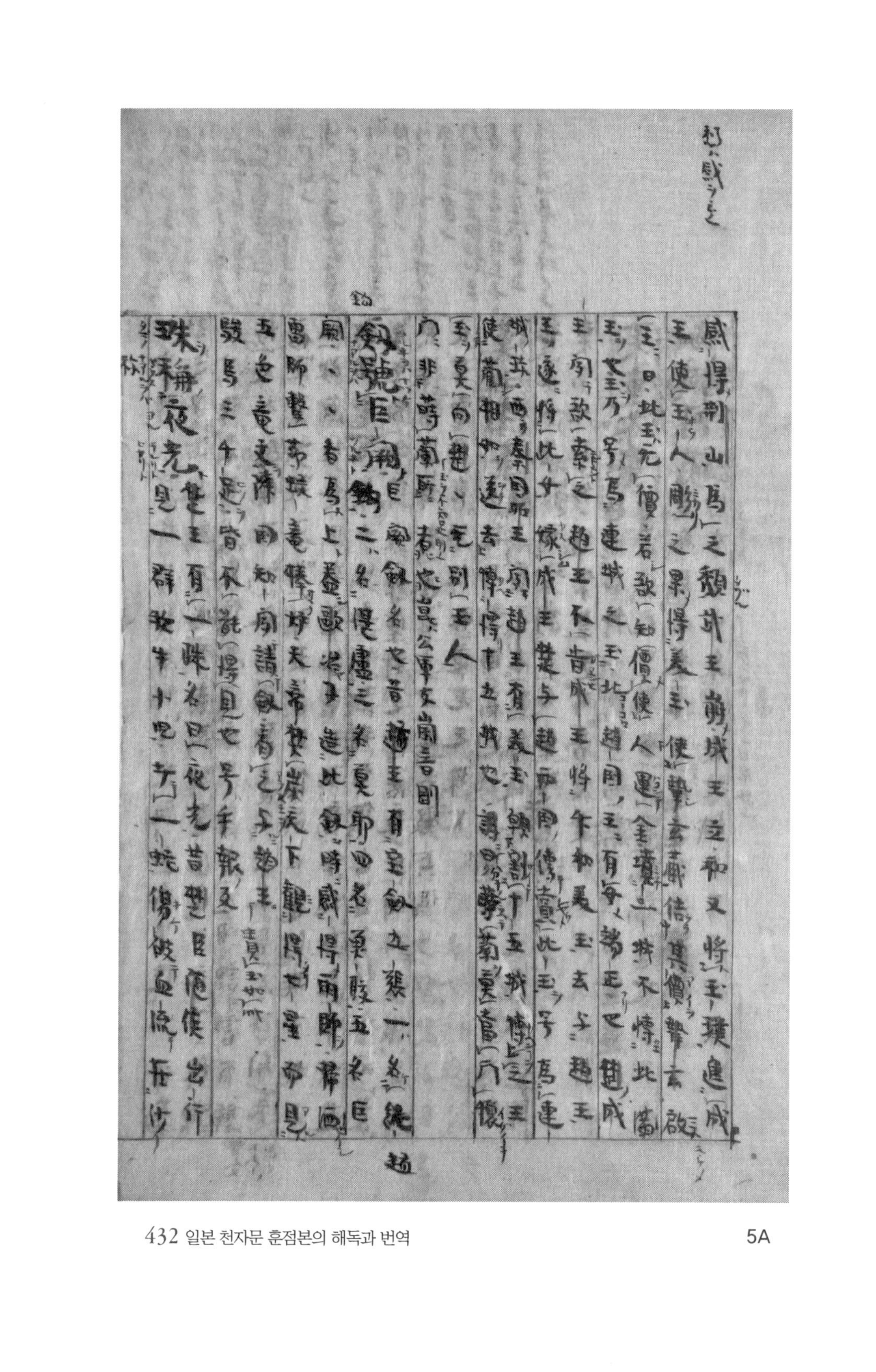

劍號巨闕

珠稱夜光

是堯時稷官雖名棄何堯之神死是也可宜崔之
太史奏曰天不可降之可焼一人祭天神而少降湯曰
朕自元為致殺咻大旱今更焼一人祭天罪在朕身鞭
天下均休而定朕當自焼身從積柴於殿前天下自
登柴上四邊旋火勢衛逼忽猶雲起下雨大乃滅之
而陽金得存天下咸賴仰戴天子之恩陽乃令百姓
每年二月及八日祭社稷神也

露結爲霜 露謂草木疑結爲霜其氣凛烈能
霜殺萬物露養萬物露爲霜霧即疑爲霜也

金生麗水 麗水名在益州永昌郡中有金
生出其上言此金勝於諸金也

玉出崑崗 南楚之荊山崑崗谷中出美玉昔楚國有
一人姓卞名和善別玉向於荊山崑崗中
得一玉璞將獻楚王王不別云卞和欺誑我遂
削其左足又王崩後王立和又進玉璞武王責曰和
昔日欺我今又復來欺誑我便削其右足和
見二主皆不識送抱玉璞泣於荊山之下眼中淚血流

寒來暑往秋收冬藏 繫辭曰寒往則暑來暑往則寒
來寒暑相推而歲成焉春爲青
陽風氣温和夏爲朱明風氣炎熱秋爲白藏風氣清
涼冬爲玄英風氣寒烈四時代謝五穀成熟春生夏
長秋收斂冬藏
此一歲之事也

閏餘成歲 尚書朞三百有六旬有六日以閏月定
四時成歲[?] 春秋曰閏月者附月之餘
日也積分而成於月者也後漢律曆志
[illegible]

律呂調陽 前漢律曆志曰律十有二陽六爲律陰六
爲呂六律者黃鍾太簇姑洗蕤賓夷則無
射也六呂者林鍾仲呂南呂應鍾夾鍾大呂也
此十二律呂所以調和陰陽之氣也是

雲騰致雨 易曰雲行雨施天下平也
[illegible]

玄黄違御諱
以元代之也
宇宙洪荒 宇者天欺覆万物如星宇名之為宇宙
者往古来今曰宙。洪者大也。荒者極遠之
外人跡不到之処也。刑部神農先天也。東西九十
万里。南北八十萬里。東海西海相去二万八千里。南
海北海相去二万六
千里。宙者直又亙也
日月盈昃 傾諱云日中則昃、月盈則虧。盈満也。昃縮
也。日中有三足烏。故曰金烏。日色赤。人皇說
枝桑浸於咸池。月為玉兎蟾蜍三足蝦蟇也。日為
陽精出於東方。月為陰精生於西方。其爭色交
辰宿列張 北辰有五星。帝者云北辰居其所而衆星
拱之見也。天有二十八宿。四方各有七宿
東方七宿成蒼竜之躰。南方七宿成朱雀之形。西方
七宿成白虎之躰。北方七宿成玄武之躰。並環列四
方以輔翊
天帝也

纂圖附音集註千字文上

勅員外散騎侍郎周興嗣次韻

天地玄黃 易曰天玄而地黃言天之色玄地之色黃陰陽二氣輕清者上爲天重濁者下爲地天形穹窿地形磅礴天有九重之霄故稱九天者一曰中天二曰羨天三曰從天四曰更天五曰晬天六曰廓天七曰咸天八曰沈天九曰成天爾雅云四天者春爲蒼天萬物蒼蒼然生夏爲昊天言氣昊旰秋爲旻天旻猶愍也愍万物凋落冬爲上天言時無事在上臨下而已禮記曰有五土一曰山林山有竹木曰林二曰川澤注瀆曰川水鍾曰澤三曰丘陵土高曰丘大阜曰陵四曰墳衍水崖曰墳下平曰衍五曰原濕下平曰原下濕曰濕地之謂土地者日用天之道分地之利言四時代謝運行不息謂之天道地所生所氣所呈物産不同謂之地利人生於天地之間所運用當上依天時下順地利也玄黃者作

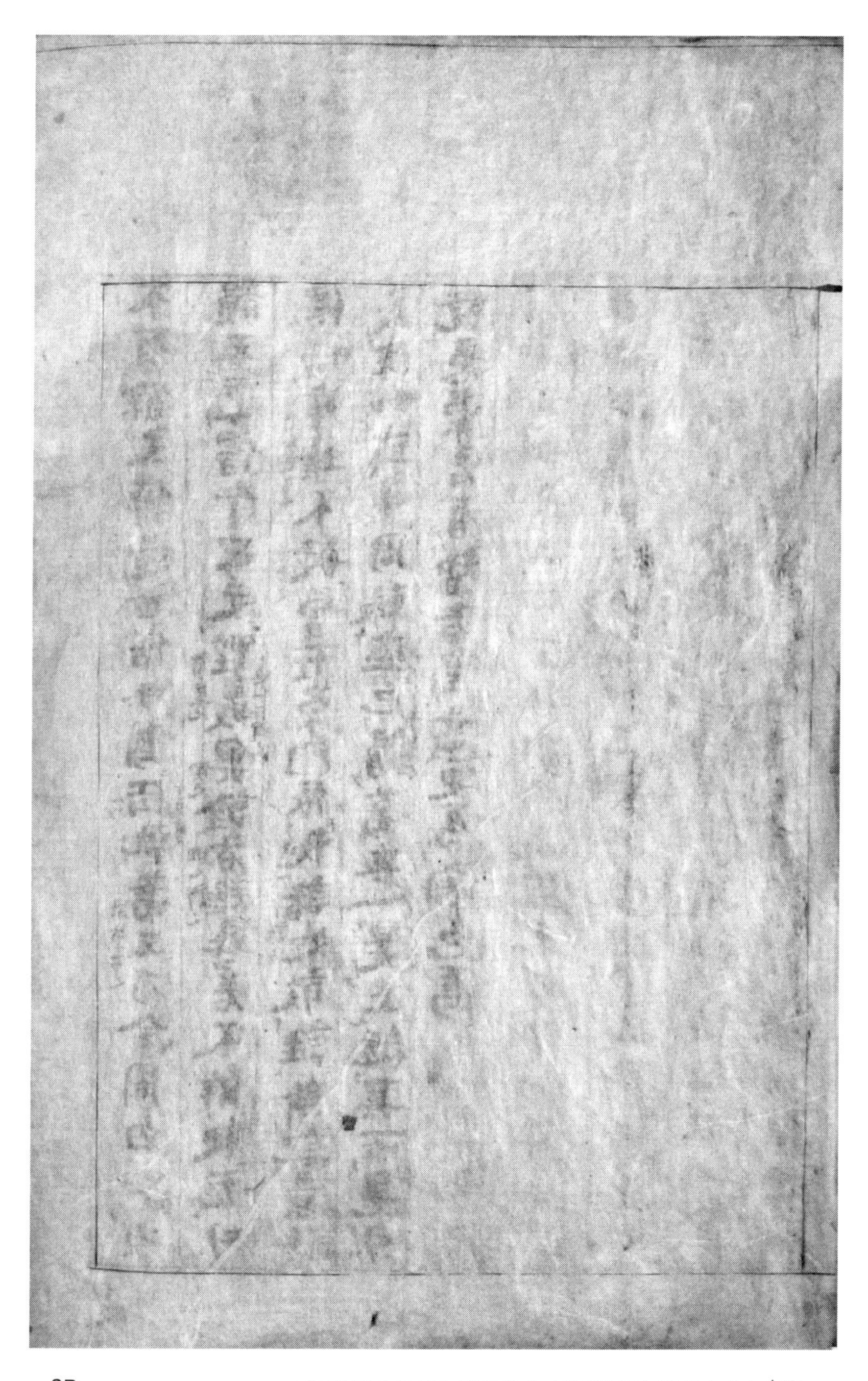

2B

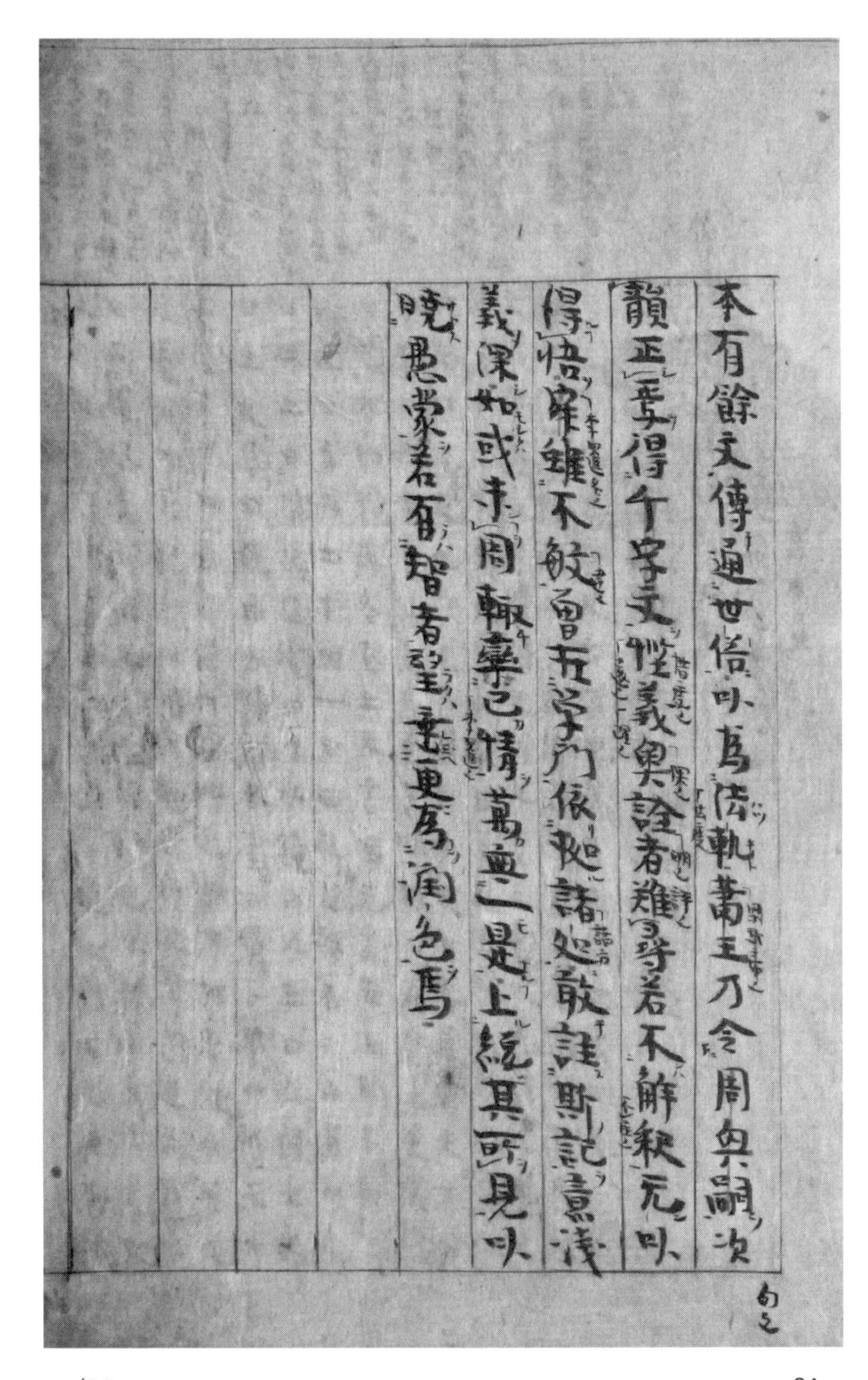
本有餘文傳通世俗以爲法軌蕭主乃令周興嗣次
韻正字得千字文從義奥詮者難尋若不解釈无以
得悟寧雖不敏曾在學門依拠諸処敢註斯記意淺
義深如或未周輙率己情萬無一是上綴其所見以
曉愚蒙若有智者望垂更爲潤色焉

2A

五岳山
東泰山 南衡山
西華山 北恒山
中嵩山也

頗以爲難至梁武帝受令員外散騎侍郎周興嗣
推其理爲之次韻來字者蓋立身之本文者乃入官
之始也是以開天之地三曜於是生焉二儀既立而
節以之由序上古玄朴質曲之詰未弘下代稍文立
象之書乃著設五經諸字未軸於以積載卑功用闕
其文佈什字文要略義析三才包覧百家言存省約
上論天地下次人倫義及九州論五岳日月星辰
之度建首明王三皇封禅之書論在其内前漢後漢
之文次第具論秦帝始刻碑之勲其斯韓杖統王義之

註千字文序 魏 晋 宋 齊 梁

梁大夫司馬李暹

鍾繇千字文書如雲鵠遊飛天群鴻戯海人間茂密

實亦難過王羲之書字勢雄如龍躍天門虎臥鳳闕

故歷代寳之傳以爲訓藏諸祕府逮于永嘉失[illegible]

遷移丹陽[illegible]川途阻江山艱險兼爲石勒逼逐駈馳

又逢暑雨所載典籍從茲靡爛千字文幾將湮沒晋

末宋元皇帝恐其絶滅勅遂令右將軍王羲之繕

寫其文用爲教但文勢不次音韻不屬又其將爲遞

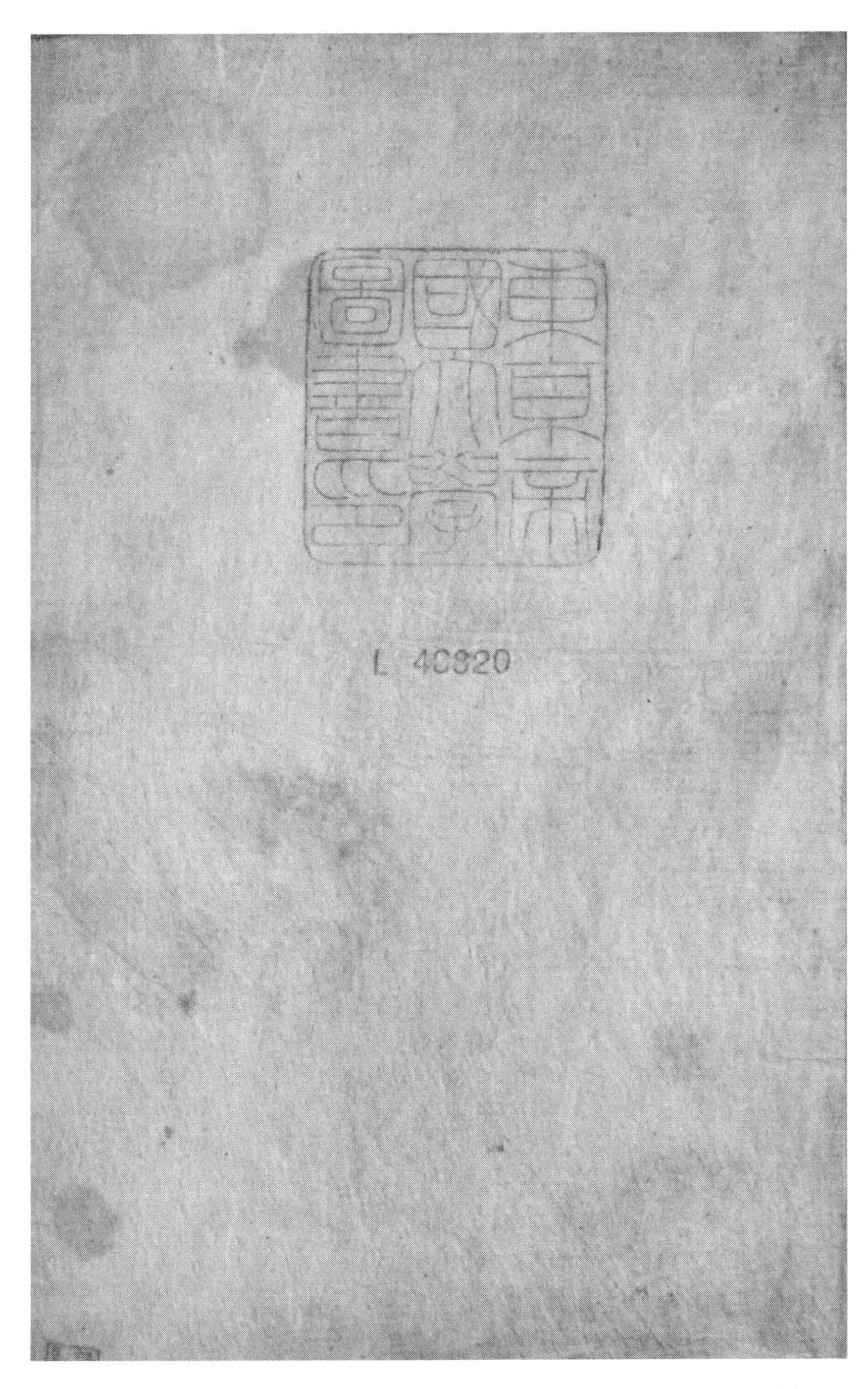

앞표지 안쪽

앞표지

일러두기

1. 동대본의 서지는 아래와 같다.

   東京大學 국어연구실 소장 (정리번호: 特22D-55 L46820)
   15세기 서사.
   닥종이[楮紙]. 사침선장(四針線裝).
   1책 3권(서문 2장, 上 14장, 中16장, 下 12장).
   표지: 표색(縹色) 뇌문(雷文) 띠두른 해문(蟹文) 표지. 세로 25.5㎝×가로 17.8㎝.
   외제(外題) 없음.
   계고(界高) 18.8㎝.
   본문 9행 20자. 주석 소자쌍행(小字雙行).
   주인(朱引): 15세기, 29A 이전, 고유명사[우측 한 줄: 지명・국명, 좌측 한 줄:관직명, 중앙 한 줄:인명, 중앙 두 줄:서명].
   주서(朱書): 15세기, 29B 이전, 구두점.
   묵서(墨書): 15세기, 어순지시부호[返点]・가나.
   난상에 주기(注記) 있음.
   인기(印記): 권수(卷首) 단변타원형양각(單邊楕円形陽刻)「殘花書屋」주인기(朱印記), 무변방형음각(無邊方形陰刻)「賓南」주인기, 권미(卷尾) 단변방형양각(單邊方形陽刻)「賓南」주인기(이상 戶川濱雄 인), 단변장방형양각(單邊長方形陽刻)「月明莊」주인기(反町茂雄 인).

2. 여기에는 흑백으로 사진을 싣는다. 다만 원본의 실상을 가늠하기 위해 본서 앞쪽에 1A, 3A, 3B, 4A, 4B, 5A의 사진을 컬러로 실었다.

제3장

동경대학 국어연구실 소장 『주천자문』의 원본 사진